Die Staats- und Verfassungslehre Carl Salomo Zachariaes

Rechtshistorische Reihe

Band 152

Peter Lang
Frankfurt am Main · Berlin · Bern · New York · Paris · Wien

Thomas Lang

Die Staats- und Verfassungslehre Carl Salomo Zachariaes

Peter Lang
Europäischer Verlag der Wissenschaften

Die Deutsche Bibliothek - CIP-Einheitsaufnahme

Lang, Thomas:

Die Staats- und Verfassungslehre Carl Salomo Zachariaes / Thomas Lang. - Frankfurt am Main ; Berlin ; Bern ; New York ; Paris ; Wien : Lang, 1996
(Rechtshistorische Reihe ; Bd. 152)
Zugl.: Tübingen, Univ., Diss., 1996
ISBN 3-631-30380-7

NE: GT

Die vorliegende Arbeit wurde von
Prof. Dr. Hans Hattenhauer zur Aufnahme
in die Reihe vorgeschlagen.

D 21
ISSN 0344-290X
ISBN 3-631-30380-7

Printed in Germany 1 3 4 5 6 7

Vorwort

Die vorliegende Arbeit wurde im Wintersemester 1995/96 als Dissertation von der juristischen Fakultät der Universität Tübingen angenommen.

Mein besonderer Dank gilt Herrn Prof. Dr. Jan Schröder für die freundliche und tatkräftige Unterstützung. Ohne seine vielfachen Ratschläge und wertvollen Hinweise wäre die Arbeit in ihrer heutigen Form undenkbar. Danken möchte ich auch Herrn Prof. Dr. Gottfried Schiemann für die Erstellung des Zweitgutachtens.

Besonderer Dank gebührt ferner allen, die durch ihre moralische und/oder finanzielle Unterstützung ihren jeweiligen Teil dazu beigetragen haben, daß die Arbeit so erscheinen konnte, wie sie nunmehr vorliegt. Besonderer Dank gebührt dabei meinen Eltern und meiner Frau.

Schwäbisch Gmünd, im April 1996 Thomas Lang

Inhaltsverzeichnis

Dritter Teil: Quellen- und Literaturverzeichnis

Einleitung

Die Aufgabe dieser Arbeit ist es, das Leben von Carl Salomo Zachariae von Lingenthal - zu seiner Zeit einer der berühmtesten Männer der Heidelberger Universität - in Bezug auf das Staatsrecht zu würdigen und den juristischen Standort seiner Geisteshaltung zu bestimmen.

Die Würdigung und Beurteilung einer aus dem vorigen Jahrhundert stammenden Auffassung auf dem Gebiet der Staatslehre birgt heutzutage jedoch die Gefahr in sich, alles an Werten der Gegenwart zu messen, was oftmals dann dazu führen kann, die Resultate der Vergangenheit als oberflächlich oder gar stümperhaft erscheinen zu lassen. In unserem Zeitalter der Spezialisierung erscheint insbesondere Zachariaes Ideal einer umfassenden Bildung als nicht mehr realisierbar, ja sogar antiquiert.

Zum Verständnis von Zachariaes Staatslehre ist deshalb die Kenntnis des historischen Hintergrundes, der Strömungen seiner Zeit, sowie seines Lebens und Wirkens unentbehrlich. Nicht zuletzt findet insbesondere eine Staatslehre in erster Linie ihren Ursprung in den Lebensumständen ihres Schöpfers.[1] Wie bei jedem Menschen, war auch Zachariaes Leben, Schaffen und Anschauung durch das Wesen und das ihn umgebende Milieu bedingt.

Trotz seiner bemerkenswerten Persönlichkeit finden sich über Zachariae und seine Staatslehre nur vereinzelte kurze Abhandlungen und Darstellungen, die dann wiederum nur punktuell bestimmte Fragen seiner Staatslehre aufgreifen und abhandeln.
So haben sich in neuerer Zeit lediglich Hans Boldt und Hartwig Brandt[2] ausführlicher mit Zachariaes Staats- und Verfassungslehre auseinandergesetzt und eine Einordnung Zachariaes in die deutsche Staatslehre des Vormärz versucht. Im übrigen fand Zachariae keine große Beachtung, was sich auch bei Michael Stolleis[3] wiederspiegelt, der lediglich eine in wenigen Sätzen angedeutete und nicht weiter in die Tiefe gehende Charakterisierung und Einordnung Zachariaes im Rahmen seiner Ausführungen zum Liberalismus vornimmt.

Auch in der zeitgenössischen Literatur fand Zachariae keine große Aufmerksamkeit. Lediglich Robert von Mohl[4], der in seiner Heidelberger Studienzeit

1 Zachariae selbst in: Jenaische allg. Literaturzeitung, Nr.259 v. 03.11.1806: "Denn es ist nun einmal im deutschen Staatsrechte nicht anders, als daß die Wahrheit hier, mehr als sonst irgendwo, nach dem Lande oder Boden schmeckt, wo sie gewachsen ist, als wäre es Wein, oder als wären es Ruben."
2 Boldt: Deutsche Staatslehre im Vormärz, S.215 bis S.233; Brandt: Landständische Repräsentation im deutschen Vormärz, S.235 bis S.242
3 Stolleis: Geschichte des öffentlichen Rechts in Deutschland, 2. Band, S.169 bis S.172
4 Mohl: Die Geschichte und Literatur der Staatswissenschaften, Band 1, S. 76, 131 bis 134, 389; Band 2, S.512 bis S.528; Band 3, S.394f

bei Zachariae Vorlesungen besuchte, würdigt in seinem dreibändigen Werk "Geschichte und Literatur der Staatswissenschaften" sein Leben und gibt einen kurzen Überblick über das Wirken Zachariaes als Gelehrter wie auch als Staatsrechtler. Nennenswert sind daneben lediglich noch Fischers[5] Ausführungen in der "Allgemeinen Deutschen Biographie" sowie die Landsbergs[6] in der "Geschichte der deutschen Rechtswissenschaft", die beide einen kurzen Überblick über Zachariaes Leben und seine Tätigkeit als Staatsrechtler wie auch Gelehrter geben.

Mehr Aufmerksamkeit wurde Zachariae dagegen im Rahmen seiner politischen Tätigkeit beigemessen. So finden sich bei Friedrich von Weech[7] in den "Badischen Biographieen" und in den "Geschichten der badischen Verfassung" ausführliche Darstellungen zu Zachariaes politischer Tätigkeit und politischem Wirken in den Kammern des badischen Landtages .

5 Fischer: in Allgemeine Deutsche Biographie, Band 44 (zitiert ADB), S.646 bis S. 652
6 Landsberg: Geschichte der deutschen Rechtswissenschaft, Text S.100-110
7 Weech: Badische Biographie, 2. Teil, S.524 bis S.532; Geschichte der badischen Verfassung, S.121ff

Erster Teil

Zachariaes Leben und Wirken

I. Persönliche Daten

Carl Salomo Zachariae wurde am 14. September 1769 in Meißen, im damaligen Kurfürstentum Sachsen, als der erste Sohn des geachteten Advokaten und Patrimonialgerichtsdirektors Johann August Zachariae geboren[8]; in einer Zeit, als die Stände noch streng voneinander getrennt waren und sich noch alles langsam und friedlich in den althergebrachten Bahnen bewegte. Seine Mutter, Friederica Elisabetha geb. Hesse, war die Tochter eines Geistlichen. Sein jüngerer Bruder, Theodor Maximilian Zachariae, wurde am 30.08.1781 in Meißen geboren und beschritt ebenfalls die akademische Laufbahn. Bei weitem nicht so erfolgreich wie sein Bruder Carl Salomo, starb er am 22. Juli 1847 in Leipzig als gebrochener Mann, nachdem er 1823 in Marburg nach einem Streit mit der Regierung des Kurfürstentums Hessen von dieser des Rechts, Vorlesungen zu halten, beraubt und pensioniert[9] worden war.

Carl Salomo Zachariaes, wie er selbst sagt, "Geist zur Theilnahme an öffentlichen Angelegenheiten" wurde durch den Krieg[10] zwischen Frankreich und England 1778, der durch die Erhebung der britisch-nordamerikanischen Kolonien und deren Unterstützung durch Frankreich verursacht wurde, geweckt, wobei er ein begeisterter Anhänger der britischen Sache war[11].

Den Vermögensverhältnissen seines Vaters hatte er es zu verdanken, daß er von einem guten Hauslehrer unterrichtet wurde. Als 15 jähriger wurde er dann 1784 als externer Schüler, von seinem Hauslehrer gut vorbereitet, in die dritte Klasse der Fürstenschule zu Meißen aufgenommen, die er zu Ostern 1787 verließ, um auf die Universität Leipzig zu gehen[12]. Zachariae wohnte dort bei der Schwester seines Vaters und deren Mann Professor Klausing[13].

Unter der Leitung seines Oheims, Professor Klausing, hörte er in den beiden ersten Jahren fast ausschließlich philosophische, philologische, geschichtliche und mathematische Vorlesungen; danach erst widmete er sich den juristischen Studien. Dies und auch die Schriften Kants, der neben Tacitus zu Zachariaes Lieblingsschriftstellern gehörte, haben nach Zachariaes eigener Meinung auf

---

8 Drüll: Heidelberger Gelehrtenlexikon, S.307; Weigle: Die Staatsrechtslehrer an der Universität Heidelberg im 19 Jahrhundert, S.31
9 Landsberg: Geschichte der deutschen Rechtswissenschaft, Notn, S. 54
10 Schieder: Handbuch der europäischen Geschichte, Band 4, §3, S.51
11 Biographischer und juristischer Nachlaß, S.7
12 Fischer: ADB, S.646; Weigle S.31
13 Biographischer und juristischer Nachlaß, S.14. Zachariae stellte sich die bange Frage, was wohl aus ihm geworden wäre, wenn nicht die gütige Vorsehung in der unerwarteten Heirat der väterlichen Schwester mit diesem Mann ihm die Mittel zur weiteren Ausbildung und zur Unterkunft bei ihnen gegeben hätte - er studierte 5 Jahre auf deren Kosten , da sein Vater nicht mehr imstande war, Zachariae eine Unterstützung in Geld zu geben.

die ganze Richtung seiner Studien und seiner Bildung entscheidenden Einfluß gehabt[14]. "Nie", so sagte Zachariae, "habe ich das positive Recht so ganz und so allein als positives Recht studiert, wie andere, mit welchen ich mich meinen Verhältnissen nach zu vergleichen hatte oder vergleichen konnte. Immer hat mich vorzugsweise das Allgemeine, der Geist der Gesetze angezogen".

Seine Rechtslehrer, darunter Schott und Sammet, waren im wesentlichen Männer der vergangenen Zeit[15].

Nach 5 Jahren Studium in Leipzig hatte Zachariae noch keine von den Prüfungen bestanden, die ihm die Aussicht auf eine akademische Laufbahn eröffnet hätte[16].

Im Frühjahr 1792 wurde er der Hofmeister des nur zwei Jahre jüngeren Grafen zur Lippe, den er auf die Universität Wittenberg begleitete, wo er seine Studien fortsetzte[17]. Als nach zwei Jahren der Graf in den Kriegsdienst eintrat und sich damit Zachariaes Stellung erledigte, nutzte er dies, um sich 1794 in Wittenberg zu habilitieren und 1795 zu promovieren, nachdem er 1794 in Leipzig pro candidatura examiniert wurde.

Im Sommer 1794 ging Zachariae dann als Privatdozent nach Wittenberg[18]. 1798 wurde er zum außerordentlichen und 1802 zum ordentlichen Professor der Jurisprudenz und damit zugleich zum Beisitzer des Schöffenstuhls in Wittenberg, sowie des Landgerichts von Lübben (in der Niederlausitz), dem höchsten Gericht des Landes, ernannt[19].

Nach der Niederlage Preußens und seiner Verbündeter (darunter auch Sachsen) bei Jena und Auerstädt und der französischen Besetzung Wittenbergs im Oktober 1806[20], folgte Zachariae gern dem zu Weihnachten 1806 an ihn ergangenen Ruf nach Heidelberg[21] mit dem Titel als Hofrat, da er, wie er selbst sagte, "nicht für unruhige bewegte Zeiten tauge", und verließ Wittenberg zu Ostern 1807[22]. Die Tatsache, daß Zachariae den Ruf nach Heidelberg annahm, wo er dann in der Folgezeit zu den bedeutendsten Universitätsmitgliedern gehörte, erregte in ganz Deutschland großes Aufsehen und hob das Ansehen der Heidelberger Fakultät.[23]

Er ist dort bis zu seinem Tode geblieben, nachdem es ihm leicht gefallen war, sich sofort dortigen modernen, süddeutschen, lebhaften, bewegten Ver-

---

14 Biographischer und juristischer Nachlaß, S.15
15 Landsberg, a.a.O., Notn, S. 52
16 Biographischer und juristischer Nachlaß, S.22
17 Biographischer und juristischer Nachlaß, S.26; Weigle a.a.O., S.32
18 Mohl: Die Geschichte und Literatur der Staatswissenschaften, Band 2, S.512 FN 1; Weigle a.a.O., S.32;
19 Fischer: ADB, S.647; Landsberg, a.a.O., Noten, S. 52f
20 Gebhardt: Handbuch der deutschen Geschichte, Band 3, §14, S.51
21 Auf Empfehlung Thibauts, den damaligen Prorektor der Universität Heidelberg. Der Brief von Thibaut an Zachariae ist abgedruckt in: Polley: Anton Friedrich Justus Thibaut in seinen Selbstzeugnissen und Briefen S.200/201.
22 Fischer: ADB, S.647; Bluntschli: Geschichte der Wissenschaften in Deutschland, Band 1, S.653
23 Schneider: Geschichte der Universität Heidelberg, S.214,290; Keller: Geschichte der Universität Heidelberg Heft 40, S.119

hältnissen und Strömungen anzupassen. Zachariae freute sich besonders über die wechselseitige Duldsamkeit der Katholiken, Lutheraner und Reformierten[24]; er selbst war Lutheraner. Nicht zuletzt zogen ihn auch die Aufgaben an der Universität Heidelberg an. Wittenberg war eine sächsische Landesuniversität, Heidelberg dagegen eine deutsche Universität. Zachariae mußte jetzt seinen Blick auf "das für ganz Deutschland Brauchbare und Anziehende" richten. Er lehrte dort neben Männern wie Thibaut, Martin, Klüber und Heise, was seinen Fleiß und Ehrgeiz weiter anspornte.

1811 heiratete Zachariae; doch schon nach vier glücklichen Ehejahren verlor er seine Frau Johanna Eleonore geb. Glaeser (1786 -1815)[25]. Aus dieser Ehe stammten zwei Kinder: Ein Junge, Karl Eduard Zachariae[26], und ein Mädchen, das aber kurz nach dem Tod der Mutter ebenfalls starb[27].

Als man 1817 ernsthaft an die Aufhebung der Universität Heidelberg dachte, trat Zachariae im Namen der Lehrer mit der von ihm verfaßten Schrift "Für die Erhaltung der Universität Heidelberg" in überzeugender Weise für deren Fortbestand ein[28]. 1816 lehnte er einen Ruf nach Göttingen und 1829 nach Leipzig ab. Letzteren vor allem wegen der Anhänglichkeit an seinen Fürsten, durch dessen Wertschätzung er sich geehrt fühlte, und nach Erhöhung seiner Besoldung[29].

1807 kam Zachariae mit dem Titel Hofrat nach Heidelberg, 1818 erhielt er den Titel geheimer Hofrat. 1823 wurde Zachariae mit dem Ehrenkreuz ausgezeichnet. 1824 erhielt er das Kommandeurkreuz des Ordens vom Zähringer Löwen, und 1825 wurde er "wegen seiner Verdienste um die Stärkung der Regierungsgewalt" zum Geheimrat zweiter Klasse ernannt[30].

1817 war Zachariae Prorektor der Universität, 1833 lehnte er die erneute Wahl zum Prorektor ab. 1823, 1824, 1827, 1830, 1834 und 1840 war er Mitglied des Engeren Senats der Universität; 1812, 1816, 1820, 1823,1827, 1831, 1835, 1839, 1840 sowie 1842 Dekan der juristischen Fakultät[31].

Durch seine Tätigkeit als Berater in staatsrechtlichen Fragen gelangte Zachariae zu großem Reichtum, mit dem er größere Liegenschaften, darunter auch die Besitzung Lingenthal erwarb. Der Vorwurf der Geldgier und des Geizes

24 Bluntschli, a.a.O., S.654; Landsberg, a.a.O., Note 53, zu Kapitel 13, S.100
25 Drüll, a.a.O., S.307; das Heiratsgesuch Zachariaes Anfang 1811 wurde vom akademischen Direktorium der Universität gegenüber dem Ministerium des Inneren mit dem Hintergedanken befürwortet, Zachariae als Professor der Universität zu erhalten: Schreiben des akademischen Direktoriums an das Ministerium des Inneren aus der Personalakte Zachariaes, III, 3b Nr.95. Zu Zachariaes Ehe und zur Erziehung seines Sohnes siehe Weber: Heidelberger Erinnerungen, S.170ff
26 Berühmter Byzantinist und Verfasser des Buches: Biographischer und juristischer Nachlaß von C. S. Zachariae.
Vgl. Stintzing/Landsberg: Geschichte der Deutschen Rechtswissenschaft, Abt. 3, 2.Hlbbd, S.483ff
27 Biographischer und juristischer Nachlaß, S.47; Weigle, a.a.O., S.34
28 Fischer: ADB, S.647,648; Landsberg, a.a.O., Notn, S. 53
29 Biographischer und juristischer Nachlaß, S.57; Schnabel: Deutsche Geschichte im 19.Jahrhundert, Band 2, S.208
30 Landsberg, a.a.O., Noten, S. 54; Drüll, a.a.O., S.307
31 Drüll, a.a.O., S.307

ist Zachariae nicht zu Unrecht gemacht worden, wobei ihm der Besitz von Geld insofern wünschenswert war, als er ihm Unabhängigkeit und Freiheit verlieh[32]. Gegen Ende des Jahres 1842 wurde Zachariae unter Verleihung des Names "von Lingenthal" für sich und seine ehelichen männlichen Nachfolger nach dem Recht der Erstgeburt, in den Adelsstand erhoben[33].

1834 und 1841 hatte er mit wiederkehrenden Schlaganfällen und schweren Krankheiten zu kämpfen. Am 11. März 1843 beschloß er seine Vorlesungen, und am 27. März starb er nach kurzer Krankheit im Alter von 73 Jahren[34]. Entsprechend seinem Wunsche, erfolgte die Bestattung in einfachster Weise und ohne feierliches Geleit an der Südseite der Peterskirche, in der Nähe seiner Frau und Tochter.

---

32 Biographischer und juristischer Nachlaß, S.32 : "Gläubiger sind Zwingherren". Ferner ein Spruch von Zachariae auf einem fliegenden Blatte unter FN * a.a.O. S.32: "Sey wirthschaftlich, nicht geizig. Geld gibt Muth, gibt Unabhängigkeit, gibt Macht.- - Ich habe mich immer vor Schulden gehütet, weil ich meine Unabhängigkeit liebte. Auch ist die Kunst, Schulden zu machen, eine sehr schwere Kunst. Werde in allen andern groß, nur nicht in dieser." Siehe auch Weber: Heidelberger Erinnerungen, S.173: "Das Bestreben, sich Geld und Güter zu erwerben, führte ihn auf dem Wege der Sparsamkeit und der Erwerbsucht bis an die Grenze, über welche hinaus der Geizige zur Karikatur wird." Ferner ders. auf S.175 und 176 ein paar nette Geschichten darüber.

33 Biographischer und juristischer Nachlaß, S 59

34 Fischer: ADB, S.649

II. Politisches Wirken

Zachariaes kurze politische Laufbahn begann im Jahre 1820. Am 31. Juli dieses Jahres wurde er als Nachfolger Thibauts - der sein Mandat freiwillig niedergelegt hatte - und Vertreter der Universität Heidelberg in die erste Kammer[35] des Großherzogtums Baden gewählt[36].

Im Landtag von 1822, der am 22. März zusammentrat, übte er als Sekretär der ersten Kammer und Mitglied verschiedener Kommissionen einen bedeutenden politischen Einfluß aus. Im Gegensatz zu seinem Freiburger Kollegen v. Rotteck, wurde Zachariae in dieser Zeit einer der Führer der Aristokraten in seiner Kammer. Aus dieser Zeit stammt der unvergessene Spruch Zachariaes, "daß Beförderung des hemmenden Princips recht eigentlich der Zweck der ersten Kammer sei und daß nur dadurch die Gefahren könnten beschworen werden, womit das bewegliche Princip der zweiten Kammer das Gemeinwesen bedrohe"[37].

Er war geneigt, den Begriff der Exekutive über Gebühr auszudehnen, um dadurch das Recht der Volksvertretung einzuschränken. Darüber hinaus wollte er das den Kammern ausdrücklich durch § 67 der Verfassung von 1818 eingeräumte Gesetzesinitiativrecht möglichst selten gebraucht wissen, weil er dadurch die Autorität der Regierung geschwächt sah[38].

Selbst von reaktionären und verfassungsfeindlichen Ratschlägen ist er nicht freizusprechen. Als die "Reaktion" alle Hebel in Bewegung setzte, um die Verfassung aus den Angeln zu heben, empfahl Zachariae in mehreren Gutachten deren Änderung, und wies sogar die Rechtmäßigkeit des geplanten Staatsstreiches nach, da die Verfassung mehrfach der Bundesakte widerspräche[39].

Zachariae trat gegen den von Rotteck gestellten Antrag nach Aufhebung des Herrenfrohnden ein. Ferner vertrat er die Forderung nach Wiedereinführung der gerade abgeschafften Zensur[40], obwohl durch die Verfassung die Pressefreiheit gewährleistet worden war.

---

35 22.08.1818: Erlaß der badischen Verfassung, die ein konstitutionelles Zweikammersystem vorsah: erste Kammer im wesentlichen Adelskammer, dazu noch Vertreter des Militärs, Kirchen und Universitäten; zweite Kammer als Volksvertretung, aber mit hohem Zensus und indirekten Wahlverfahren. Vgl. Nipperdey: Deutsche Geschichte 1800- 1866, S.273,346,347; Verfassungsurkunde abgedruckt in: Huber, Dokumente zur deutschen Verfassungsgeschichte, Band 1, Nr.54

36 Biographischer und juristischer Nachlaß, S.50; Fischer: ADB, S.648; Leser in: Weech, Badische Biographien, 2. Teil, S.526

37 Fischer: ADB, S.648

38 Leser in Weech, a.a.O., S.527, 528

39 Fischer: ADB, S. 648; Landsberg, a.a.O., Noten, S. 53f; Leser in Weech, a.a.O., S.528; Weber: Heidelberger Erinnerungen, S.172: Zachariae war geheimer Ratgeber der Krone und der Minister. Seine dahingehenden Empfehlungen sind abgedruckt in Weech: Geschichte der badischen Verfassung, S.121ff

40 Stolleis: Geschichte des öffentlichen Rechts in Deutschland, Band 2, S.170; siehe aber Zachariae in seinen "Vierzig Bücher vom Staate", 2.Aufl. 1839, 3. Band, 19. Buch, 3. Abschn.: "Es versteht sich von selbst, daß mit der Freiheit der Presse und mit der Verfassung der konstitutionellen Monarchie eine Censur unvereinbar sey". Die Pressefreiheit wurde gem § 17

Überhaupt fand Zachariae Gefallen daran, sich als Gegner der populären Bestrebungen nach Freiheit und Reform zu zeigen. Er sprach offen aus, daß die erste Kammer auf die öffentliche Meinung keine Rücksicht nehmen dürfe[41].

Dies alles aber nicht etwa unter Preisgabe seiner prinzipiellen verfassungsfreundlichen und konstitutionellen Überzeugung, deren Verfechter und Anhänger Zachariae war, sondern so, daß er, dialektisch übergewandt wie er war, damit konservative Ansichten zu verbinden wußte, wobei er aber gleichzeitig für gewisse Errungenschaften der neueren Staatslehre, wie für mündliche und öffentliche Gerichtsverfahren, Schwurgerichte und die Gewerbefreiheit eintrat[42]. Wo er als Jurist oder als Kenner der modernen staatswirtschaftlichen Theorien sein Urteil abgab, war er voll entschieden liberaler Gesinnung und voll reformatorischen Strebens[43]. Dieser Widerspruch muß nicht aufgelöst werden. Er bestand wirklich und ist auch von seinen Zeitgenossen registriert worden[44].

Mit dem Schluß des Landtages Anfang 1823 endete Zachariaes Mandat für die erste Kammer. Durch sein Auftreten in dieser hatte er sich bei den Ministern und bei Großherzog Ludwig einen bleibenden Eindruck verschafft, so daß seine Dienste auch nach Mandatsende in Anspruch genommen wurden. Als Mitglied der Gesetzgebungskommission vollendete er 1824 den Entwurf eines Strafgesetzbuches, das dann 1826 in veränderter Form unter dem Titel "Strafgesetzbuch. Entwurf. Mit einer Darstellung der Grundlagen des Entwurfs" erschien. Ferner entwarf Zachariae auch die Grundzüge eines neuen badischen Landrechts, das aber zum großen Teil nie in Kraft gesetzt worden ist, und setzte sich, allerdings ebenso erfolglos, dafür ein, mit den Nachbarstaaten über die Förderung eines gemeinsamen Gesetzeswerks zu verhandeln[45].

Anfang 1825 wurde Zachariae durch Volkswahl vom Landwahlbezirk Heidelberg zum Abgeordneten der zweiten Kammer gewählt, in der er erster Vizepräsident und Mitglied der Gesetzgebungsdirektion war[46].

In der zweiten Kammer glänzte Zachariae durch die Originalität seiner Argumente und die witzige Form seiner Reden. Er sah den Zweck einer Repräsentativverfassung darin, den Regierenden Gelegenheit zu geben, von fachkundigen Männern aus allen Landesteilen auf Mißverhältnisse aufmerksam gemacht zu werden und Verbesserungsvorschläge entgegenzunehmen. Den Rechten und Wünschen des Volkes jedoch zeigte er sich weniger geneigt, als irgend ein anderer dieser Kammer.

---

der Verfassung von 1818 im Rahmen einer künftigen Bestimmung der Bundesversammlung garantiert. Vgl. Huber, Dokumente zur deutschen Verfassungsgeschichte, Band 1 Nr.54

41 Leser, in Wech, a.a.O., S.528

42 Fischer: ADB, S.648; Leser, in Weech, a.a.O., S.528: Bezüglich der Gewerbefreiheit vertrat er derart radikale Ansichten, daß er, nachdem seine weitgehenden Vorschläge von der Kammer abgelehnt wurde, den Erlaß einer neuen Gewerbeordnung für gleichgültig erachtete, und er weder an Beratung noch Abstimmung teilnahm.

43 Leser, in Weech, a.a.O., S.528

44 Stolleis, a.a.O., S.172

45 Biographischer und juristischer Nachlaß, S.55,56; Leser, in Weech, a.a.O., S.528/529

46 Fischer: ADB, S.648; Weigle, a.a.O., S.36

In nicht wenigen Fällen distanzierten sich sogar die Mitglieder der Regierung, auf deren Seite Zachariae vorzugsweise stand, von seinen Auffassungen, da er sich oftmals allzu leicht über Verfassungsbestimmungen und über anerkannte Prinzipien politischer Moral hinwegsetzte. Die Freiburger Wahl zum Beispiel, bei der offenkundige und grobe Unregelmäßigkeiten zur Niederlage Rottecks führten, stellte er als völlig harmlos dar[47].

Im Landtag von 1828 war er nicht mehr sonderlich aktiv, und 1829 zog er sich schließlich ganz vom politischen Leben zurück, nachdem der Liberalismus in der zweiten Kammer allmählich die Überhand gewann.

Eine ihm vom Großherzog Ludwig angebotene hohe Stelle im Staatsdienst lehnte Zachariae aus Neigung zum freien Lehrfach und der schriftstellerischen Selbstständigkeit ab. Zachariae selbst sagte von sich, daß er "vorzugsweise zum Professor tauge". Sein Wahlspruch lautete von da an: "Bene vixit, qui bene latuit"[48].

47 Leser, in Weech, a.a.O., S.530

48 Fischer: ADB, S.648

III. Akademisches Wirken

Als akademischer Lehrer war Zachariae äußerst strebsam und unermüdlich[49]. In der Regel hielt er zwei bis drei Vorlesungen pro Tag, die ihm ein Lebenselixier waren. "Doch alternd wurde ich nicht alt. Ein akademischer Lehrer hat das beneidenswerte Vorrecht, nie alt zu werden, weil er ewig mit und in der Jugendwelt lebt."[50] Die ersten Stunden des Tages verwendete er zur Vorbereitung, Verbesserung und Vervollständigung seiner Vorlesungen, wobei er von Zeit zur Zeit eine völlige Umarbeitung vornahm.

Zachariae nannte selbst drei Triebfedern für seinen Fleiß: die Liebe zum Beruf, den Ehrgeiz, sich einen Namen zu machen, sowie die Furcht, Hunger leiden zu müssen[51].

In seiner Wittenberger Zeit entwickelte er sofort eine starke und umfassende Lehrtätigkeit. Zachariae versuchte sich in sehr vielen verschiedenen Fächern und hielt neben den Vorlesungen zusätzlich noch Examinatorien ab, so daß er sich täglich oft bis zu 10 Stunden mit den Studenten beschäftigte. Er las über das Kirchenrecht, das Lehnrecht, das Staatsrecht, über die Institutionen des römischen Rechts, die Pandekten des sächsischen Privatrechts, über die Hermeneutik sowie die Enzyklopädie und Methodologie, über das philosophische Privat- und Criminalrecht sowie über das philosophische Völkerrecht[52]. Überhaupt zog ihn der philosophische Teil der Rechtswissenschaft fortdauernd an.

Die Berufung von Wittenberg nach Heidelberg versetzte Zachariae in eine ganz neue Welt. Hier das altsächsische, durch einen öden Bürokratismus, durch feudale wie absolutistische Fesseln gleichzeitig beschränkte Staatswesen, dort das künstlichste und bunteste zusammengewürfelte Staatengebilde, in dem alles modern war und wurde, Volk wie Staat, Verfassung wie Gesetzgebung und Verwaltung. Die Trennung der Stände war weniger scharf als in Norddeutschland und religiöse Duldung ein Gebot der Vernunft, da sich die Bevölkerung aus Katholiken, Protestanten sowie Reformierten zusammensetzte.

Die Universität Heidelberg wurde damals - im Gegensatz zu Wittenberg - von Studenten aller deutscher Staaten besucht[53]. Zachariae mußte deshalb seinen Blick nun auf das für ganz Deutschland Brauchbare richten.

In Heidelberg setzte Zachariae seine umfassende Lehrtätigkeit fort. Bis kurz vor seinem Tode hat er Vorlesungen über alle Teile des philosophischen Rechts, das öffentliche Recht des Rheinbundes, später des deutschen Bundes und Badens, über das Staatsrecht der konstitutionellen Monarchien, das Völkerrecht, über das katholische und protestantische Kirchenrecht, das Lehn-

49 So urteilte Zachariae über sich selbst: "Als Lehrer versuchte ich mich in vielen, in zu vielen Fächern"
aus Biographischer und juristischer Nachlaß, S.32

50 Biographischer und juristischer Nachlaß, S.48

51 Biographischer und juristischer Nachlaß, S.31

52 Biographischer und juristischer Nachlaß, S.32,33; Landsberg, a.a.O., Noten, S. 52; Weigle, a.a.O., S.32

53 Tabellen zur Studentenzahl in: Weisert: Die Verfassung der Universität Heidelberg, S.152ff

recht, das Criminal- und Prozeßrecht sowie über das französische Civil- und Criminalrecht gehalten, wobei er sich in späterer Zeit mehr auf das Staatsrecht beschränkte[54].

Selbst, als er durch mehrere Schlaganfälle in seiner Gesundheit schwer beeinträchtigt war, ließ er sich von einem Diener in das Auditorium führen, um seine Vorlesungen zu halten. Auf die Bestürzung seiner Zuhörer angesichts seines Anblickes reagierte er mit folgendem Ausspruch: "Ich denke, meine Herren, meine Lehrsätze werden Ihnen nicht so schief vorkommen als mein Mund".[55]

Zachariaes Vorträge waren derart aufgebaut, daß er seinen Zuhörern zunächst kurze, allgemeine Sätze diktierte - gewissermaßen als Leitfaden -, denen dann mündliche Erläuterungen folgten. Bei seinen Studenten war Zachariae als Lehrer sehr beliebt, weil er sie zum logischen Denken anhielt, wenngleich er seine Vorträge ohne jeglichen Schwung hielt. In den letzten drei Jahren stellte er seinen Unterrichtsstil ganz auf freie mündliche Vorträge um, da diese bei den Studenten immer beliebter wurden[56].

---

54 Biographischer und juristischer Nachlaß, S.61,62; Fischer: ADB, S.648; Weigle, a.a.O., S.35

55 Weber: Heidelberger Erinnerungen, S.176

56 Biographischer und juristischer Nachlaß, S.62,63. Einer seiner berühmtesten Schüler sagte über ihn: "Die Achtung vor dem Wissen und dem Verstand des Mannes war bei uns groß; allein desto geringer der sittliche Respekt." aus Mohl: Lebenserinnerungen, Band 1, S.107

IV. Carl Salomo Zachariaes Schriften

Zachariae zeichnete sich auch als Schriftsteller durch unermüdliche Tätigkeit und Fleiß aus. Durch seine 176[57] gedruckten und veröffentlichten Abhandlungen in Zeitschriften, Rechtsgutachten und Büchern, zahllosen Rezensionen sowie ungefähr 50 ungedruckten Rechtsgutachten aus den Jahren 1816-1843 und mehrere handschriftlich nachgelassene Werke, von denen einige druckfertig vorlagen[58], hat er sich selbst ein Denkmal gesetzt und der Nachwelt eine bleibende Erinnerung geschaffen. Es gab nahezu kein Gebiet der Rechtswissenschaften, auf dem Zachariae nicht bewandert war, und auf dem er sich nicht als Schriftsteller betätigt hatte.

Er schrieb über das Staatsrecht, die Kirche und ihr Verhältnis zum Staat, die Staatswissenschaften und Teile des bürgerlichen Rechts. Insbesondere bemühte er sich um die Verbreitung der Kenntnisse des ausländischen, namentlich des englischen und amerikanischen Rechts. Er schrieb über das französische Recht, das Strafrecht und das Lehnrecht. Er versuchte die Grundlagen einer verständigen Gesetzgebung festzustellen und über die Verteidigungskunst und Beredsamkeit Lehren zu erteilen. Er hat die Auslegungskunst besprochen, geschichtliche Untersuchungen angestellt, sowie Rechtsgutachten und verschiedene Gesetzesentwürfe in allen Teilen des Rechts verfaßt. Er hat die philosophischen Grundlagen aller Rechtsgebiete besprochen, Gesetze erläutert und systematisiert. Ja er hat selbst Arbeiten auf dem Gebiet der Staatswirtschaft und einige aus der reinen Philosophie erstellt.

Unter seinen Schriften findet sich genausoviel Unbedeutendes wie auch höchst Beachtenswertes, was nicht weiter zu verwundern hat. Kein Mensch kann, und sei er noch so bewandert, in so vielen verschiedenen Gebieten gleich Gutes liefern. "Niemals freilich", so äußerte sich Mohl[59], "verbirgt sich der gescheidte und kenntnisreiche Mann ganz; etwas Einfältiges zu schreiben, war Zachariae nicht im Stande: aber er konnte etwas Oberflächliches, etwas Verkehrtes, etwas Wunderliches schreiben, und er hat es auch reichlich gethan."

Seine einzelnen Werke hier namentlich aufzuführen und zu besprechen, würden den Rahmen dieser Arbeit sprengen und ist auch nicht deren Aufgabe. Nur

57 Siehe hinten dritter Teil: Quellen und Literaturverzeichnis: Werke von C. S. Zachariae. Ferner war er an der Herausgabe dreier Zeitschriften beteiligt: 1."Journal für Philosophie" mit Großmann, Leipzig 1797ff; 2."Jahrbücher der Gesetzgebung und Rechtswissenschaft des Großherzogthums Baden" mit Brauer, Heidelberg 1813 (nur ein Band erschienen); 3."Kritische Zeitschrift für Rechtswissenschaft und Gesetzgebung des Auslandes" mit Mittermaier, Heidelberg 1829ff. Allein heraus gab er die "Annalen der Gesetzgebung und der Rechtswissenschaft in den Ländern des Churfürsten von Sachsen, Leipzig 1806 und 1807".

58 Biographischer und juristischer Nachlaß: Aufzählung auf S.84-85; einige davon, die C. S. Zachariae selbst für den baldigen Druck bestimmt hatte, sind in der zweiten Abteilung dieses Buches (S.89ff) abgedruckt. Der Abdruck anderer Werke wurde von Zachariae ausdrücklich untersagt, wie z.B. seine Kollegienhefte und die Rechtsgutachten. Andere sind durch ausführlichere und weit vollendetere Werke überflüssig geworden.

59 Mohl: Staatswissenschaften, Band 2, S.515

die wichtigsten, die untrennbar mit dem Namen C. S. Zachariae verbunden sind, sollen hier kurz angeführt werden .

Die folgenden Schriften über das philosophische Recht stammen noch aus seiner Wittenberger Zeit. In "Die Einheit des Staates und der Kirche, mit Rücksicht auf die deutsche Reichsverfassung von 1797" differenziert Zachariae zwischen drei Systemen und stellt deren Gründe und Folgen dar: Das hierarchische, in der die Kirche dem Staat übergeordnet ist, das territoriale, welches nun den Staat der Kirche überordnet und zuletzt das kollegiale, in welchem beide unabhängig voneinander sind, sich aber dennoch gegenseitig zu unterstützen haben, wobei seine Neigung zum letzten System unverkennbar ist[60]. Zwar nicht im äußeren, wohl aber im inneren Zusammenhang stehen damit weitere drei bedeutende Werke: "Über die vollkommenste Staatsverfassung" (Leipzig 1800), "Über die Erziehung des Menschengeschlechtes durch den Staat" (Leipzig 1802), sowie "Janus" (Leipzig 1802). Die Hauptgedanken dieser Werke[61] sind, ausgehend von der Unabhängigkeit der Kirche und Staat voneinander, daß die beste Staatsverfassung diejenige ist, in der der Staat nur die Funktion einer schutzrichterlichen Anstalt hat, wobei die Ausführung dieser Staatsart davon abhängt, daß im Volk ein entsprechender Stand der Gesittung und des Rechtsbewußtseins vorhanden ist. Der Staat habe deswegen das Volk zu erziehen, sowohl unmittelbar durch eigene Anstalten, wie auch mittelbar durch die Gesamtheit seiner Einrichtungen, wobei er dann zu dem Schluß kommt, daß durch eine solche Hebung der "allgemeinen Gesittigung" und der damit einhergehenden Erziehung der ewige Friede vorbereitet werde.

Eine ebenfalls noch aus seiner Wittenberger Zeit stammende, erwähnenswerte Schrift über das sächsische Recht ist das "Handbuch des chursächsischen Lehnrechtes" (Leipzig 1796). Das Handbuch stellt eine Verarbeitung des gesamten positiven Rechts dar, welches als ausführliches, gründlich und verständlich verfaßtes Werk jahrzehntelang als das Werk schlechthin auf diesem Gebiet galt[62].

Bereits 1808, nur ein Jahr nach seinem Wechsel nach Heidelberg, gab er ein "Handbuch des französischen Zivilrechts" in 2 Bänden heraus. Dieses Werk hielt aber seinen eigenen Anforderungen nicht stand - er habe sich mit der Herausgabe versündigt, urteilte er später selbst - und bereits 1811 und 1812 erschien eine zweite, wesentlich verbesserte und umfangreichere Auflage (4 Bände), die als Glanzleistung gewertet werden darf, und von Deutschen wie auch Franzosen gleichermaßen anerkannt ist, was weitere Ausgaben nach seinem Tode sowie mehrfache Übersetzungen ins Französische und sogar Italienische bezeugen[63]. Es gab in der französischen Literatur kein vergleichbares

60 Bluntschli: Geschichte der Wissenschaften in Deutschland S.654, 655

61 Mohl: Staatswissenschaften, Band 2, S.518; Fischer: ADB, S.650

62 Mohl: Staatswissenschaften, Band 2, S.516, 517; Landsberg,a.a.O., S.103; Fischer: ADB, S.650

63 Brocher: Revue historique de droit francais et etranger, XIV, S.433: "Der hervorragende Platz, den C. S. Zachariae unter den so dichtgefüllten Rängen der Kommentatoren des Code Napoleon einnimmt, ist ganz sicher eine der bemerkenswertesten Erscheinungen, mit denen die heutige Geschichte der Literatur aufzuwarten hat". Ferner Brocher in ders., a.a.O. XV, S.295-

Werk, und Zachariae wurde zurecht von französischen Juristen zu den ersten Autoritäten auf diesem Gebiete gerechnet.

Auf dem Gebiet des positiven deutschen Staatsrechts sind zu nennen: Zachariaes "Geist der deutschen Territorialverfassung" (Leipzig 1800), das laut Fischer nach Johann Stephan Pütters Werken über die Verfassung des Heiligen Römischen Reiches[64] zum Besten gehört, was über diese geschrieben worden ist[65]. Ferner die zwei bedeutendsten und auch umstrittensten juristischen Werke über den Rheinbund, "Jus publicum civitatum, quae Foederi Rhenano adscriptae sunt" (Heidelberg 1807), sowie "Das Staatsrecht der Rheinischen Bundesstaaten und das Rheinische Bundesrecht" (Heidelberg 1810). Die lateinische Ausgabe galt als Vorbild an Kürze und gelungener Einteilung des Stoffes. Das drei Jahre später erschienene deutsche Buch befaßte sich schwerpunktmäßig mit einigen der schwierigsten Fragen dieses Rechtsgebietes und behandelte sie mit Umsicht und großer Gelehrsamkeit. Trotz dieses Lobes überwog doch die Kritik. Vorgeworfen wurde Zachariae zum einen, daß die Theorie über das Landesstaatsrecht, wonach den Landesregierungen das Recht zustehe, die den mediatisierten Reichsständen verliehenen Rechte nach Belieben zu entziehen , eines "Rechtsgelehrten geradezu unwürdig"[66] sei. Zum anderen, daß mit der Anknüpfung an rechtsphilosophische Konzeptionen - anstatt das Recht des rheinischen Bundes durch Anknüpfung an Reste des deutschen Reichs- und Territorialstaatsrechtes auf eine solidere Grundlage zu stellen - er allzusehr den Interessen der damaligen Machthaber zu dienen und ihm also ein tiefes, patriotisches Empfinden und Schmerz über die gewaltsame Aufteilung und Unterwerfung des Vaterlandes zu fehlen schien[67]. Neben der "vollkommenen Beherrschung des schwer zugänglichen, weit zerstreuten Stoffes" herrsche aber "ein bedenklicher Geist der politischen Konnivenz, der um so gefährlicher ist, da er hier nicht plump byzantinisch auftritt, sondern stets geschickt den juristischen Anstand wahrt."[67]

Zachariaes Werke auf dem Gebiet des Staatsrechts des klassischen Altertums weisen ihn als Kenner desselben, namentlich der Sprache und Geschichte Roms, aus. Geradezu als "eine Perle der deutschen Literatur"[68] wird seine Schrift "Staatswissenschaftliche Betrachtungen über Ciceros wiedergefundenes Werk vom Staate" (Heidelberg 1823) bewertet. Darin vergleicht er den antiken mit dem modernen Staat und zeigt bestehende Unterschiede auf, wobei er kei-

---

347 sowie S.430-489 ausführlich über Zachariae: "Sa vie et ses oeuvres". Vgl. auch Neuer Nekrolog der Deutschen, S.247. Sogar der sonst zu Zachariae eher kritisch eingestellte Landsberg findet Worte des Lobes: Landsberg, a.a.O., S.106

64 Als bedeutendste Werke Pütters sollen hier nur genannt sein: Institutiones iuris publici Germanici, 1770, 6. Aufl. 1802; Historische Entwicklung der heutigen Staatsverfassung des Teutschen Reichs, 3 Bände, 1. Aufl. 1786, 2. Aufl. 1798; Erörterungen und Beyspiele des Teutschen Staats- und Fürstenrechts, 3 Teile, 1793-1797; Litteratur des Teutschen Staatsrechts, 3 Teile, 1776-1783

65 Fischer: ADB, S.650; Mohl: Staatswissenschaften, Band 2, S.520

66 Mohl: Staatswissenschaften, Band 2, S.521; Landsberg, a.a.O., S.105; Fischer: ADB, S.650; Schneider: Geschichte der Universität Heidelberg, S.237

67 Landsberg, a.a.O., S.105

68 Bluntschli, a.a.O., S.655; kritisch Landsberg, a.a.O., S.109

nen Hehl daraus macht, daß er die Einherrschaft der Volksherrschaft vorziehe. Am Schluß des Buches wagt Zachariae auch noch eine Prognose für die Zukunft, wobei er die einherrschaftliche Verfassung mit Reichs- oder Landständen nur als einen Übergang zu der mit einer Volksvertretung gemäß des englischen Vorbildes betrachtet.

Mit großem Eifer verfaßte Zachariae auch Arbeiten über die Tagespolitik. Sein "Entwurf zu dem Grundvertrage des durch den Pariser Frieden vom 30. Mai 1814 verhießenen deutschen Bundes" (Heidelberg 1814) war aber noch ungenügender als der später auf dem Wiener Kongreß beschlossene und den Rechten des Volkes wenig Beachtung schenkende "Deutsche Bund". Zachariae verwirft in dieser Schrift ausdrücklich ein Bundesgericht, und die mit Stimmenmehrheit zu fassenden Beschlüsse sollen sich nur auf die äußere Sicherheit beschränken; alle anderen Vereinbarungen dagegen sollen nur die Staaten binden, die ihre ausdrückliche Zustimmung dazu gegeben haben. Von einem Gedanken an die Einheit des deutschen Volkes kann also keine Rede sein[69]. Zu nennen sind noch die 1832 und 1834 erschienenen Schriften "Über Europas Zukunft" und "Über den gegenwärtigen politischen Zustand der Schweiz". In der ersten nennt er die Anhänger des unbeschränkten Königtums, der freistaatlichen Volksvertretung und der richtigen Mitte als die alleinigen bewegenden Kräfte, wobei er dann nach Abwägungen der Partei der richtigen Mitte die unfehlbare Herrschaft in Europa verheißt. In der zweiten spricht er sich mit pedantischer Weisheit und trotz jahrelanger Erfahrung mit dem "Deutschen Bund" als bloßem völkerrechtlichen Verbund gegen die Einheitsbestrebungen der Schweiz und für das lose Nebeneinander der einzelnen Kantone aus.

Auf dem Gebiet des allgemeinen Staatsrechts war Zachariae eine allgemein anerkannte Koryphäe. Neben dem "Handbuch des französischen Zivilrechts" ist sein in zwei Auflagen (1. Aufl. 1820-1832; 2. Aufl. 1839-1843) erschienenes Werk über die gesamten Staatswissenschaften, die "Vierzig Bücher vom Staate", die zweite Säule seines Ruhmes. Zachariaes "Vierzig Bücher vom Staate" sind eine umfassende Darstellung der gesamten Staatswissenschaften, die sich durch seltene Vollständigkeit auszeichnen[70]. Das Werk stellt den fast vermessenen Versuch dar, den Staat nach allen seinen Beziehungen auszuschreiten. Zachariae schreibt nicht nur über das Staats- und Völkerrecht, die Volkswirtschaft und Finanzwissenschaften, sondern auch über die Mechanik, Chemie, Biologie, Klimalehre, Astronomie, Geographie, Anthropologie, Psychologie, Geschichte, Politik, Pädagogik und vieles mehr, und versucht deren Bedeutung für den Staat zu ergründen. Nach Maßgabe des Wissens der damaligen Zeit und der Kräfte eines einzelnen Menschen, kann dieses Vorhaben als in erstaunlicher Weise gelungen angesehen werden. Die "Vierzig Bücher vom Staate" enthalten einen Schatz von scharfsinnigen Beobachtungen, welche Zachariae im Laufe seines Lebens gesammelt hatte. Selbst in entfernt liegenden Wissenskreisen findet er sich zurecht und beherrscht wenigstens ihre Grundlagen und Hauptfragen. Unterhaltsam, wie zum eigenen Nachdenken auffor-

69 Mohl: Staatswissenschaften, Band 2, S.526

70 Mohl: Staatswissenschaften, Band 3, S.395; Mohl: Staatswissenschaften, Band 1, S.132ff

dernd, ist die Fülle der gelegentlich geäußerten Gedanken, der witzigen Anspielungen, der Anführungen von klassischen Stellen und geschichtlichen Zügen, wobei sein Bestreben nach Eigentümlichkeit zu mancher schiefen Darstellung geführt hat. Es ist auf jeden Fall ein merkwürdiges, aber geistig bedeutendes Werk.

Zweiter Teil

Darstellung der Staatsrechts- und Verfassungslehre Zachariaes

I. Das Recht

1. Der Begriff des Rechts

Zunächst betrachtet Zachariae den Begriff des Rechts als eine Tatsache, die auf Erfahrungsgrundsätzen beruht. Nach seiner Theorie haben die Menschen seit jeher, von wenigen Ausnahmen abgesehen und so verschieden sie auch sein mögen, eines gemeinsam: Sie leben in größeren oder kleineren Genossenschaften, den Staaten, wobei der einzelne einem physischen Zwang unterworfen ist, den der Staat oder eine physische oder moralische Person, die über den Staat gebietet, ausübt. Darüberhinaus finden sich zur Ausübung dieses Zwanges Gesetze und Regeln, die durchaus ihrem Inhalt nach voneinander abweichen können und es auch tun. Das Recht stellt nach Zachariae in dieser Bedeutung den Inbegriff oder die Gesamtheit der durch Handlungen der Menschen in Vollzug gesetzten Gesetze dar, welche die Menschen dadurch, daß sie sich gegenseitig einem physischen Zwang unterwerfen, befolgen und zu befolgen gezwungen sind[71].

Sodann wirft er die Frage auf, ob der Mensch, als sittlich freies und von den Tieren verschiedenes Wesen[72], seine Mitmenschen einem physischen Zwang unterwerfen darf, und unter welchen Bedingungen es ihm erlaubt ist, bzw. es sogar seine Pflicht ist, von diesem Zwang Gebrauch zu machen.

Ausgehend von der Annahme, die Menschen dürften bzw sollten sich unter gewissen Bedingungen einem solchen physischen Zwang unterwerfen, erhielte der Begriff des Rechts für Zachariae dann, wie er sagt, eine "moralische" Seite. Das Recht wäre für ihn damit der Inbegriff oder die Gesamtheit der durch Handlungen der Menschen in Vollzug gesetzten Gesetze, die durch physischen Zwang in Vollziehung gesetzt werden dürfen und nach Befinden in Vollziehung gesetzt werden sollen. Die Notwendigkeit, einem Rechtsgesetz Folge zu leisten, nennt er eine Rechtspflicht, die Beziehung zwischen dem Berechtigten und dem Verpflichteten eine Rechtsverbindlichkeit und die rechtliche Zulässigkeit einer Handlung ein Recht. Das Recht ist somit "die durch das

---

71 Zachariae: 40 Bücher vom Staate, 2.Auflage, 1.Buch, S.2. Folgend zitiert als: Zachariae: 40 Bücher, wobei, sofern nichts angegeben, von der 2.Auflage ausgegangen wird.
72 Zachariae: 40 Bücher, 1.Aufl., 2.Buch, S.33: "Der Mensch ist sittlich frey, weil und in wie fern er seine physischen Kräfte durch die Vernunft, also durch Vorstellungen, welchen die Eigenschaft der Allgemeingültigkeit zukommt, zum Wirken bestimmen kann."

Rechtsgesetz begründete Möglichkeit, andern eine Verbindlichkeit aufzuerlegen, zu deren Erfüllung sie durch Zwang angehalten werden dürfen"[73].

2. Der Inhalt und das Wesen des Rechts

Ausgangspunkt der Betrachtung ist für Zachariae die schon von Kant[74] durchgeführte Unterscheidung zwischen der inneren und äußeren Freiheit des Menschen. Die innere Freiheit[75] "ist die Freiheit des Willens, als des Vermögens, sich zum Handeln zu bestimmen", d.h. negativ "die Unabhängigkeit des menschlichen Willens von den Triebfedern der Sinnlichkeit". Sie unterliegt dem Sitten- oder Moralgesetz. Die äußere Freiheit[76] dagegen "ist die Freiheit des Willens, diesen als Vermögen betrachtet, Wirkungen hervorzubringen, welche mit dem gefaßten Entschlusse übereinstimmen". Diese unterliegt ihrem Wesen nach den Gesetzen der Natur. Unter dem Namen der äußeren Freiheit begreifen sich z.B. die Religionsfreiheit, die persönliche Freiheit, die Gewerbefreiheit etc. Sofern der Mensch nach den Naturgesetzen äußerlich frei ist, bezeichnet Zachariae die äußere Freiheit auch als natürliche Freiheit[77]. Steht diese natürliche Freiheit wiederum mit den Gesetzen des Rechts in Übereinstimmung, so nennt sie Zachariae die rechtliche Freiheit. Ein Mensch kann zwar von der Natur die Macht haben, anderen Gehorsam abzuverlangen, diese Macht allein gibt ihm aber noch kein Recht dazu.

Zachariae gibt aber zu bedenken, daß trotz dieser Unterscheidung die verschiedenen Arten der Freiheit in einer Wechselwirkung zueinander stehen[78]. So hat nach seiner Ansicht die rechtliche Freiheit einen positiven Einfluß auf die sittliche (innere) Freiheit und umgekehrt. Ebenso habe das Gegenteil, die Knechtschaft, einen negativen Einfluß auf den Charakter der davon betroffenen Menschen, was er damit belegt, daß schon bei den Griechen und Römern Knechtsinn und niedere Denkart gleichbedeutend waren.

Nach Zachariaes Theorie werden mit den Grenzen der natürlichen Freiheit auch die Grenzen seiner rechtlichen Freiheit erweitert[79]. Denn nichts habe so große und bleibende Veränderungen bewirkt, wie die Entdeckungen und Er-

73 Zachariae: 40 Bücher, 1.Buch, S.3

74 Kant: Metaphysische Anfangsgründe der Rechtslehre, Einleitung, III. Von der Einteilung einer Metaphysik der Sitten. In der 1.Aufl., 2.Buch, S.36 zitiert Zachariae Schlözer: Staatsrecht und Verfassungslehre, S.36f: "Der Mensch ist äußerlich und innerlich (oder sittlich) frey, weil und in wie fern er das Vermögen hat, zu thun, was er will, und zu wollen, was er soll."

75 Zachariae: 40 Bücher, 1.Buch, S.5f

76 Zachariae: 40 Bücher, 1.Buch, S.7ff. Der Ausdruck äußere Freiheit ist dabei aber nicht in der engeren Bedeutung zu verstehen, als die Unabhängigkeit eines Menschen von der mit einem physischen Zwang verbundenen Willkür anderer Menschen.

77 Die natürliche Freiheit hat als solche nach Zachariae keine anderen Grenzen, als die ihr von der Natur gesetzten. "Der Mensch ist in dieser Beziehung frey, weil und in wie fern er über seine Denkkraft und über seinen Körper gebiethen, die Außenwelt, ... , seinem Willen unterwerfen, die Hindernisse, welche ihm entgegenstehn, durch eigene oder fremde Macht bekämpfen kann. Zachariae: 40 Bücher, 1.Aufl., 2.Buch, S.37

78 Zachariae: 40 Bücher, 1.Buch, S.9

79 Zachariae: 40 Bücher, 1.Buch, S.10 und 11

findungen auf dem Gebiet der Mechanik und Chemie, wie z.B. von der Erfindung des Schießpulvers über die Kunst des Druckens zur Entdeckung der Dampfkraft.[80]

Jedoch kann der Mensch in seiner äußeren Freiheit auf zweifache Weise beeinträchtigt werden, nämlich durch körperlichen oder durch psychologischen Zwang[81]. Unter körperlichem Zwang versteht Zachariae "eine äußere Nöthigung,..., welche unmittelbar gegen den Körper oder gegen die Habe des Menschen gerichtet ist". Den psychologischen Zwang versteht er als "eine äußere Nöthigung, welcher der Geist ... des Menschen unterworfen wird", wobei er hierfür nur den Fall anerkennt, daß der Gehorsam durch Furcht bewirkt werde, dessen Grund in einer dem Menschen durch Erziehung angebildeten Denk- und Sinnesart, also in der Furcht vor den unsichtbaren Mächten, die das Schicksal der Menschen bestimmen, liegt. Den psychologischen Zwang stuft Zachariae dabei als mächtiger ein als den mechanischen. "Denn wer über den Geist herrscht, herrscht auch über ihre Körper und über ihre Habe."

Davon ausgehend unterscheidet Zachariae nun bei der Beantwortung der Frage, was Rechtens bzw. was das Recht dem Inhalt nach ist, zwischen zwei Theorien.

a. Das erste System. Die Theorie Zachariaes:

Nach der Theorie Zachariaes ist das Recht ein von dem Sittengesetz verschiedenes Gesetz, durch das eine dem Interesse der Sittlichkeit entsprechende Ordnung der menschlichen Gesellschaft begründet werden soll. Aufgabe des Rechts ist es demnach, die natürliche Freiheit des Menschen mit dem Interesse seiner sittlichen Freiheit in Übereinstimmung zu setzen. Nach dieser Theorie entspricht die äußere Freiheit, die der Mensch von der Natur hat, zwar grundsätzlich dem Interesse seiner sittlichen Freiheit, steht aber nicht schlechthin mit dieser in Übereinstimmung[82]. Einerseits ist die natürliche Freiheit von einer Beschaffenheit, wie sie im Interesse der sittlichen Freiheit nicht sein sollte, und andererseits nicht von der Beschaffenheit, wie sie in deren Interesse jedoch sein sollte. Diese von ihm vertretene Theorie stellt die Menschen unter ein Vernunft- bzw. weltliches Recht.

Nach Zachariae gibt es drei oberste Gesetze des Rechts, von denen die Übereinstimmung der natürlichen Freiheit des Menschen mit dem Interesse seiner sittlichen Freiheit abhängt.

Das erste nennt er das Gesetz der ausgleichenden Gerechtigkeit. Da die natürliche Freiheit der Menschen untereinander nicht schon von Natur aus in

80 Zurückhaltender noch in der 1.Aufl., 2.Buch, S.47: "Der Sieg, welchen die Menschen über die seine äußere Freiheit beschränkende Macht der Natur davon tragen kann, muß eben so, wie diese Macht selbst, der rechtlichen Freyheit beziehungsweise theils vortheilhaft, theils nachtheilig seyn."

81 Zachariae: 40 Bücher, 1.Buch, S.11ff, 13

82 Zachariae: 40 Bücher, 1.Buch, S.4, 14ff

Übereinstimmung steht, bedarf es für die entstehenden Kollisionsfälle einer Lösung[83]. Denn beim Menschen, als einem sittlich freien Wesen, könne schlecht wie bei den Tieren die physische Übermacht entscheiden. Er geht hierbei einstweilen nur von der natürlichen Freiheit der Menschen aus. Gewalttätigkeiten, durch die ein Mensch in die Freiheitsphäre eines anderen gewalttätig eingreift, beeinträchtigen nach seiner Auffassung nämlich die rechtliche - die durch das Rechtsgesetz schon beschränkte natürliche - Freiheit. Bei den Menschen erklärt nach Zachariae die Vernunft die natürliche Freiheit für ein Gemeingut der Menschheit. Sie richtet an jeden Menschen das "Gebot, seine natürliche Freiheit auf die Bedingungen zu beschränken, unter welchen sie mit der natürlichen Freiheit aller Menschen bestehen kann, oder, (richtiger,) das Verbot, von seiner natürlichen Freiheit Gebrauch zu machen, welcher mit der natürlichen Freiheit anderer Menschen unvereinbar sein würde"[84]. Dieses Gesetz stellt die Menschen ihren Rechtspflichten und Rechten nach einander gleich. Sie bedeutet die Gleichheit des Rechts, d.h. die Gleichheit vor dem Gesetz. Nicht Vorzüge, sondern Vorrechte, nicht die Ungleichheit im Können, sondern nur die Ungleichheit im Dürfen werde aber durch dieses Gesetz ausgeschlossen.[85]

Das zweite Gesetz ist das Gesetz der schützenden Gerechtigkeit. Dieses Gesetz sieht Zachariae als eine Ergänzung des Gesetzes der ausgleichenden Gerechtigkeit an. Es betrifft die Fälle, in denen der Mensch von seiner äußeren Freiheit, obwohl schon nach dem Gesetz der ausgleichenden Gerechtigkeit in Übereinstimmung gesetzt, keinen Gebrauch machen kann, da er durch physische Ursachen (z.B. Überschwemmungen, Feuersbrünste, aber auch Gewalttaten anderer, Hilflosigkeit etc) darin beeinträchtigt wird. Es geht hier also nicht um die Grenzen, die die äußere Freiheit des Menschen ihrer Naturbeschaffenheit nach hat, sondern allein um die physischen Ursachen, die den Menschen hindern, von dieser äußeren Freiheit innerhalb dieser Grenzen einen willkürlichen Gebrauch zu machen. "In den Nothfällen dieser Art sollen die Menschen denjenigen, welcher in dem Gebrauche seiner natürlichen Freiheit beeinträchtigt oder bedroht ist, oder sollen die Menschen (beziehungsweise) einander gegenseitig schützen und schirmen"[86].

Das dritte Gesetz ist das der austeilenden - der belohnenden und der strafenden - Gerechtigkeit. Die Vernunft gebietet nach Zachariae ferner, "das Gebot: Das Verdienst ist (verhältnismäßig) zu belohnen, die Schuld (verhältnismäßig) zu bestrafen"[87]. Er gibt jedoch zu bedenken, daß dieses Gesetz mit dem der ausgleichenden Gerechtigkeit in Widerspruch steht. Denn wenn der Mensch berechtigt wäre, seine Mitmenschen wegen unsittlichen Handlungen zu bestrafen, dann wäre es um die rechtliche Freiheit der Menschen gänzlich geschehen. Dasselbe gilt für Belohnungen. Denn wer Belohnun-

83 Zachariae: 40 Bücher, 1.Buch, S.18
84 Zachariae: 40 Bücher, 1.Buch, S.19
85 Zachariae: 40 Bücher, 1.Aufl., 3.Buch, S.63
86 Zachariae: 40 Bücher, 1.Buch, S.24
87 Zachariae: 40 Bücher, 1.Buch, S.28

gen zu fordern berechtigt ist, fordert eine Beschränkung der rechtlichen Freiheit dessen, an den diese Forderung gerichtet ist. Zachariae folgert aber daraus nicht schlechthin die Unzulässigkeit der Anwendung als Rechtsgesetz. "Sondern nur soviel folgt aus dem Obigen, daß, wenn jenes Gesetz in Anwendung gebracht werden soll, hierzu ein Recht vorausgesetzt wird, welches auf den Gesetzen der erhaltenden Gerechtigkeit, (dem einen oder dem andern,) beruhn muß"[88].

Diese drei Gesetze sind nach Zachariaes Ansicht die Gesetze des Rechts, da sie die Bedingungen beinhalten, unter denen die äußere Freiheit der Menschen mit dem Interesse ihrer sittlichen Freiheit in Übereinstimmung steht. Er sieht dabei das Gesetz der ausgleichenden Gerechtigkeit als ein unbedingt gebietendes an, durch das jeder Mensch gegen einen jeden anderen Rechte und Pflichten hat. Das Gesetz der schützenden Gerechtigkeit gibt dem Menschen nur gegen die Gesamtheit Rechte, weswegen dieses Gesetz nur durch Übereinkunft oder durch den Staat die erforderliche Bestimmtheit erhält, von der die Vollziehbarkeit abhängt.

Dennoch handelt es sich nach Zachariae aber bei allen dreien um Zwangsgesetze, die durch physischen Zwang in Vollziehung zu setzen sind[89], wobei aber nur mechanischer und nicht psychologischer Zwang zulässig sein soll, da psychologischer Zwang die äußere Freiheit des Menschen aufhebt, anstatt sie nur zu beschränken. Als Grundlage des Rechts gibt Zachariae auf der einen Seite die Naturordnung an, die unabhängig von den Handlungen der Menschen besteht. Auf der anderen Seite vertritt er die Ansicht, daß die drei Rechtsgesetze sich auch aus dem Selbsterhaltungstrieb ableiten lassen[90].

Zachariae folgt damit der von Christian Thomasius[91] begründeten, und im Naturrecht des 18. Jhdt durch Achenwall und Kant[92] herrschend gewordenen Zwangstheorie des Rechts, welche als Kennzeichen der Rechtsverpflichtung den Zwang versteht. Damit ist auch ersichtlich, daß die von Zachariae vorgenommene Trennung zwischen Recht und Moral für ihn eine unumgängliche, in

88 Zachariae: 40 Bücher, 1.Buch, S.30; Zachariae nennt beide Gesetze - das Gesetz der ausgleichenden und das der schützenden Gerechtigkeit - das Gesetz der erhaltenden Gerechtigkeit, siehe 1.Buch, S.24, Fußnote *. Als Beispiel führt er an: Die Eltern haben kraft des Gesetzes der ausgleichenden Gerechtigkeit das Recht und die Pflicht, ihre Kinder zu erziehen. Darin liegt auch das Recht, sie zu bestrafen und zu belohnen. Die Ausübung dieses Rechtes aber steht dann unter dem Gesetz der austeilenden Gerechtigkeit.

89 Zachariae: 40 Bücher, 1.Buch, S.33

90 Zachariae: 40 Bücher, 1.Buch, S.34ff,38. Am konsequentesten habe wohl, wie Zachariae meint, Hobbes in seiner Schrift "De cive" versucht, dem Recht eine allgemeine Grundlage zu geben.

91 Thomasius: Fundamenta juris naturae et gentium. Vgl dazu: Hinrich Rüping: Die Naturrechtslehre des Christian Thomasius und ihre Fortbildung in der Thomasius-Schule, S.41ff; sowie Max Fleischmann: Christian Thomasius. Leben und Lebenswerk, S. 59

92 Kant: Metaphysische Anfangsgründe der Rechtslehre. Einleitung in die Rechtslehre §§ D, E, S.XXXV ff: "...: mithin ist mit dem Rechte zugleich eine Befugnis, den, der ihm Abbruch thut, zu zwingen, nach dem Satze des Widerspruchs verknüpft. ... Recht und Befugnis zu zwingen bedeuten also einerley."

der Konsequenz der Naturrechtslehre des 18. Jhdt stehende Notwendigkeit darstellte.[93] Zachariae übernahm von Kant auch den Satz von der Freiheit der Menschen, die durch die Freiheit der anderen begrenzt wird;[94] dagegen folgt Zachariae offenbar Kants "categorischen Imperativ"[95] nicht.

b. Das zweite System:

Nach der anderen Theorie, die die Menschen unter ein göttliches Recht stellt, ist das Rechtsgesetz das Sittengesetz. Dieses System zielt darauf, "den Zustand unseres Geschlechts mit dem Sittengesetz (oder mit der Idee des Reiches Gottes) positiv in Übereinstimmung zu setzen, das Sittengesetz als ein Rechts- und Naturgesetz allgemeingeltend zu machen, alle Pflichten, auch Tugend- und Gewissenspflichten, in Rechtspflichten zu verwandeln und sie in dieser Eigenschaft einer äußeren Gesetzgebung zu unterwerfen"[96]. Rechtfertigen ließe sich nach Zachariae dieses System nur unter der Voraussetzung einer Offenbarung, durch die das Sittengesetz die Eigenschaft eines von Gott den Menschen unmittelbar vorgeschriebenen und gedeuteten Gesetzes erhält. Die Offenbarung verwandle die Stimme des Gewissens in eine äußere, also in eine von außen vernehmbare Stimme. Die gesamten Pflichten des Menschen sind dann, "wenn und inwiefern sie kraft einer Offenbarung Gebote Gottes sind, schon ihrem Wesen nach Rechtspflichten in dem Sinne, daß zur Bekräftigung des göttlichen Willens psychologischer Zwang zulässig ist"[97]. Selbst mechanischer Zwang läßt sich rechtfertigen, wenn, die Wahrheit einer Offenbarung vorausgesetzt, es zwar nicht dem Geiste dieser entspricht, er wohl aber durch den Wortlaut geboten ist.

Zachariae bestätigt zwar dem letzteren System, daß es nach dem Zeugnis der Geschichte keinem Volk gelungen sei, zu einer höheren Stufe der Zivilisation zu gelangen, ohne wenigstens eine gewisse Zeit einer geistlichen Herrschaft unterworfen zu sein, die im Namen Gottes oder der Götter ausgeübt wurde. Als Beispiel dafür führt er die Hochkulturen Amerikas ebenso wie die Geschichte der deutschen Nation an. Obwohl die geistlichen Herrschaften, wie die

---

93 Die Idee der Einteilung des Rechts in die "drei obersten Gesetze des Rechts" geht dabei wohl auf Kant zurück, der eine Einteilung in die "beschützende ... die wechselseitig erwerbende ... und die austheilende Gerechtigkeit" vornahm. Kant: Metaphysische Anfangsgründe der Rechtslehre, §41, S.154ff

94 Kant: Metaphysische Anfangsgründe der Rechtslehre. Einleitung in die Rechtslehre §§ B, C, S.XXXI ff: "Das Recht ist also der Inbegriff der Bedingungen, unter denen die Willkühr des einen mit der Willkühr des andern nach einem allgemeinen Gesetze der Freyheit zusammen vereinigt werden kann."

95 Kant: Metaphysische Anfangsgründe der Rechtslehre. Einleitung in die Rechtslehre IV. Vorbegriffe zur Metaphysik der Sitten, S.XVIII ff: "Der categorische Imperativ, der überhaupt nur aussagt, was Verbindlichkeit sey, ist: handle nach einer Maxime, welche zugleich als ein allgemeines Gesetz gelten kann."

96 Zachariae: 40 Bücher, 1.Buch, S.39f

97 Zachariae: 40 Bücher, 1.Buch, S.41

Geschichte ebenfalls zeigt, die vergleichsweise dauerndsten waren, läuft nach Zachariaes Theorie jedoch jedes Volk, dessen Recht sich auf eine göttliche Offenbarung stützt - so vorteilhaft oder gar unentbehrlich dies auch für die Völker höherer Kultur gewesen sein mag - Gefahr, auf dieser Stufe der Zivilisation, auf welche sie durch die Offenbarung gehoben wurden, festgebannt zu werden. Aus diesem Grund ist für Zachariae auch das mittlere und südliche Asien das Land ewiger Sitten und scharf ausgeprägter Nationalitäten. "Denn nicht nur ist ein göttliches Recht seinem Wesen nach unveränderlich, wie sein Urheber, sondern es fehlt auch einem Volke, das ausschließlich der Herrschaft eines solchen Rechts unterworfen ist, an einem Maßstab für die Vorzüge oder Mängel seiner Gesetzgebung"[98]. Die Unveränderlichkeit, durch die sich das geoffenbarte Recht wesentlich auszeichnet, verbürgt und gefährdet damit zugleich ihre Dauer. Ein weltliches Recht dagegen kann nach Zeit und Umständen verändert werden, und mit den Forderungen der Zeit in Übereinstimmung gebracht werden, ohne daß sein Wesen Schaden nimmt. Dem geistlichen Recht ist dagegen das Fortschreiten mit der Zeit verwehrt, wenn es nicht den Anspruch seiner höheren Abstammung verwirken will.

98 Zachariae: 40 Bücher, 1.Buch, S.45

II. Der Staat

1. Begriff und Entstehung des Staates

Nach Zachariaes Auffassung können die Menschen in zwei völlig voneinander verschiedenen Verhältnissen, entweder im Stande der Natur oder in Staaten leben. Der Stand der Natur ist derjenige Zustand der menschlichen Gesellschaft, in der das Rechtsgesetz nicht mit einer äußeren oder physischen Gewalt begleitet ist, welche Gehorsam zu erzwingen berechtigt und vermögend ist. Das Gegenteil dieses Zustandes ist dann nach Zachariae der Staat[99]. Verständlicher stellt er diese Unterscheidung in seiner 1. Auflage dar. "Entweder ist ein jeder einzelne Mensch der Herr seines Thuns und Lassens; oder es sind die Menschen einer äußeren Gewalt, d.h., einer Macht unterworfen, welche, in Beziehung auf diejenigen, die ihr unterworfen sind, physisch und rechtlich unbedingt ist." Ersteres bezeichnet er dann als den Stand der Natur, letzteren als den Staat.[100]

Um diese beiden dargestellten Begriffe genauer bestimmen zu können, unterzieht sie Zachariae einer nach den oben im zweiten Teil unter I.2. dargelegten Rechtssysteme jeweiligen besonderen Betrachtung.

Nach der von Zachariae vertretenen Theorie des Vernunft- bzw. weltlichen Rechts (s.o. I.2.a.), ist der Stand der Natur keineswegs ein schlechthin rechtloser Zustand. "Sondern der Stand der Natur ist unter dieser Voraussetzung nur ein Zustand, in welchem ein jeder einzelne Mensch sein eigener Herr in Sachen des Rechtes ist, ein Jeder also befugt ist, die Frage, was Rechtens sey, in einem jeden einzelnen Falle selbst zu entscheiden, so wie diese Entscheidung selbst in Vollziehung zu setzen, mit anderen Worten, nur ein Zustand, in welchem sich die Rechtspflichten de facto (oder in hypothesi) in Gewissenspflichten verwandeln". So versteht sich nach Zachariae von selbst, daß nach diesem System dann der "Staat das ist und bleibt, was er seinem Gattungsbegriff nach seyn soll und muß, - die Thatsache oder das faktische Verhältnis, daß die Menschen, alle oder mehrere, einer Rechtsgewalt unterworfen sind"[101]. Die Staatsgewalt ist seiner Ansicht nach in Beziehung auf die Untertanen, die dieser unterworfen sind, eine solche Rechtsgewalt.

Nach der von ihm abgelehnten Theorie des geoffenbarten bzw. göttlichen Rechts ist der Stand der Natur dagegen ein schlechthin rechtloser Zustand[102]. Zu begründen ist dies nach dieser Theorie damit, daß in diesem Zustand der Mensch nicht weiß, was rechtens ist, und selbst "wenn er auch wüßte, was zu seinem Frieden diene, dennoch des Wollens ermangeln würde, so zu handeln, wie er handeln sollte". Denn schließlich beruht gerade auf diesen Voraussetzungen die Notwendigkeit des geoffenbarten bzw göttlichen Rechts. Und selbst,

---

99 Zachariae: 40 Bücher, 2.Buch, S.49
100 Zachariae: 40 Bücher, 1.Aufl., 4.Buch, S.86ff
101 Zachariae: 40 Bücher, 2.Buch, S.51, 52
102 Zachariae: 40 Bücher, 2.Buch, S.53, 54

wenn in diesem Recht die Lehre enthalten wäre, daß es auch eine Offenbarung des göttlichen Willens durch die Vernunft gäbe, müßte sie sich doch die Herrschaft über diese Offenbarung vorbehalten, so daß nur dem Namen, nicht aber der Sache nach ein Naturrecht begründet würde. Dagegen entspricht der Staat seinem Gattungsbegriff umso vollkommener. Denn nach dieser Theorie ist die Staatsgewalt sowohl in Bezug auf den Zwang, wie auch in Bezug auf ihren Zweck eine Allgewalt.

Zachariae erhebt nun gegen das letztere System den Vorwurf, daß es der Individualität und der sittlichen Freiheit des Menschen nicht gerecht werde. Ersteres System dagegen ermächtigt den Staatsherrscher nur zur Ausübung eines mechanischen Zwanges. Es läßt den Stand der Natur in der Denk- und Sinnesart des Menschen fortbestehen. Darin nun liegt nach Zachariae der eigentliche Wert dieses Systems. Es läßt zwei Mächte nebeneinander bestehen, "auf daß weder die eine den Geist noch die andere den Körper tödte, auf daß aus dem Zusammen- und Gegeneinander- Wirken ein dem Interesse der Menschheit möglichst entsprechender Zustand hervorgehe"[103].

Die Entstehung des Staates begründet Zachariae wie folgt: Die Staatsgewalt beruht nach seiner Ansicht auf dem Rechtsgesetz, auf einer Rechtspflicht, und "die Menschen sind kraft des Rechtsgesetzes, (wenn auch unter der thatsächlichen Bedingung, daß sie mit einander in Gemeinschaft leben,) verpflichtet, Staatsvereine mit einander abzuschließen, die bestehenden anzuerkennen und fortzusetzen"[104]. Den Stand der Natur betrachtet er als einen widerrechtlichen Zustand. Die Abschließung bzw die Fortsetzung eines Staatsvereins stellt nach Zachariae einerseits eine Pflicht der ausgleichenden, andererseits eine der schützenden Gerechtigkeit dar. Ersteres ergibt sich daraus, daß in diesem Zustand jeder Mensch sein eigener Richter über Recht und Unrecht ist, letzteres aus der Tatsache, daß es an einer öffentlichen Macht fehlt, die die Rechte der Menschen schützt und erhält. Er sieht die Entstehung der Staaten dabei aber vorzugsweise durch den letzteren Grund bewirkt, nämlich dadurch, daß sich Stammesgenossenschaften aus Furcht vor äußeren Feinden anfangs nur zu Kriegsgenossenschaften zusammengeschlossen haben.

Obwohl Zachariaes Auffassungen im Ansatz von Kant beeinflußt wurden[105], entfernt er sich damit bei der Frage der Entstehung des Staates von der Rousseau-Kantschen[106] Begründung. Er verwirft nach eingehender Betrachtung im

103 Zachariae: 40 Bücher, 2.Buch, S.52, 54

104 Zachariae: 40 Bücher, 2.Buch, S.61f. In der 1.Aufl., 5.Buch, S.118 beschreibt er diese Rechtspflicht als die Pflicht der Menschen den Stand der Natur zu verlassen und eine Staatgewalt anzuerkennen, wenn unter ihnen Recht und Gerechtigkeit herrschen solle.

105 Boldt: Deutsche Staatslehre im Vormärz, S.215

106 Riedel: Bürger, Staatsbürger, Bürgertum, in Geschichtliche Grundbegriffe, Band 1, S.695. Kant sieht den Entstehungsgrund des Staates im Staatsvertrag der Individuen, in dem diese sich vereinigen und einem "öffentlich gesetzlichen äußeren Zwange unterwerfen", Kant: Metaphysische Anfangsgründe der Rechtslehre, §44, S.193, und betrachtet den Staat als "die Vereinigung einer Menge von Menschen unter Rechtsgesetzen", a.a.O., §45, S.194.

Ergebnis die Vertragskonstruktion Hobbes, die den Staat durch Unterwerfungsvertrag entstehen läßt, ebenso wie den Vereinigungsvertrag Rousseaus. Nach ersterem entsteht der Staat mittels eines Vertrages, durch den sich eine Anzahl von Menschen einem und demselben Herrn, einem bestimmten Individuum oder einer Institution oder dem Willen der Mehrheit ergeben.[107] Nach Rousseau dagegen entsteht dieser dadurch, daß ein jeder einzelne Mensch sein gesamtes Eigentum, seine angeborenen und seine erworbenen Güter an die übrigen Mitglieder des Vereins aufgibt, mithin zugleich das Eigentum an den Gütern der übrigen Vereinsmitglieder erwirbt, das Eigentum aller aber oder das Gemeingut dem Willen der Mehrheit unter der Bedingung unterworfen wird, daß das, was dieser Wille gebiete, als der Wille eines jeden einzelnen Mitgliedes des Vereins betrachtet werden könne.[108] Mit Kant hat Zachariae zwar gemein, daß auch dieser den Staat als "die Vereinigung einer Menge von Menschen unter Rechtsgesetzen" versteht, und auch er eine Verpflichtung anerkennt, in den staatlichen Zustand einzutreten.[109] Jedoch betrachtet Kant, anders als Zachariae, die Entstehung des Staates als Vertrag: "Der Akt, wodurch sich das Volk selbst zu einem Staat konstituiert, eigentlich aber nur die Idee desselben, nach der die Rechtmäßigkeit desselben allein gedacht werden kann, ist der *ursprüngliche Kontrakt*, nach welchem alle (omnes et singuli) im Volk ihre äußere Freiheit aufgeben, um sie als Glieder eines gemeinen Wesens, d.i. des Volks als Staat betrachtet (universi), sofort wieder aufzunehmen; ...".[110] Als die wohl gefährlichste Entstehungstheorie überhaupt lehnt Zachariae die Theorie Hallers[111] von der Patrimonialherrschaft ab, der den "Staat" zugunsten ausschließlicher "Privatherrschaft" leugnet. Die Staaten sind für Haller "nichts anders als ein selbständiges, d.h. für sich selbst und durch sich selbst bestehendes, geselliges Verband, vollendete und geschlossene Menschen-Verknüpfungen, unabhängige Dienst- oder Societäts-Verhältnisse, ... ", und der Staatszweck sei nur "eine Menge sehr verschiedener Privat-Zwecke, ..."[112] Ferner wendet Zachariae sich auch gegen die von insbesondere deutschen Schriftstellern vertretenen Theorie, wonach der Staat auf zwei - Vereinigungs- und Unterwerfungsvertrag - oder sogar drei Verträgen beruhe, ohne sich mit dieser weiter auseinanderzusetzen oder Vertreter zu nennen[113]. Zu letzteren

---

107 Hobbes: De cive, Kap. V, § 7, Kap. Vi, §20

108 Rousseau: Contrat social, Buch 1, Kap. 6, S.57. Ähnlich Rotteck, der den Staat auf den Staatsvertrag der autonomen Individuen, als "ein Gesellschafts-Vertrag", begründet, der aber anders als jener, entsprechend der liberalen Vertragstheorie von Locke, die Individuen nicht alle ihre ursprünglichen Rechte veräußern läßt, Rotteck: Lehrbuch des Vernunftrechts, Band 2, §2, S.50ff

109 Kant: Metaphysische Anfangsgründe der Rechtslehre, § 45, S.194f

110 Kant: Metaphysische Anfangsgründe der Rechtslehre, § 47, S.198f

111 Zachariae: 40 Bücher, 2.Buch, S.71

112 Siehe Haller, C. L. v.: Restauration der Staatswissenschaft, Band 1, 16. und 17.Kapitel

113 Zachariae: 40 Bücher, 2.Buch, S.73. In der 1.Aufl., 6.Buch, S.153ff untersucht Zachariae neben den hier aufgeführten Theorien noch folgende andere Begründungen: Die göttliche Staatengründung; die väterliche Gewalt als den Rechtsgrund des Staates; das Recht des Stärkeren als Rechtsgrund der Staatsgewalt.

ist neben Pufendorf[114], dem Begründer dieser Theorie, auch Klüber zu zählen, der den rechtlichen Entstehungsgrund der Staaten in "Verträgen", nämlich dem bürgerlichen Vereinigungs- oder Gesellschaftsvertrag, dem Staatsgrund- oder bürgerlichen Verfassungsvertrag sowie dem bürgerlichen Unterordnungs- oder Unterwerfungsvertrag, sieht.[115] Auch Pölitz legt seinem "Staatsgrundvertrag"die einzelnen Begriffe der Vereinigung, der Verfassung und der Unterwerfung zugrunde und unterscheidet streng zwischen ihnen, wenngleich er die Aufstellung von drei "besonderen Verträgen als ein Vereinigungs-, Verfassungs- und Unterwerfungsvertrag" für nicht nötig erachtet.[116]

Die entscheidende Frage zur Lösung des Theorienstreites ist dabei nach Zachariae folgende: "Ist die Übereinstimmung, auf welcher das Daseyn eines Staates beruht und kraft welcher die Mitglieder eines und desselben Staatsvereines Rechte und Verbindlichkeiten gegen einander haben, eine in rechtlicher Hinsicht willkürliche oder ist sie eine von dem Gesetze (durch eine Pflicht) gebotene Übereinstimmung?"[117] Nur im ersten Fall beruhe der Staat in rechtlicher Hinsicht auf einem Vertrag. Wenn die Menschen dagegen wie nach Zachariaes Theorie "kraft Gesetzes rechtlich verpflichtet sind, mit einander in einen Staatsverein zu treten und in demselben, nachdem er (de facto) abgeschlossen worden ist, zu beharren, so gehört die Frage, ob und wie dieser Verein abzuschließen sey, nicht in das Gebiet der menschlichen Willkür und mithin nicht in das Gebiet des Vertragsrechts"[118]. Dies führt nach Zachariae in der Konsequenz dazu, daß die eine Theorie die andere ausschließt. Daß diese Konsequenz jedoch nicht zwingend ist, verdeutlicht Kant. Kant kennt ebenfalls, wie Zachariae, eine Pflicht zur Vereinigung unter Rechtsgesetzen. Diese Vereinigung aber wird dann durch einen Vertrag, von Kant "ursprünglicher Kontrakt" genannt, vollzogen.[119]

Zachariae versucht jedoch, aus der Vertragslehre den Sinn zu retten, daß der einzelne die Willkür habe, einen Staat zu verlassen, wenn er ihm nicht länger angehören will. So gleiche ein Land, dessen Einwohnern das Auswandern untersagt ist, "einem großen Gefängnis, in welchem auch diejenigen Landeseinwohner enthalten werden, die weder Schuldige noch Schuldner sind." Die Rechtspflicht, Staatsvereine zu bilden und darin zu bleiben, entscheidet nämlich nicht die Frage, welche Individuen miteinander in diese treten sollen. "Der unmittelbare Rechtsgrund der Staatsgewalt ist daher in einem jeden in der Erfahrung gegebenen Staate ein Akt der Willkür"[120].

---

114 Pufendorf erklärt die Entstehung des Staates ganz im Sinne der Vertragstheorie: Auf einen Vereinigungsvertrag folgt der Beschluß der Staatsform, dann der Herrschaftsvertrag durch Wahl des Herrschers, dem dann im Unterwerfungsvertrag die Souveränität vollständig und unwiderruflich übertragen wird. Aus: Kleinheyer, Schröder, S. 214ff, 216;
115 Klüber: Öffentliches Recht des Teutschen Bundes, Band 1, §1
116 Pölitz: Staatswissenschaftliche Vorlesungen, Band 1, 6.Vorlesung, S.89ff, 92
117 Zachariae: 40 Bücher, 2.Buch, S.73, 74
118 Zachariae: 40 Bücher, 2.Buch, S.74
119 Kant: Metaphysische Anfangsgründe der Rechtslehre, § 45, S.194, §47, S.198f
120 Zachariae: 40 Bücher, 2.Buch, S.78ff

2. Der Begriff der Souveränität

Als das Wesentliche der Staatengründung betrachtet Zachariae, wie eben dargelegt, die Erhebung einer Staatsgewalt. Die Machtvollkommenheit, wie Zachariae das Wort Souveränität eindeutscht, "ist die Staatsgewalt, als das Recht eines bestimmten Subjekts - einer bestimmten Person - betrachtet," also die Verwirklichung der Staatsgewalt. Nach Zachariae ist dabei streng zwischen den Begriffen Staatsgewalt und Machtvollkommenheit zu unterscheiden. So ergebe sich aus der Pflicht, sich einer Staatsgewalt zu unterwerfen, noch nicht die Pflicht, die Gewalt eines bestimmten Staatsherrschers über sich anzuerkennen.[121]

Die Person, physische oder moralische, der dieses Recht zusteht, nennt er Staatsherrscher, Herrscher oder Souverän. Die Machtvollkommenheit umfaßt nach seiner Theorie "ein jedes nur überhaupt mögliche Recht, ihr sind keine andern Grenzen gesetzt, als die, welche die Natur den Rechten der Menschen gesetzt hat. Denn der Staatsherrscher ist eine Offenbarung (gleichsam eine Inkarnation) des Rechtsgesetzes."[122] Zachariae betrachtet den Herrscher, in Bezug auf die seiner Gewalt Unterworfenen, als den Urquell allen Rechts, als unfehlbar und heilig.[123] Die Machtvollkommenheit stellt für ihn ein unteilbares Recht dar - wenngleich der Herrscher andere zur Ausübung der Machtvollkommenheit oder einzelner Hoheitsrechte bevollmächtigen kann -, weswegen er diesbezüglich die Einherrschaft als die vollkommenste Staatsverfassung bezeichnet.[124] Dem Herrscher kommt dabei die Eigenschaft der Allgegenwart und der Ewigkeit zu.[125] Im Verhältnis zu seinen Untertanen ist der Staatsherrscher auch Herr des Volkes (sog. Staatsoberherrlichkeit) und des Landes (sog. Staatsobereigentum), "der Herr der Nationalkraft und der Eigentümer des Nationalvermögens." Der Rechtsgrund dafür liegt nach der Theorie Zachariaes in der Machtvollkommenheit. Der umgekehrte Versuch, das Herrscherrecht durch die Staatsoberherrlichkeit oder durch das Staatsobereigentum zu begründen, liefe nach seiner Ansicht dagegen auf die von ihm bestrittene Vertragstheorie hinaus.[126]

Die Machtvollkommenheit kann nach Zachariae kraft göttlichen oder weltlichen Rechts erworben werden. Ein Erwerb kraft göttlichen Rechts liegt vor, wenn die Menschen glauben, daß die Gottheit sich in ihrem Herrscher geoffenbart, oder daß sie ihn zur Herrschaft ermächtigt hat. Darin sieht Zachariae zugleich die Rechtfertigung einer solchen Herrschaft, die deswegen eine schlechthin gerechte sei und der Theokratie zu Grunde liegt. Die auf göttlichem Recht beruhende Herrschaft hat jedoch einerseits den Unglauben, Irrglauben und Aberglauben zu fürchten, andererseits wird sie, sofern sie von mechanischen Zwangsmitteln Gebrauch machen muß, ihrem Grundcharakter

121 Zachariae: 40 Bücher, 3.Buch, S.82
122 Zachariae: 40 Bücher, 3.Buch, S.88
123 Zachariae: 40 Bücher, 3.Buch, S.88
124 Zachariae: 40 Bücher, 3.Buch, S.88f
125 Zachariae: 40 Bücher, 3.Buch, S.90, 91ff
126 Zachariae: 40 Bücher, 3.Buch, S.93ff

untreu und kann Zweifel an ihrer Allmacht erwecken. Insbesondere den Kriegsbefehl hat sie deshalb über kurz oder lang in andere Hände zu legen, womit unausweichlich neben der geistlichen eine weltliche Macht entsteht, woraufhin ein Kampf zwischen beiden entbrennen wird, der nur selten zu Gunsten der ersten entschieden werde.[127] Beim Erwerb der Machtvollkommenheit kraft weltlichen Rechts polemisiert er gegen die Vorstellung, daß dem Volk schon von Rechtswegen die Machtvollkommenheit zustehen soll, da nach seiner Ansicht ein Volk erst deswegen ein Volk ist, "weil die Menschen, aus welchen es besteht, einem Staatsherrscher unterworfen sind. Wie kann man also behaupten, daß die Machtvollkommenheit dem Volke von Rechts wegen zukomme, da das Volk der Machtvollkommenheit, welcher es unterworfen ist, erst sein Daseyn verdankt?"[128] Die Lehre von der Volkssouveränität lehnt er, im Gengensatz zu Kant[129], als ein neues Gewand der Lehre, nach der die Staatsgewalt und damit auch die Machtvollkommenheit auf einem Vertrag beruht, ab.[130]

Für Zachariae ist dabei die Macht die conditio sine qua non der Machtvollkommenheit. "Denn ohne Macht kann der Staatsherrscher nicht die Aufgabe lösen, die er lösen soll, vermag er nicht das Rechtsgesetz zu vollstrecken. Darauf deutet auch das Wort Machtvollkommenheit hin."[131] Insofern beruht die Machtvollkommenheit in einem gewissen Sinn auf dem Recht des Stärkeren, weil niemand zum Herrschen berechtigt sein kann, der nicht die Macht dazu hat. Allerdings ergibt sich aus der Macht zum Herrschen noch nicht die Rechtmäßigkeit der Herrschaft, denn in der Macht des Herrschers liegt für sich noch keine Bürgschaft für die Vollkommenheit seiner Erkenntnis oder für die Gerechtigkeit seines Willens. Die Macht zum Herrschen ist zwar nach seiner Theorie die conditio sine qua non, aber nicht ein titulus imperii.[132]

Nach der Theorie Zachariaes kann die Herrschermacht nach den Grundsätzen des weltlichen Rechts zwar unter keiner Voraussetzung schlechthin, wohl aber bedingungsweise, gerechtfertigt werden.[133] Es herrscht nach seiner Ansicht (bedingungsweise) derjenige rechtmäßig, dessen Herrschaft dem Willen des Volkes - darunter versteht er die Mehrheit der Staatsbürger - entspricht.

---

127 Zachariae: 40 Bücher, 3.Buch, S.100ff, 102f

128 Zachariae: 40 Bücher, 3.Buch, S.103ff

129 "Die *gesetzgebende Gewalt* kann nur dem vereinigten Willen des Volkes zukommen. Denn da von ihr alles Recht ausgehen soll, so muß sie durch ihr Gesetz schlechterdings niemand unrecht tun können. Nun ist es, wenn jemand etwas gegen einen anderen verfügt, immer möglich, daß er ihm dadurch unrecht tue, nie aber in dem, was er über sich selbst beschließt (denn volenti non fit iniuria). Also kann nur der übereinstimmende und vereinigte Wille aller, ..., mithin nur der allgemein vereinigte Volkswille gesetzgebend sein." Vgl. Kant: Metaphysik der Sitten, § 46, S.195f

130 Zachariae: 40 Bücher, 3.Buch, S.105. Vgl. Rotteck: Lehrbuch des Vernunftrechts, Band 2, §§18ff, S.85ff, nach dem die ursprüngliche Staatsgewalt schon durch den Vereinigungsvertrag ins rechtliche Leben trete.

131 Zachariae: 40 Bücher, 3.Buch, S.105ff

132 Zachariae: 40 Bücher, 3.Buch, S.107f

133 Zachariae: 40 Bücher, 3.Buch, S.108f,110ff. Er erinnert dabei an die Staatsidee Platons, die den vollkommenen Menschen als Herrscher erklärt und meint, wäre Platon Christ gewesen, so hätte er die Gottesherrschaft für die allein rechtmäßige Staatsverfassung gehalten.

Um sich nicht selbst zu widersprechen, mißt er diesem Satz die Bedeutung bei, daß diese Herrschaft die am wenigsten ungerechte sei, weil sie den wenigsten, und diesen auch nicht für immer, Unrecht tue. "Alles dieses würde zwar noch nicht hinreichen, die Herrschermacht zu rechtfertigen, wenn der Staatsverein eine willkürliche Verbindung wäre. Da aber der Staatsverein auf einer Rechtspflicht beruht, so genügt, kraft eines Nothstandes, die Mehrheit der Stimmen zur Rechtfertigung der Herrschermacht. Je größer übrigens die Mehrheit ist, desto rechtmäßiger ist die Herrschaft."[134]

Mit der Verfassung der konstitutionellen Monarchie gelang es nach Zachariae den Menschen, eine Verfassung zu ersinnen, die dem Herrscher beide Eigenschaften, sowohl die eines von Gott gesetzten, als die eines dem Volk gerechten Herrschers beilegt, und damit jene an sich unvereinbaren Eigenschaften in dem Herrscher zu vereinigen, ohne daß die eine Eigenschaft mit der anderen in Widerspruch stünde.[135] "Denn wo eine solche Verfassung besteht, ist alle Gewalt (dem Rechte nach) in den Händen des Fürsten und gleichwohl alle Gewalt (der Ausübung nach) in den Händen Anderer. Da also der Fürst einerseits die Quelle aller Gewalt ist und andererseits eine jede Gewalt durch Andere ausübt, so kann er an Gottes Statt herrschen und so können ihm mithin alle Eigenschaften des Staatsherrschers in der Idee zukommen, ohne daß durch sein Herrscherrecht die Rechtskraft des Volkswillen ausgeschlossen würde; und eben so können diejenigen, durch welche der Fürst sein Herrscherrecht ausübt, an den Willen des Volkes gebunden und dem Volke verantwortlich seyn, ohne daß die Rechtskraft des Volkswillens mit der Selbständigkeit oder der göttlichen Abkunft des Herrscherrechts unvereinbar wäre."[136]

Im Hinblick auf die Rechte der Machtvollkommenheit nimmt Zachariae eine Grundeinteilung in formale und materiale Rechte vor. Zu den formalen Rechten zählt er die gesetzgebende und die vollziehende Gewalt, die sich in die richterliche Gewalt und vollziehende Gewalt in der engeren Bedeutung (wenn er in der Folge von vollziehender Gewalt spricht, meint er letztere), untergliedert.[137] Die materialen Rechte ergeben sich dabei aus der Anwendung der formalen Rechte auf die Pflichten (objektive Rechte, dazu zählen Rechte, die sich auf die inneren Angelegenheiten des Staates - also die Zivil-, Polizei- und Strafgewalt, sowie das Recht der Belohnung - und Rechte, die sich auf die auswärtigen Angelegenheiten beziehen) und auf die Bedürfnisse (subjektive Rechte, das Recht, den Staatsverein zu organisieren, die Oberaufsicht auszuüben sowie das Staatsobereigentum und die Staatsoberherrlichkeit zum Gemeinbesten zu verwenden) des Staatsherrschers.[138]

---

134 Zachariae: 40 Bücher, 3.Buch, S.110ff. Eine Herrschaft ist nach Zachariae in Beziehung auf diejenigen eine rechtmäßige Herrschaft, deren Zustimmung sie für sich hat.
135 Zachariae: 40 Bücher, 3.Buch, S.114ff
136 Zachariae: 40 Bücher, 3.Buch, S.115
137 Zachariae: 40 Bücher, 3.Buch, S.119
138 Zachariae: 40 Bücher, 3.Buch, S.120f

Damit nimmt Zachariae jedoch nicht etwa eine, wie im späten 18. Jhdt und auch Anfang des 19. Jhdt, trotz Montesquieu[139], nach wie vor übliche Zweiteilung der Gewalten vor, wenngleich die obige Einteilung dies nahelegen mag. Zachariae ist ein Verfechter der Dreiteilung der Gewalten, was sich unmißverständlich aus seinen Ausführungen zu den einzelnen Verfassungen ergibt. So wird er nicht müde zu betonen, wann immer es um die Gewaltenteilung geht, daß die richterliche Gewalt nicht nur eine von den beiden anderen Gewalten gesonderte, sondern eine von diesen unabhängige Gewalt sein muß.[140]

Das Eintreten Zachariaes für die Dreiteilung der Gewalten ist um so bemerkenswerter, wenn man bedenkt, daß in Deutschland vor 1789 überzeugende Stimmen für die Gewaltenteilung kaum zu finden waren.[141] Die wenigen Autoren, die sich vor 1789 mit der Gewaltenteilung überhaupt auseinandersetzten, blieben bei ihren Betrachtungen, wie ein solches System aussehen könnte, sehr vage. So führt Isaak Iselin aus, der erste Grundsatz bei der Wahrung der Freiheit sei es, "die Gewalt unter denjenigen, denen die Beherrschung des Volkes anvertrauet wird, so viel möglich und so viel es ohne Verwirrung geschehen kann, zu verteilen und zu mäßigen".[142] Erst J.H.G. von Justi setzte sich ausführlich mit der Gewaltenteilung auseinander, wobei er die richterliche Gewalt noch als einen, wenn auch unabhängigen, "subordinierten Teil" der Exekutive verstand.[143] Neben Justi ist insbesondere Johann Friedrich von Pfeiffer für die Einbürgerung der Gewaltenteilung in Deutschland bedeutsam geworden, wobei auch er nur eine Zweiteilung der Gewalten kennt. So sollen "... in der Grundverfassung des Staates beide Gewalten in ein möglichst volkommenes Gleichgewicht gebracht werden."[144] Erst in Kant hatte die Dreiteilung der Gewalten in Deutschland einen namhaften Vertreter, wenngleich trotz seiner Autorität der Dreiteilung der Gewalten noch lange nicht zum Durchbruch verholfen wurde. So führt Kant aus: "Ein jeder Staat enthält drei Gewalten in sich, d.i. den allgemein vereinigten Willen in dreifacher Person (trias politica): die vollziehende Gewalt in der des Gesetzgebers, die vollziehende Gewalt in der des Regierers (zufolge dem Gesetz), und die rechtsprechende Gewalt (als Zuerkennung des Seinen eines jeden nach dem Gesetz) in der Person des Richters... ."[145] Selbst Carl v. Rotteck[146], als entschiedener Vor-

---

139 Die Dreizahl der Gewalten steht für Montesquieu fest: Il y a dans chaque Etat trois sortes des pouvoirs: la puissance législative, la puissance exécutrice des choses qui dépendent du droit de gens, et la puissance exéxutrice de celles qui dépendent du droit civil. Montesquieu: De l'Esprit des Lois 11,6

140 Zachariae: 40 Bücher, 3.Buch, S.238. Zur Frage der Gewaltenteilung später ausführlich mit entsprechenden Nachweisen zu Zachariae unter *III. Das Verfassungsrecht des Staates* .

141 Vgl dazu Fenske: Gewaltenteilung, in: Geschichtliche Grundbegriffe, Band 2, S.923ff, 937ff, 948

142 Isaak Iselin: Versuch über die Gesetzgebung, S.17

143 J.H.G. von Justi: Abhandlung von der Anordnung und dem Gleichgewichte der Hauptzweige der obersten Gewalt, Ges. polit. u. Finanzschriften, Band 2, S.3

144 Joh. Friedrich v. Pfeiffer: Grundriß der wahren und falschen Staatskunst, Band 2, S.27

145 Kant: Metaphysische Anfangsgründe der Rechtslehre, § 45, S.195

146 Rotteck: Lehrbuch des Vernunftrechts und der Staatswissenschaften, Band 2, S.195ff, 214ff

kämpfer der Gewaltenteilung, kannte ebenso wie Friedrich Christoph Dahlmann[147] nur zwei Gewalten, denen sich die richterliche nicht als dritte gleichstellen dürfe. Robert v. Mohl dagegen war ein entschiedener Gegner der Gewaltenteilung. So vertrat er die Ansicht, daß "... die Zersplitterung der Staatsgewalt in drei voneinander getrennte und unabhängige Gewalten ... den Organismus des Staates, die Einheit in der Vielheit, auf(löse) und ... praktisch zu Anarchie und Zerrüttung (führe)."[148]

3. Bestandteile des Staatsvereins und mit dem Begriff des Staates verwandte Begriffe

Ein mit dem Begriff des Staates verwandter Begriff ist für Zachariae die bürgerliche Gesellschaft.[149] Als solche bezeichnet er "die Gemeinschaft, welche unter den Mitgliedern eines und desselben Staatenvereines in Beziehung auf ihre Interessen und die Verfolgung derselben nach Naturgesetzen, d.i. ohne Zuthun des Staates eintritt"[150]. Eine jede menschliche Gesellschaft[151] bedarf nach Zachariae, wie eine jede andere größere Gesellschaft auch, einer gewissen Organisation oder Gliederung. Diese Aufgabe erfüllt die bürgerliche Gesellschaft. Sie dient insbesondere auch dazu, daß die menschliche Gesellschaft neben den allgemeinen auch den örtlichen und nationalen Interessen der Menschen entspricht.

Dabei wirft Zachariae die Frage auf, ob eine solche von dem Staat verschiedene bürgerliche Gesellschaft für diesen überhaupt wünschenswert ist. Ein göttliches bzw. geoffenbartes Recht kann nach seiner Auffassung eine solche Sonderung der bürgerlichen Gesellschaft vom Staat nicht zulassen. Nach der von Zachariae vertretenen Theorie des Vernunftrechts soll es dagegen im Staat gerade eine solche, ein von diesem unabhängigen Verein geben, "soll sich der Staat zu der bürgerlichen Gesellschaft wie das Mittel zum Zwecke, wie das Staatsrecht zum Naturrechte verhalten"[152], wenngleich auch die weltlichen Staaten zu einem die Selbständigkeit der bürgerlichen Gesellschaft gefährdenden Regierungssystem neigen.

Damit vollzieht auch Zachariae die bereits Ende des 18. Jahrhunderts eingeleitete Trennung von Staat und bürgerlicher Gesellschaft in aller Deutlichkeit. Bis um die Wende vom 18. zum 19. Jhdt verschränkten sich dagegen noch Staat und Gesellschaft in dem Begriff der bürgerlichen Gesellschaft, was sich besonders deutlich in dem gerade im 18. Jhdt verwandten Bild von der bür-

147 Dahlmann: Politik, Band 1, §§ 82f, 93ff

148 Mohl: Geschichte und Literatur der Staatswissenschaften, Band 1, S.273f

149 Vgl. zum Begriff der bürgerlichen Gesellschaft und dessen Entwicklung: Klippel: Politische Freiheit und Freiheitsrechte im deutschen Naturrecht des 18. Jahrhunderts, S.136ff; Riedel: Bürger, Staatsbürger, Bürgertum: in Geschichtliche Grundbegriffe, Band 1, S. 672-725

150 Zachariae: 40 Bücher, 2.Buch, S.54ff, 56

151 Zachariae: 40 Bücher, 2.Buch, S.54: "Eine der großartigsten und fruchtbarsten Ideen, zu welcher sich der menschliche Geist erheben kann, ist die der menschlichen Gesellschaft".

152 Zachariae: 40 Bücher, 2.Buch, S.56, 57.

gerlichen Gesellschaft als Familie mit dem Herrscher als Hausvater äußerte.[153] Erst im Laufe des 18. Jhdts, in Deutschland um etwa 1780, begann dann der Prozeß des begrifflichen Auseinandertretens von Staat und Gesellschaft.[154] Erstmalig klar zwischen Staat und bürgerlicher Gesellschaft soll dabei August Ludwig Schlözer unterschieden haben, bis dann im 19. Jhdt der Gedanke der Trennung von Staat und Gesellschaft fast allgemein Eingang in die deutsche politische Theorie der verschiedensten Richtungen - nicht nur der des Liberalismus - gefunden hatte.[155]

Innerhalb dieser bürgerlichen Gesellschaft kommt dabei der Familie eine tragende Rolle zu. Als Familie versteht Zachariae den "Verein, welcher unter Eheleuten gegenseitig und zwischen Eltern und Kindern, (de facto und de jure) besteht". Die Familienverbindung betrachtet er als die einzige dem Menschen von der Natur gestifteten Verbindung. Sie stellt für ihn das Fundament der menschlichen Gesellschaft und damit auch einer jeden bürgerlichen Gesellschaft dar, denn sie ist das Band, durch das die beiden Geschlechter miteinander in der Ehe vereinigt und die Generationen miteinander verbunden werden. So hält er für die Einheit und innere Festigkeit des Staatsvereins die Achtung und Bedeutung der Ehe in der Gesellschaft - als der Grundlage der Familienverbindung - für entscheidend wichtig. Deshalb fehle es überall, wo die Vielehe ("ein fortgesetzter Ehebruch") erlaubt ist, dem Staat an ausreichender innerer Verbundenheit, was er wiederum als Grund dafür betrachtet, daß die islamischen Staaten oft von so kurzer Dauer seien. Sie bildet schließlich auch die Grundlage anderer und größerer darauf beruhender Verbindungen ähnlicher Art, wie die unter verwandten und verschwägerten Familien oder die unter Genossen desselben Stammes oder Nation. Auch sollen die Familienverbindungen dazu beitragen, daß die durch Meinungs-, Religions- und Interessenverschiedenheiten hervorgerufenen Spannungen und Konflikte vermindert bzw gemildert werden, weshalb Zachariae den Streit über die gemischten Ehen als eine die "Nationaleinheit der Deutschen" betreffende Angelegenheit ansieht. Aus all dem ergibt sich nach Zachariae die große Bedeutung der Familie und den daraus erwachsenen Verbindungen für den Staat selbst.[156]

Die Familie sieht Zachariae zugleich auch als Erziehungsanstalt, die die Menschen für die Verfassung des Staates bildet, denn "der Mensch steht als Famili-

153 Klippel: Politische Freiheit und Freiheitsrechte im deutschen Naturrecht des 18. Jahrhunderts, S.136; Pfeiffer: Der Antiphysiokrat, S.129:"Ich bilde mir ein, den Staat als eine große Familie und den Regenten als einen weisen Hausvater betrachten zu dürfen ..."

154 Riedel: Der Begriff der "Bürgerlichen Gesellschaft" und das Problem seines geschichtlichen Ursprungs, in ders.: Studien zu Hegels Rechtsphilosophie, S.154; Klippel: Politische Freiheit und Freiheitsrechte im deutschen Naturrecht des 18. Jahrhunderts, S.136

155 So von Unruh: Dogmenhistorische Untersuchung über den Gegensatz von Staat und Gesellschaft vor Hegel, S.29; Riedel: Bürger, Staatsbürger, Bürgertum in: Geschichtliche Grundbegriffe, Band 1, S.713f, ders.: Gesellschaft, bürgerliche, in: Geschichtliche Grundbegriffe, Band 2, S.754f. Nach Klippel bleibe bei Schlözer jedoch der Grad der Eigenständigkeit der bürgerlichen Gesellschaft neben dem Staat unklar, Klippel: Politische Freiheit und Freiheitsrechte im deutschen Naturrecht des 18. Jahrhunderts, S.137

156 Zachariae: 40 Bücher, 15.Buch, S.29ff

englied in allen den Beziehungen, in welchen er als Mitglied des Staatsvereins stehen kann"[157]. So lernt das Kind zuerst in der Familie, was Gehorsam ist; in dieser übt der Familienvater eine Gewalt aus, deren Art und Umfang nicht ohne Einfluß auf die Gewalt bleiben kann und wird, die er im Staat anderen über sich einräumt, oder, zur Macht gelangt, selbst über andere ausübt. Er bezeichnet deshalb auch die Aufgabe, das Familienrecht mit der Staatsverfassung in Einklang zu bringen, als eine der vornehmlichsten Aufgaben des Staates, da z.B. knechtischer Gehorsam in der Familie mit einer die staatsbürgerliche Freiheit garantierenden Verfassung nicht vereinbar sei. Als Vorbote einer anstehenden Verfassungsänderung kann deshalb nach Zachariaes Auffassung auch die Änderung des Verhältnisses des Familienvaters zu seiner Familie angesehen werden. So sieht er in dem milderen und vertraulicheren Ton, der in den deutschen Familien derzeit herrsche, ein Zeichen der Zeit.[158]

Obwohl die Familienverbindung dadurch, daß die einzelnen Familien versuchen, den Ihrigen zu Macht und Einfluß zu verhelfen, die Quelle der Zwietracht unter den Menschen ist, stellt sie nach Zachariae aber zugleich eine Bürgschaft für das Betragen der einzelnen Familienmitglieder dar. Wo diese Bürgschaft wegfalle, wie z.B. bei den Mönchen, müsse an deren Stelle eine besondere Zucht gesetzt werden.[159]

Ein weiterer, mit dem Begriff des Staates verwandter Begriff, ist für Zachariae das Volk im völkerrechtlichen Sinn. Der Begriff des Volkes ist dabei nach Zachariae aber von dem des Staates streng zu unterscheiden. "Mit dem Daseyn eines Staates ist auch das Daseyn eines Volkes gegeben. Und umgekehrt kann von einem Volke nur unter der Voraussetzung, daß ein Staat in der Erfahrung gegeben ist, die Rede seyn."[160] Als ein solches nun ist ein Volk "die Gesammtheit der Mitglieder eines und desselben Staatsvereines"[161], wobei der Staatsherrscher und die Untertanen zusammen eine Einheit darstellen, die einem einzelnen Menschen gleichzuachten ist. Ein Volk in diesem Sinne stellt für Zachariae eine "moralische Person, eine Gemeinheit, eine universitas" dar, weil und inwiefern in diesem der Wille aller Menschen unter und zu einem einzigen Willen vereinigt sind.[162] Dabei ist der Wille des Staatsherrschers von Rechts wegen als der Wille all derjenigen anzusehen, die diesem Willen unterworfen sind, gleichgültig, ob dieser Wille wirklich mit dem der anderen identisch ist oder nicht. Denn die Untertanen sind nach Zachariae rechtlich verpflichtet, den Willen des Staatsherrschers auch als den ihrigen zu betrachten. Ob sie freiwillig oder gezwungenermaßen dem Staatsherrscher unterworfen sind, ist für die einzelnen zwar von größter Bedeutung, für einen jeden Dritten jedoch in rechtlicher Hinsicht gleichgültig.

---

157 Zachariae: 40 Bücher, 15.Buch, S.33f
158 Zachariae: 40 Bücher, 15.Buch, S.34
159 Zachariae: 40 Bücher, 15.Buch, S.32f, S.33 FN *
160 Zachariae: 40 Bücher, 27.Buch, S.7ff
161 Zachariae: 40 Bücher, 2.Buch, S.58ff, 58; 27.Buch, S.1ff, 2
162 Zachariae: 40 Bücher, 2.Buch, S.59; 27.Buch, S.1ff, 2

Von dem Volk als moralische Person bzw Gemeinheit unterscheidet Zachariae andere Gemeinheiten wie die Gemeinden und Korporationen, denen eine der Regierung des Staates untergeordnete Gewalt über ihre Mitglieder zusteht. Diese sind Staatsbehörden, die ihre Gewalt nicht kraft eigenen Rechts, sondern nur kraft einer ihnen vom Staat erteilten Vollmacht haben. Unter Korporationen versteht er mangels eines anderen Wortes diejenigen Gemeinheiten, die besondere Interessen ihrer Mitglieder zum Gegenstand haben wie z.B. Hochschulen, Handwerksinnungen etc und lediglich Schöpfung des Staates sind[163]. Den Gemeinden dagegen kommt ihre Eigenschaft von Rechts wegen, bzw. kraft eines auf der Natur der Verhältnisse beruhenden Rechtsgrundes zu, wenn sich Menschen ortsweise - gleichgültig ob in Städten oder Dörfern - angesiedelt haben, was nach Zachariae zur Folge hat, daß der Staat rechtlich verpflichtet ist, der Einwohnerschaft eines jeden Ortes diese Eigenschaft zu geben bzw. zu belassen. "Denn da die Einwohnerschaft eines und desselben Orts, als solche, gewisse besondere rechtliche Interessen hat, und da anzunehmen ist, daß sie selbst diese Interessen am besten wahrnehmen können und werde, so kann der Staat seiner Pflicht, für das Wohl seiner einzelnen Untertanen zu sorgen, nicht anders oder nicht besser Genüge leisten, als indem er der Einwohnerschaft eines jeden einzelnen Orts zur Wahrnehmung ihrer besonderen Interessen eine Gemeindeverfassung giebt oder läßt"[164].

Als letzten mit dem Begriff des Staates verwandten Begriff nennt er die Nation. Eine Nation ist für Zachariae "der Inbegriff derjenigen Menschen, welche zu Folge der ihnen gemeinschaftlichen Denk- und Sinnesart, wenn auch nicht erweislich, einer und derselben Abkunft sind, von denselben Voreltern abstammen"[165], wobei er die Sprache als Hauptmerkmal der Einteilung der Menschen in Nationen ansieht. Zachariae betrachtet den Begriff der Nation als ein von dem des Volkes wesentlich verschieden. "Ein Volk ist nur dann im vollsten Sinne ein Volk d.i. ein Ganzes, wenn es zugleich eine Nation ist. Eine Nation wird ihre Nationalität am besten und am leichtesten bewahren, wenn sie zugleich ein Volk ist".

4. Der Zweck des Staates und seine Aufgabe

Die Frage nach dem Zweck[166] und der Aufgabe des Staates kann als ein Kernpunkt der liberalen Staatstheorien des 18. und 19 Jahrhunderts angesehen

163 Zachariae: 40 Bücher, 15.Buch, S.35, 36. Nach dem Gottesrecht wären die kirchlichen Korporationen freilich keine Schöpfungen des Staates.
164 Zachariae: 40 Bücher, 15.Buch, S.36, 37
165 Zachariae: 40 Bücher, 2.Buch, S.60, 61; 27.Buch, S.4, 5
166 Zur Staatszwecklehre und deren Wandel siehe Klippel: Politische Freiheit und Freiheitsrechte im deutschen Naturrecht des 18. Jahrhunderts, S.131ff; ferner Ahrens: Naturrecht, Band 2, S.276ff.

werden[167]. Grund dafür war die Omnipotenz des absolutistischen Staates mit seiner Regelung der politischen, wirtschaftlichen, sozialen und kulturellen Verhältnisse. Die Antwort auf diese Frage sollte dazu dienen, das Ausmaß der staatlichen Betätigung zu beschränken.

Dem Staat sollte nach der späten naturrechtlichen Lehre, in Abgrenzung zur älteren Wohlfahrtstheorie, nur noch der Zweck zukommen, die Rechte der Bürger zu schützen. Anfang des 18. Jhdt ging man dagegen noch davon aus, daß "... die gemeine Wohlfahrt ... und die Sicherheit ... das höchste und letzte Gesetz im gemeinen Wesen (ist)... ."[168] Die Regel, nach der alles zu entscheiden war, lautete: " Tue, was die gemeine Wohlfahrt befördert und die gemeine Sicherheit erhält. Hingegen unterlaß, was die gemeine Wohlfahrt hindert und der gemeinen Sicherheit zuwider ist."[169] Zwar betonte schon Anfang des 18. Jhdt Christian Thomasius[170], daß der Mensch unverzichtbare Rechte, angeborene wie erworbene besitze, aber erst Johann Stephan Pütter wandte sich gegen den Wohlfahrtstaat, indem er bemerkte, die Staatsgewalt erstrecke sich der Sache nach "auf alles ... was nur irgend einer menschlichen Gewalt unterworfen sein kann," jedoch mit der Einschränkung, als "gerechte Gründe" dafür bestünden.[171] Es zeigte sich, daß die Staatsrechtler des ausgehenden 18. Jhdt den Staatszweck damit enger als die Erreichung der inneren und äußeren Sicherheit mit vereinten Kräften faßten, sie den Wohlfahrtsgedanken dabei aber noch nicht ganz preisgaben. Erst Ende des 18. Jhdt, Anfang des 19. Jhdt setzte sich in der Staatsrechtslehre, geprägt von der Kantschen Philosophie, die Eliminierung des Wohlfahrtszweckes durch. So bemerkte Kant: "Der Souverain will das Volk nach seinen Begriffen glücklich machen und wird zum Despot, das Volk will sich den allgemeinen Anspruch auf eigene Glückseligkeit nicht nehmen lassen und wird zum Rebell."[172] Auch Johann Christian Gottlieb Schaumann gab zu bedenken, "daß unter der Herrschaft der Glückseligkeit als Staatszweck die Regenten das Recht haben, sich in alle Angelegenheiten ihrer Unterthanen zu mischen, sich um die geheimsten Gedanken und Wünsche derselben zu bekümmern; denn wie sollen sie sonst ihre Pflicht, dieselben glücklich zu machen, erfüllen."[173] Mit Johann Gottlieb Fichte kündigten die Naturrechtler "jener giftigen Quelle all unseres Elendes, jenem Satze: daß es die Bestimmung der Fürsten sei, für unsre Glückseligkeit zu wachen, den unversöhnlich-

167 Siehe zur Entstehung, dem inhaltlichen Gedankengut und der Ausbreitung des liberalen politischen Denkens in Deutschland Franz Schnabel: Deutsche Geschichte im 19. Jhdt, Band 2, S.104-138; Carl Schmitt: Verfassungslehre, S.125-199; Schnabel: a.a.O. , Band 3, S.124: "Er war eine geistig - politische Bewegung, eine Weltanschauung, die das ganze staatliche, gesellschaftliche und kulturelle Leben von dem Gedanken der Autonomie aus neu gestalten wollte."

168 Christian Wolff: Vernünftige Gedanken, §§ 215 ff, S.163ff. Joh. Christian Majer: Teutsches weltliches Staatsrecht, Band 1, S.102. Ähnlich J.H.G. von Justi: Grundsätze der Polizey-Wissenschaft in einem vernünftigen, auf den Endzweck der Polizei gegeründeten, Zusammenhange und zum Gebrauch Academischer Vorlesungen abgefasset, S.337

169 Christian Wolff: Vernünftige Gedanken, § 215, S.163

170 Thomasius: Institutiones iurisprudentiae divinae, Band 1, S.1, 114

171 Pütter: Beyträge zum Teutschen Staats- und Fürstenrecht, Band 1, S.320

172 Zitiert aus: Ahrens: Naturrecht, Band 2, S. 282

173 Schaumann: Kritische Abhandlungen zur philosophischen Rechtslehre, S.222f

sten Krieg an", und lehnen die Glückseligkeit und die Wohlfahrtstheorie als Staatszweck fast einhellig ab.[174]

Zachariae unterscheidet bei der Beantwortung der Frage nach dem Zweck des Staates zwischen dem "praktischen Zweck des Staates" und dem "Naturzweck der Staaten".[175]

Als den praktischen Zweck des Staates bezeichnet er denjenigen Zustand der menschlichen Gesellschaft, "welchen die Menschen im Staate und durch den Staat zu verwirklichen verpflichtet sind"[176]. Nach der Theorie Zachariaes kann man diese Frage aber überhaupt nur unter der Bedingung aufwerfen, "daß man sich unter dem Staate bloß einen Verein denkt, in welchem die Menschen einer Macht zu gehorchen genöthiget sind. Denn da in der Idee des Staates schon das Merkmal seines Zweckes enthalten ist, so würde, wenn man in jener Frage unter dem Staate den Staat in der Idee verstände, die Antwort schon in der Frage liegen." Zachariae unterscheidet zunächst bei der Beantwortung dieser Frage zwischen der Theorie, die den Zweck des Staates in der Sanktion des Rechtsgesetzes und der Theorie, die diesen in der Förderung der Wohlfahrt der Menschen sieht[177], wobei erstere den Zweck des Staates nach dem weltlichen, letztere nach dem göttlichen Recht bestimme. Zwar behauptet Zachariae nicht, daß nur eine Gottes- oder Priesterherrschaft den Zweck des Staates auf die gesamte Wohlfahrt der Menschen ausdehnen könne, jedoch soll nur diese Herrschaftsform jenen Zweck vollständig und folgerichtig erfüllen können. Denn nur in dieser umfaßt die Staatsgewalt die gesamte, sowohl innere wie äußere menschliche Freiheit[178]. Nach der Auffassung Zachariaes dagegen, der den Zweck des Staates in der Sanktion des Rechtsgesetzes sieht, ihn also nach dem weltlichen Recht bestimmt, ist der Wirkungskreis des Staates zwar immer noch groß genug, dennoch hat die Staatsgewalt nach dieser Theorie ihre Grenzen.[179] Dem einzelnen Menschen bleibt eine Sphäre, in der er sich frei

---

174 Fichte: Zurückforderung der Denkfreiheit von den Fürsten Europens, aus "Sämtliche Werke", Band 6, S.9; Ebenso Kant: Über den Gemeinspruch, S.154f; vgl auch Humboldt: Ideen zu einem Versuch, die Gränzen der Wirksamkeit des Staats zu bestimmen, S. 185: "Der Staat soll ... auf keine Weise für das positive Wohl der Bürger sorgen, daher auch nicht für ihr Leben und ihre Gesundheit ... aber wohl für ihre Sicherheit."

175 Deutlich wird dies auch z.B. im 34.Buch, S.144ff, wo er die Kastenverfassung als sowohl mit dem praktischen wie auch mit dem Naturzweck der Staaten für unvereinbar erklärt.

176 Zachariae: 40 Bücher, 5.Buch, S.147

177 Zachariae: 40 Bücher, 5.Buch, S.147f. In seinem Buch "Über die Erziehung des Menschengeschlechts durch den Staat", S.159 bezeichnet Zachariae die Wohlfahrtstheorie als den eigentlichen Feind der Glückseligkeit, da eine solche nur da stattfinde, wo ein jeder der eigene Richter über das bleibe, was er als sein Wohl empfinden solle. Erstere hat ihren berühmtesten Verteidiger in Kant, vgl. Kant: Metaphysische Anfangsgründe der Rechtslehre, §45,S. 194f , §49, S.200ff

178 Zachariae: 40 Bücher, 5.Buch, S.148

179 Zachariae spricht sich zwar in seinen 40 Büchern nicht in voller Deutlichkeit dafür aus, seine dahingehende Auffassung läßt sich aber aus dem Gesamtzusammenhang des 5.Buch erschließen. Siehe auch Zachariae: Über die erbliche Einherrschaft mit einer Volksvertretung, S.214: "Die Idee des Staates zu verwirklichen, die Herrschaft des Rechts durch eine angemessene Macht zu begründen, - ist der Zweck der Staaten." Deutlicher kommt diese Ansicht noch in der 1.Aufl., 8.Buch, S.219ff, 228 zum Ausdruck.

bewegen kann, und die nach Zachariae sogar größer ist als jene, in der der Staat gebietet. Zachariae verwundert es sogar, daß in diesen Tagen, "obwohl in denselben die politische und die bürgerliche Freiheit so viele Freunde und Lobredner hat, dennoch von mehr als einer Seite und in mehr als einer Gestalt der Vorschlag gemacht worden ist, die bürgerliche Gesellschaft nach einem Plane zu reorganisieren, nach welchem sie auf das Gesammtwohl ihrer Mitglieder unmittelbar berechnet seyn würde"[180]. Indem man nämlich den Zweck des Staates erweitert, beschränkt man nach Zachariaes Theorie zugleich die Freiheit seiner Bürger.[181] Doch auch, wenn man den Zweck des Staates auf die Sanktion des Rechtsgesetzes beschränkt sieht, steht dem Herrscher das Recht zu, für die Wohlfahrt - das körperlich und geistige Wohl sowie den Wohlstand - zu sorgen. Jedoch müssen diese Maßnahmen, da die Wohlfahrt des Volkes bei dieser Theorie nur mittelbar in den Staatszweck aufgenommen ist, dann nach dem Grundsatz des "Notrechts" zu rechtfertigen sein, wohingegen nach der anderen Theorie, bei der die Wohlfahrt des Volkes den unmittelbaren Staatszweck darstellt, solche Maßnahmen an sich rechtmäßig sind, und nur über die Zweckmäßigkeit gestritten werden kann. Unter der Voraussetzung, daß die Freiheit des Einzelnen weder unmittelbar noch mittelbar beschränkt wird, steht es der Regierung jedoch frei, die Wohlfahrt ihrer Untertanen auch positiv zu fördern, also z.B. das Volk vor Schaden zu warnen, Kunstsammlungen anzulegen etc[182].

Diesen, nach der Theorie Zachariaes den praktischen Zweck des Staates betreffenden Ausführungen, schließt er die Betrachtung des Naturzweckes der Staaten an. Diese Frage nach dem Naturzweck der Staaten soll Aufschluß darüber geben, in welchem Verhältnis "die Staaten zu der Bestimmung des Menschen in der Periode seines irdischen Daseyns" stehen[183]. Da die bestehenden Staaten nach der Ansicht Zachariaes hinter dem, was sie von Rechts wegen sein sollten, zurückbleiben und nicht selten damit sogar in Widerspruch stehen, stellt sich für ihn die Frage, ob und wie die Staaten der Bestimmung des Menschen dienlich sein können. "Wenn man nun die Bestimmung des Menschen während seines irdischen Daseyns in die Ausbildung seiner physischen und moralischen Anlagen zu setzen hat, so sind die Staaten, wo nicht das wirksamste Mittel doch eines der wirksamsten Mittel, die Menschen zur Erfüllung dieser Bestimmung zu veranlassen und anzuhalten. Sie sind Erziehungsanstalten, Anstalten für die Kultur und Civilisation des menschlichen Geschlechts."[184] Wo der Staat sich mit diesem Naturzweck in Widerspruch setzt, führt dies nach Zachariae unweigerlich zu seinem Untergang, was er mit dem Beispiel des weströmischen Reiches belegt, das nach seiner Ansicht den Angriffen der

---

180 Zachariae: 40 Bücher, 5.Buch, S.148ff, 150

181 In seinem Buch "Erziehung des Menschengeschlechts durch den Staat", S.159 führt Zachariae gegen die Wohlfahrtstheorie aus, "dass diese Theorie der eigentliche Feind der Glückseligkeit sei, indem eine solche doch nur da stattfinde, wo ein Jeder der eigene Richter über das bleibe, was er als sein Wohl empfinden solle."

182 Zachariae: 40 Bücher, 5.Buch, S.151, 152

183 Zachariae: 40 Bücher, 5.Buch, S.147, 153, 154

184 Zachariae: 40 Bücher, 5.Buch, S.155, 156

Deutschen deshalb unterlag, weil es aufhörte als Bildungsanstalt einen Wert zu haben. Zu beachten ist Zachariaes Schlußbemerkung, daß der Meinungsverschiedenheit über die Frage, ob der Zweck der Staaten auf die Sanktion des Rechtsgesetzes zu beschränken oder auf die Beförderung der Wohlfahrt der Menschen überhaupt auszudehnen ist, vielleicht eine Verwechslung des praktischen Zweckes der Staaten mit ihrem Naturzweck zugrunde liege.[185]

Zachariae steht damit, wie oben bereits dargestellt, ganz in der Tradition vernunftrechtlicher Liberaler wie z.B. Rotteck, Aretin und natürlich Kant, wenngleich die von Zachariae vorgenommene Unterteilung in den praktischen Zweck des Staates und in den Naturzweck des Staates eine Eigentümlichkeit Zachariaes darstellt. So sieht auch Rotteck den Zweck des Staates in der Handhabung des Rechtsgesetzes unter seinen Angehörigen und der Gewährleistung der Sicherheit und wendet sich ausdrücklich gegen die Wohlfahrt als Staatszweck.[186] Von diesen beiden Zwecken können dann nach Rottecks Auffassung alle weiteren notwendigen Aufgaben des Staates abgeleitet werden, so auch "die Sorge für die Industrie und Wohlstand, für Aufklärung und Wissenschaft, Sittlichkeit, Religion und mancherlei andere humane, intellektuelle und moralische Interessen." Ähnlich versteht Aretin als "Hauptzweck des Staates" allein die "Herrschaft des Rechts".[187]

5. Die erziehungs- und bildungspolitischen Aufgaben des Staates und das Verhältnis zur Kirche

Beachtenswert ist auch die Aufgabe, die der Staat auf erziehungs- und bildungspolitischem Gebiet durch Zachariae zugewiesen bekommt. Der "Endzweck der Erziehung" soll nach der Theorie Zachariaes sein, den Menschen zu einem Wesen zu bilden, dessen Gesinnung und Handlungsweise mit dem Sittengesetz bzw mit den Vorschriften der Religion in Übereinstimmung steht.[188] Unter Erziehung versteht er dabei "die Entwicklung oder Ausbildung der Anlagen und Kräfte, welche der Mensch der Natur (oder seiner Geburt) verdankt, sey es in seinem eigenen Interesse oder in dem Interesse Anderer"[189], wobei diese Aufgabe nicht auf das Jugendalter beschränkt sein soll.

Zachariae unterscheidet dabei zwischen zwei Mitteln, die zur Erreichung dieses Endzweckes führen. "Diese sind der Unterricht und die Erziehung in der engeren Bedeutung. Jener ist unmittelbar auf die Entwicklung des Verstandes oder des Erkenntnisvermögens, diese unmittelbar auf die Verbesserung oder Veredlung des Charakters gerichtet."[190] Der Unterricht muß nach der

185 Zachariae: 40 Bücher, 5.Buch, S.159
186 Rotteck: Lehrbuch des Vernunftrechts, Band 2, §5, S.59ff, §6, S.62ff
187 Joh. Chr. Anton Maria v. Aretin in v.Aretin / Carl v. Rotteck: Staatsrecht der constitutionellen Monarchie, Band2, S. 165f
188 Zachariae: 40 Bücher, 31.Buch, S.15
189 Zachariae: 40 Bücher, 31.Buch, S.10
190 Zachariae: 40 Bücher, 31.Buch, S.17ff.

Theorie Zachariaes so beschaffen sein, daß er durch die Selbsttätigkeit des Schülers unterstützt wird, d.h., der Unterricht muß auf das Alter abgestimmt sein, und zu dieser Selbsttätigkeit auch auffordern. Die Erziehung in der engeren Bedeutung ist nach Zachariae auf das Innere des Menschen, auf seine Gesinnung zu richten. Sie soll die Willenskraft zur Tätigkeit veranlassen, d.h., sie soll das Gewissen des Menschen wecken. Zu erreichen ist dies nach Zachariae dadurch, daß der Zögling Lob, Tadel, Belohnung und Strafe unterworfen wird[191], wobei aber sein Wille nicht zu brechen, sondern ihm zu belassen ist. So sind nach seiner Auffassung insbesondere Strafen, die die Gesundheit verletzen oder die den Menschen in den Augen anderer Menschen herabwürdigen, als den Charakter verschlechternd abzulehnen, wie er auch von Schlägen, die eine Mutter erteilt, sagt: Paete, non dolet. Als "Grund- und Schlußstein der Sittenzucht" betrachtet er aber die Furcht Gottes, "denn die Stimme des Gewissens ist die Stimme Gottes im Menschen, und die Stimme Gottes ist die Stimme des Gewissens, verwandelt in eine äußere Stimme, gesteigert zu der Stimme eines schlechthin vollkommenen Wesens."[192] Darüber hinaus soll die Erziehung auch Hindernisse beseitigen, die der Wirksamkeit der Willenskraft im Wege stehen und die Schutz- und Hilfsmittel der Sittlichkeit, die der Mensch von Natur aus hat, in einer die Sittlichkeit fördernden Weise gebrauchen. Unter letzterem versteht Zachariae die Liebe der Eltern zu ihren Kindern und deren Erwiderung, die Geschlechtsliebe, die Ehr- und Ruhmliebe, den Trieb zur Nachahmung und die Liebe zur Reinlichkeit.[193]

Die Darstellung der Mittel, die zur Erreichung dieses Endzweckes dienen, gibt jedoch noch keinen Aufschluß darüber, wem nun dieses Recht zur Erziehung zustehen soll. Nach der Auffassung Zachariaes kommt dem Staat das Recht zu, für die Erziehung des Volkes zu sorgen, wobei er die Art und Weise betreffend zwischen zwei möglichen Systemen differenziert: "das System der Freiheit des Volkes (d.i. der einzelnen Mitglieder des Gemeinwesens) in den die Erziehung betreffenden Angelegenheiten, und das der Bevormundung des Volkes in denselben Angelegenheiten."[194] Diesen zwei Systemen liegen nach Zachariae die zwei wesentlich verschiedenen Rechtstheorien des Vernunfts- und geistlichen Rechts zugrunde. Nach dem geoffenbarten Recht kann es nur die Möglichkeit der Bevormundung des Volkes in den Erziehungsangelegenheiten geben, was sich unmittelbar aus dem Zweck des Staates ableitet. Nach dem Vernunftrecht dagegen gelangt man entweder zum System der Freiheit des Volkes in den die Erziehungsangelegenheiten, oder, wenn diese Freiheit mit dem Interesse des Staates nicht vereinbar ist, zum System der Bevormundung.[195]

---

191 Zachariae: 40 Bücher, 31.Buch, S.23 FN 1
192 Zachariae: 40 Bücher, 31.Buch, S.25
193 Ein Kind hat sich nach Zachariae von dem Zustand der Tierheit erst vollständig gelöst, wenn es neben Sprechen und aufrecht Gehen gelernt hat, "gewisse Bedürfnisse mit Reinlichkeit zu befriedigen".
194 Zachariae: 40 Bücher, 31.Buch, S.31, 32
195 Zachariae: 40 Bücher, 31.Buch, S.33

Ersteres teilt den Eltern sowohl das Erziehungsrecht und die Pflicht desselben über die Jugend, als den Erwachsenen auch die Ausbildung der Anlagen und Kräfte ihres eigenen Körpers und Geistes zu, jedoch unter dem Vorbehalt, dieses Recht ausnahmsweise und aus besonderen Gründen zugunsten des Staates entziehen zu können. Insbesondere wenn es den Eltern z.B. an den Mitteln fehlt, ihrer Pflicht nachzukommen oder aber wenn es darum geht, auf dem Gebiet der Wissenschaften eine umfassende Bildung zu gewährleisten, so müssen für diesen Fall öffentliche Schulen bestehen, wobei im letzteren Fall es jedoch dem Einzelnen grundsätzlich überlassen bleiben muß, ob er diese nutzen will oder nicht. Dasselbe gilt für bestimmte Zweige des öffentlichen Dienstes wie Artillerieschulen, Schifffahrtsschulen etc. Die Verbindlichkeit, die dem Staat durch dieses System auferlegt wird, besteht demnach nur darin, diese Rechte und Pflichten zu gewährleisten. Mit dieser scheinbar so bescheidenen Forderung verbindet sich nach Zachariae jedoch eine weitreichende Konsequenz. Um dieser Forderung gerecht zu werden, muß der Staat die politische Freiheit, die Freiheit des geistigen und geselligen Verkehrs, wie auch die Handels- und Gewerbefreiheit gewährleisten.[196] Dennoch gibt es nach Zachariae Fälle, in denen der Staat, unbeschadet jenen Grundsatzes, unmittelbar auf die Volkserziehung einwirken kann und darf. Dazu zählen die Anlage von Bücher-, Kunst- und ähnliche Sammlungen sowie der Erlaß von Gesetzen, die die grobe Verletzung des Anstandes mit einer Strafe belegen. Als Beispiele für letzteres nennt er die widernatürliche Befriedigung des Geschlechtstriebes, unanständige Entblößung des Körpers u.ä., wenngleich die Verletzung des Anstandes nach seiner Auffassung grundsätzlich nur moralische Sanktionen nach sich ziehen sollte.[197] Mittelbar hat der Staat die Möglichkeit durch Öffentlichkeit der Gerechtigkeitspflege, Schwurgerichte, einer Strafgesetzgebung, die bei der Strafzumessung die Immoralität berücksichtigt etc. der Volkserziehung dienlich zu sein, ohne sich aber mit obigem Grundsatz in Widerspruch zu setzen.[198]

Das zweite System betrachtet die Erziehung der Jugend und der Erwachsenen als ausschließliche Angelegenheit des Staates mit der Möglichkeit, Ausnahmen zu erlauben, wobei Zachariae weiter unterscheidet, ob die Gewalt, durch die dieses System vollzogen wird, eine geistliche oder eine weltliche Gewalt ist.[199] Bei der Darstellung der geistlichen Gewalt beschränkt er sich auf die katholische Kirche, da es in der Geschichte nach seiner Ansicht kein anderes Beispiel einer geistlichen Herrschaft gebe," als das, welches die Verfassung dieser Kirche liefert." Als Zweck dieser Kirche nennt er die Aufgabe, "die Menschen in dem Glauben, welcher der christlichen Offenbarung, nach der ihr von der Kirche gegebenen Auslegung, entspricht, und in der mit die-

196 Zachariae: 40 Bücher, 31.Buch, S.42ff, 53
197 Zachariae: 40 Bücher, 31.Buch, S.55 FN*
198 Zachariae: 40 Bücher, 31.Buch, S.53ff
199 Zachariae: 40 Bücher, 31.Buch, S.32; 33.Buch, S.86ff. Nach Zachariae kann man dieses System "das gemeine Recht aller der Völker nennen, welche auf der Bahn der Kultur und Zivilisation schon gewisse Fortschritte gemacht haben, aller der Völker also, bei welchen von einer Erziehung durch den Staat überhaupt nur die Rede seyn kann." A.a.O. S.86

sem Glauben übereinstimmenden Gesinnung zu erziehn und sie bei diesem Glauben und in dieser Gesinnung zu erhalten." Dabei beschränkt sich der Unterricht der Jugend und der Erwachsenen nicht nur auf das Gebiet der Religionssachen, sondern sie versucht sich des Unterrichts in allen Gebieten zu bemächtigen bzw ihn zumindest zu überwachen[200]. Als eine politische bzw eine Nationalerziehung im Sinne des vorliegenden Systems bezeichnet Zachariae dagegen "eine Volkserziehung, welche, so wie sie allein das Werk des Staates ist, so auch allein das Interesse des States, - das eines bestimmten Staates, - bezweckt."[201] Diese schließe jede andere planmäßige Erziehung, sowohl die elterliche als die kirchliche aus. Der Zweck dieser Nationalerziehung kann nach Zachariae nur der besondere Vorteil eines bestimmten in der Erfahrung gegebenen Staates sein. Diese Nationalerziehung setze überdies zu ihrem Bestehen eine Nationalreligion voraus.

Dem Vernunftrecht folgend, lehnt Zachariae das auf einer geistlichen Herrschaft beruhende Vormundschaftssystem im Bereich der Erziehung von vorneherein ab. Auch das System einer Nationalerziehung verwirft er als ein System, das sich nur bei einem Volk erhalten könne, das von der übrigen Welt möglichst gesondert und abgeschlossen lebt. Ferner steht dieses System mit dem Christentum als das gerade Gegenteil einer Nationalreligion, und durch seine tiefen Eingriffe in das Familienleben mit den Ansichten, die bei den europäischen Völkern von diesem Verhältnis herrschen, in Widerspruch[202].

Eines haben jedoch diese Systeme nach Zachariaes Auffassung miteinander gemein, nämlich "daß der Einfluß, welchen ein jedes derselben auf die Volkserziehung und durch diese auf den Staat überhaupt hat, hauptsächlich von der Verschiedenheit des Verhältnisses abhängt, in welchem sie zur Religion stehn," weshalb für ihn auch das Verhältnis von Staat und Kirche von großer Bedeutung ist.[203] Dies erkläre sich schon aus dem Wesen der Erziehung, deren Endzweck ist, die Gesinnung und Handlungsweise der Menschen mit dem Sittengesetz, also mit den Vorschriften der Religion in Übereinstimmung zu setzen.[204] Das Verhältnis von Staat und Kirche kann sich nach Zachariae dabei in dreifacher Weise darstellen: Als Kollegialsystem, in dem die Kirche eine freie Gesellschaft ist, in der sie weder dem Staat noch umgekehrt der Staat der Kirche unterworfen ist. Als Territorialsystem, in dem der Landesfürst der Herr der Kirche ist, diese also dem Staat untergeordnet ist und schließlich als hier-

200 Zachariae: 40 Bücher, 33.Buch, S.94ff
201 Zachariae: 40 Bücher, 33.Buch, S.105ff
202 Zachariae: 40 Bücher, 33.Buch, S.112ff
203 Vgl. zum Verhältnis Staat und Kirche in der frühen Neuzeit und im 19. Jhdt: Heckel: Die religionsrechtliche Parität, in: Gesammelte Schriften. Staat-Kirche-Recht-Geschichte, Band 1, S.227ff, 233ff; ders.: Zur Entwicklung des deutschen Staatskirchenrechts von der Reformation bis zur Schwelle der Weimarer Verfassung, in: Gesammelte Schriften. Staat-Kirche-Recht-Geschichte, Band 1, S.366ff; Kalinna: Kirche und Staat, in: Evangelisches Staatslexikon, Band 1, S.1546ff
204 Zachariae: 40 Bücher, 31.Buch, S.34. Siehe auch Zachariae: Die Einheit des Staates und der Kirche.

archisches System, bei dem eine priesterliche oder geistliche Gewalt herrscht, der Staat also der Kirche unterworfen wird.[205] Zachariae spricht sich dabei dafür aus, daß Staat und Kirche entsprechend dem Kollegialsystem unabhängig nebeneinander stehen sollen und sich gegenseitig in ihren Zwecken zu unterstützen haben[206].

Das System der Freiheit des Volkes muß den Menschen die Religionsfreiheit gewähren, d.h., "es verlangt von dem Staate Achtung für die Rechte der Einzelnen in Religionssachen nicht als eine blose Gunst, sondern als ein Recht." Jedoch geht die katholische Kirche nach Zachariae in ihren Ansprüchen darüber hinaus. Sie strebt nicht bloß nach Unabhängigkeit vom Staate, sondern sie strebt zusätzlich nach der Herrschaft über den Staat, so daß sich das Verhältnis dieser zum Staat nur so stellen kann, daß entweder diese dem Staat oder umgekehrt untergeordnet ist. Auch hat dieses System keinerlei Auswirkung auf die inneren Angelegenheiten, auf die Verfassung der katholischen Kirche. Diese sei ihrem Wesen nach keine Gesellschaft, sondern ein Staat, nämlich der Staat Gottes, Civitas Dei.[207] Ganz anders verhält es sich dagegen nach Zachariaes Ansicht in Bezug auf die protestantische Kirche, denn " in dem Geiste des Protestantismus sollen die Mitglieder jener Kirche sowohl im Verhältnis zu einander als im Verhältnis zum Staate derselben Freiheit genießen, auf welche die Mitglieder einer jeden ihrem Zwecke nach rechtmäßigen Gesellschaft Anspruch machen könen." Das System der Freiheit des Volkes ist deshalb seiner Ansicht nach in seiner Anwendung auf das Recht einer Kirche "schlechthin und in einer jeden Beziehung das Recht der protestantischen Kirche." Nach Zachariae ist auch der Vorwurf unbegründet, daß die christliche Kirche nach den Grundsätzen des Protestantismus lediglich und allein ein Werk der Menschen sei. Diese ist nur insofern Menschenwerk, als sie ihren Bekennern die Bestimmung ihrer kirchlichen Zustände in einem großen Umfang überlassen hat. Und gerade dadurch, daß nach diesen Grundsätzen alles in der Kirche unaufhörlich im Wechsel begriffen ist, entspricht sie nach Zachariae dem wahren Geist des Christentums.[208]

6. Das Verhältnis der Staaten untereinander

Zachariaes Interesse beschränkt sich nicht wie bei anderen Zeitgenossen vornehmlich auf die Fragen der innerstaatlichen Verfassung, sondern er geht auch ausführlich auf das Verhältnis der Staaten untereinander ein, wobei durch ihn der physischen Anthropologie und den verschiedenen politischen Begabungen

---

205 Zachariae: 40 Bücher, 31.Buch, S.36; vgl. ausführlich dazu Zachariae: Die Einheit des Staates und der Kirche

206 Bluntschli: Geschichte der Wissenschaften in Deutschland, S.655

207 Zachariae: 40 Bücher, 32.Buch, S.38ff, 39, 69, 70ff

208 Zachariae: 40 Bücher, 32.Buch, S.77ff, 79, 80ff

und nationalen Einwirkungen der einzelnen Rassen zum erstenmal wieder seit Bodin[209] und Montesquieu[210] größere Aufmerksamkeit geschenkt wird.

Die Völkerrechtslehre Zachariaes unterteilt sich dabei in zwei Bereiche: In das Naturrecht in seiner Anwendung auf das Verhältnis unter den Völkern und in das Völkerstaatsrecht. Erstes ist die Darstellung des Völkerrechts auf der Grundlage Kants, letzteres behandelt dagegen die "Völkerbünde". Neben diesen zwei Bereichen behandelt er noch das Weltbürger- und das Staatenrecht.

6.1. Das Völkerrecht als Naturrecht

Wie es ein Recht zwischen Individuen gibt, so können nach Zachariaes Ansicht auch die Völker - als moralische Personen[211] - gleich den einzelnen Menschen entweder im Stande der Natur oder in einem (Völker-)Staatsverein leben. Die Einteilung des Rechts in Natur- und Staatsrecht ist nach Zachariae auch auf das Völkerrecht anwendbar, lediglich die Subjekte sind verschieden, was selbstverständlich zu ganz anderen Folgerungen führt. An sich nach der Theorie Zachariaes eine Rechtsidee, wird der Stand der Natur im Völkerrecht somit Wirklichkeit. Von wenigen Ausnahmen abgesehen, standen und stehen die Völker nach wie vor untereinander in dem Verhältnis, das von Zachariae als der Stand der Natur bezeichnet wird. "Als Naturrecht enthält das Völkerrecht die Rechtsgrundsätze, welche das Verhältnis unter Völkern im Stande der Natur d.i. unter der Voraussetzung bestimmen, daß die Völker in Beziehung auf Recht und Unrecht ihre eigenen Herren also in ihrem Urtheile von einander gegenseitig unabhängig sind."[212] Nach Zachariae kennt die Geschichte natürlich auch Beispiele, in denen die Völker in einem Staatsverein miteinander leben. Als solche, die der Idee eines Völkerstaates in einem gewissen Grade entsprechen, nennt er das Deutsche Reich nach dem Westphälischen Frieden und den österreichischen Kaiserstaat. Die Idee eines solchen Völkerstaates schwebe dabei all denen vor, die sich mit dem Gedanken beschäftigten, wie unter den europäischen Mächten ein dauernder Friede geschaffen werden könne.[213] Insbesondere Kant hat sich für einen allgemeinen Staatenverein als das einzige Mittel, einen wahren Friedenszustand zu schaffen, ausgesprochen,

209 Bodin: Methodus ad facilem historiarum cognitionem, S.91ff; Les six livres de la republique, zitiert nach der dt. Übersetzung von Wimmer, 2 Band, S.159ff

210 Montesquieu: De l'esprit des lois, zitiert nach der dt. Übersetzung von Forsthoff, 1.Buch, 3.Kap, I, S.15ff

211 "Ein Volk ist ganz so, wie der einzelne Mensch, eine Person, dieses Wort in seiner rechtlichen Bedeutung genommen; also ein Subjekt, welchem Rechte zukommen, Rechtsverbindlichkeiten obliegen und auferlegt werden können. Das folgt unmittelbar aus dem Begriffe eines Volkes. Denn das Recht der einzelnen Menschen, aus welchen ein Volk besteht, ist kraft der Willenseinheit, durch welche diese Menschen ein und dasselbe Volk sind, zugleich das Recht der Gesammtheit." Zachariae: 40 Bücher, 1.Aufl., 28.Buch, S.6

212 Zachariae: 40 Bücher, 6.Buch, S.180ff, 182; 27.Buch, S.2, 15ff

213 Zachariae: 40 Bücher, 27.Buch, S.15. Vgl. Klüber: Völkerrecht, Band 1, §329; Zachariae: Janus; Kant stellte sogar den Grundsatz auf, daß den Völkern die Rechtspflicht obliege, sich zu einem Völkerstaat zu vereinigen, vgl. Kant: Zum ewigen Frieden, S.37ff, 42f

wenngleich er erkennt, daß "der ewige Friede (das letzte Ziel des ganzen Völkerrechts) freylich eine unausführbare Idee" ist. Weiter sagt er jedoch, "die politischen Grundsätze aber, die darauf abzwecken, nämlich solche Verbindungen der Staaten einzugehen, als zur continuirlichen Annäherung zu demselben dienen, sind es nicht, sondern, so wie diese eine auf der Pflicht, mithin auch auf dem Rechte der Menschen und Staaten gegründete Aufgabe ist, allerdings ausführbar."[214]

Nach Zachariae gibt es ein Völkerrecht, nicht aber eine Völkermoral oder eine Tugendlehre für Völker. Zwar haben die Menschen als Glieder des Staatsvereins Gewissenspflichten, ein Volk als solches, bzw der Herrscher als der Vertreter des Volkes, hat aber nur Rechts- und keine Gewissenspflichten. "Denn nur in Beziehung auf ihre äußere und rechtliche Freiheit sind die Mitglieder eines Staatsvereines den Willen des Herrschers als den ihrigen anzuerkennen verpflichtet."[215]

Das Völkerrecht ist nach Zachariae entweder "philosophisches (allgemeines) oder positives (urkundliches) Völkerrecht", wobei es nur *ein* philosophisches Völkerrecht geben kann, wie es auch nur eine Menschenvernunft gibt, wenngleich jedes Volk seine völkerrechtlichen Ansichten für die allein richtigen - als mit dem Vernunftrecht übereinstimmend - betrachtet.[216]

Nach der Theorie Zachariaes gibt es auf Grund der Einheit der Abstammung der großen Mehrzahl der europäischen Völker und der Einheit von deren Kultur, Zivilisation und Glauben (wenngleich auch in der Deutung voneinander abweichend) und schließlich auch wegen der geographischen Beschaffenheit Europas ein sogenanntes europäisches Völkerrecht, wobei der Charakter dieses Rechts dank dem weltbürgerlichen Charakter der europäischen Kultur und Zivilisation mit dem philosophischen Völkerrecht in Übereinstimmung bzw. zumindest in naher Verwandtschaft steht. Unter dem europäischen Völkerrecht versteht er dabei "bald das positive Völkerrecht der Europäischen Völker, bald den Inbegriff der Rechtsgrundsätze, nach welchen sich die Europäischen Völker in Verhältnis zu einander richten, der Rechtsgrundsätze, welche zugleich die Grundlage des positiven Völkerrechts dieser Völker sind."[217]

Die Konzeption eines für ganz Europa gleichförmig und nur für Europa geltenden Völkerrechts war in der ersten Hälfte des 19. Jhdt eine gängige Anschauung.[218] Erst in der zweiten Hälfte des 19. Jhdt trat an die Stelle des Begriffes "europäisches Völkerrecht" der Begriff des "Völkerrechts der civili-

---

214 Kant: Metaphysische Anfangsgründe der Rechtslehre, §61, S. 257

215 Zachariae: 40 Bücher, 27.Buch, S.3. Ebenso Rotteck: Lehrbuch des Vernunftrechts, Band 3, S.15ff

216 Zachariae: 40 Bücher, 27.Buch, S.11, 12. So ist der Koran z.B. zugleich der Codex juris gentium der islamischen Völker, vgl. Zeilinger: Kriegs- und Friedensgesetze der Muselmänner, Erlangen 1828

217 Zachariae: 40 Bücher, 27.Buch, S.12, 13f

218 Vgl. Klüber: Öffentliches Recht des Teutschen Bundes, Band 1, §8; Saalfeld: Handbuch des positiven Völkerrechts, S.3; Welcker: Art. Völkerrecht, in: Rotteck Welcker: Staatslexikon oder Enzyklopädie der Staatswissenschaften, Band 15, S.731; Schmalz: Das europäische Völkerrecht in acht Büchern, S. 8; Schmelzing: Systematischer Grundriß des praktischen Europäischen Völkerrechts, Band 1, S.1f

sierten Staaten[219] oder noch später einfach "Völkerrecht"[220]. Lediglich Rotteck lehnt den Begriff des europäischen Völkerrechts - als ein für ganz Europa gleichförmig und nur für dieses geltende - Recht mangels Einheitlichkeit von Regeln und Gebräuchen ab und meint, das Völkerrecht sei ein allgemeines für "alle, überhaupt rechtsfähige, Völker" gültiges, "welches freilich für Europas zivilisierte Staaten ganz vorzüglich verbindlich ist."[221]

Ein Volk ist nach Zachariae berechtigt, die einzelnen Gemeindemitglieder gegen Rechtsverletzungen, die ihnen von einem anderen Volk - von einem Einzelnen oder der Gesamtheit dieses Volkes - drohen, zu schützen, als ob sie dem ganzen Volk drohe. Dem Verkehr mit anderen Völkern kann sich ein Volk zwar selbst verschließen, nicht erlaubt ist es ihm aber, den Verkehr anderer Völker untereinander zu verhindern, was besonders für die Rechte neutraler Völker während eines Seekrieges von Wichtigkeit ist.[222] Insbesondere steht einem jeden Volk das Recht zu, seine Verfassungs- und Regierungsangelegenheiten selbständig zu regeln. Zachariae wendet sich damit grundsätzlich gegen ein Interventionsrecht eines Staates in die inneren Angelegenheiten eines anderen Staates.[223] Von diesem generellen Interventionsverbot läßt Zachariae jedoch dahingehend eine Ausnahme zu, daß er ein Volk dann zur Intervention berechtigt erklärt, wenn seine äußere Sicherheit durch die Verfassung eines anderen Volkes bedroht ist. Damit bietet Zachariae aber keine praktikable Lösung an, da wie er selbst eingesteht, die Beantwortung der Vorfrage, ob eine solche Gefahr vorhanden sei, ihre Schwierigkeiten hat.

Die Völker haben nach Zachariae das Recht, jeden Teil der Erdoberfläche in Besitz zu nehmen.[224] Lediglich die Weltmeere müssen als natürliche Straßen zwischen den Völkern das Gemeingut aller Völker bleiben.[225] Das Eigentumsrecht des Volkes an seinem Land ist dabei von der gleichen rechtlichen Be-

---

219 Bluntschli: Das moderne Völkerrecht der civilisierten Staaten als Rechtsbuch dargestellt, vgl. Titel.

220 Vgl. Liszt: Das Völkerrecht systematisch dargestellt; Ullmann: Völkerrecht

221 Rotteck: Lehrbuch des Vernunftrechts, Band 3, §4, S.12ff, 14

222 Zachariae: 40 Bücher, 27.Buch, S.22f, 29f, S.30 FN1

223 Zachariae: 40 Bücher, 27.Buch, S.23ff. Mit dem Landfrieden verhalte es sich wie mit dem Hausfrieden. Die streitenden Parteien bleiben am besten sich selbst überlassen, a.a.O. S.24. Grundsätzlich ebenso Rotteck, mit der Ausnahme der Rechtmäßigkeit der Intervention zugunsten eines unterdrückten Volkes oder bei Verletzung evidenter allgemeiner Menschenrechte, Rotteck: Lehrbuch des Vernunftrechts, Band 3, S.36ff. Aber auch er bietet keine praktikable Lösung, denn Richterin über diese Frage ist nach seiner Ansicht "die öffentliche Meinung der Mitwelt und Nachwelt, und das Urteil wird ausgesprochen durch den Mund der unbestochenen Geschichte." Immerhin spricht Rotteck aber deutlich aus, daß wegen der Gefahr des Mißbrauches der Grundsatz der Nichtintervention bestehen bleiben sollte. Rotteck/Welcker: Staatslexikon, Band 8, Art. Intervention, S.388

224 Ein Volk kann nach Zachariae äußere Gegenstände "d.i. Gegenstände, die nicht schon in seinem Daseyn begriffen sind", ganz so erwerben, wie der Mensch diese erwerben kann. Zachariae: 40 Bücher, 1.Aufl., 28.Buch, S.33

225 Zachariae: 40 Bücher, 27.Buch, S.32ff, 37. In seiner 1.Aufl., 28.Buch, S.46 weiter: "... so ist die Vertheilung des Erdbodens nur unter dem Vorbehalte rechtmäßig, daß die Straßen und schiffbaren Flüsse eines Landes den Ausländern erforderlichen Falles zum Durchgang frey stehen."

schaffenheit wie das an Grund und Boden überhaupt. Daraus folgt nach Zachariae das Recht, daß ein Volk in seinem Land nach seinem Belieben schalten und walten darf, und daß ihm kraft des ihm an seinem Land zustehenden Eigentums das Recht zukommt, sich jeder widerrechtlichen Besitzergreifung seitens eines anderen Volkes zu erwehren. Letzteres gibt jedoch nicht das Recht, veraltete Ansprüche zu erneuern, was er auf Napoleons Rechtfertigung der Annexion des Kirchenstaates bezieht, der die Schenkung Pippins und Karl des Großen, denen der Kirchenstaat seine Entstehung verdankt, für widerrechtlich hielt. Denn "ein Gewaltstreich, der beschöniget wird, erbittert desto mehr. Dann kommt zur Gewaltthat noch Verhöhnung hinzu".[226] Zachariae bezeichnet deswegen das Völkerrecht auch als das Recht, "welches die gegenseitigen Verhältnisse unter Völkern, diese als Grundeigenthümer betrachtet, zum Gegenstande hat." Eng damit verwandt ist für ihn die Betrachtung des Völkerrechts als ein die gegenseitigen Verhältnisse der europäischen Herrschergeschlechter zum Gegenstand habendes Recht, dessen große Gefahr er allerdings in der Verleitung zu dem Irrtum sieht, "als ob der Souverain auch über das Staatsgebiet und in demselben die dem Eigenthume enthaltenen Rechte ausüben könnte." Zwar ist der Souverän nach Zachariaes Theorie völkerrechtlich als Vertreter des Volkes berechtigt, über das Land zu verfügen, nicht jedoch nach dem Staatsrecht. Danach ist er nur der Landesherr, der berechtigt ist, "die Pflichten der Unterthanen in Beziehung auf den Grund und Boden des Landes zu bestimmen und geltend zu machen."[227]

Nach Zachariaes Auffassung kann eine Regierung auch grundsätzlich die ihr als Sondereigentum gehörenden beweglichen und unbeweglichen Sachen, entsprechend den Grundsätzen des bürgerlichen Rechts, einer anderen Regierung oder einem Privatmann verpfänden. Als völkerrechts- und staatsrechtswidrig lehnt er aber die Verpfändung des Landes oder eines Teiles davon ab, da das Volk damit seine Selbständigkeit verlieren und "sich zu einem Zubehör des Landes ... herabwürdigen" würde.[228] Zachariae nennt in diesem Zusammenhang noch zwei völkerrechtliche Dienstbarkeiten, die Landesdienstbarkeit und die Staatsdienstbarkeit[229]. Erstere entspricht den Dienstbarkeiten i.S.d. bürgerlichen Rechts, wobei sie ein dingliches Recht an dem Grund und Boden eines anderen Volkes darstellt. Bei den Staatsdienstbarkeiten dagegen handelt es sich um Vertragsverbindlichkeiten, die nach den Grundsätzen der völkerrechtlichen Verträge zu bestimmen sind.

Was das Verhältnis zwischen einer Kolonie und dem Mutterland anbelangt, so entspricht dieses nach der Theorie Zachariaes dem zwischen Eltern und Kindern. "So wie das Interesse der Kinder der Maßstab der elterlichen Gewalt ist, so ist das Interesse der Kolonien der Maßstab der Pflichten und Rechte,

226 Zachariae: 40 Bücher, 27.Buch, S.39ff, S.41 FN3
227 Zachariae: 40 Bücher, 27.Buch, S.39, 41, 48
228 Zachariae: 40 Bücher, 27.Buch, S.51f
229 Zachariae: 40 Bücher, 27.Buch, S.48ff. Beispiele völkerrechtlicher Dienstbarkeiten finden sich in Klüber: Europäisches Völkerrecht, Band1, §137ff

welche das Mutterland im Verhältnis zu seinen Kolonien hat. Das Kind ist ein werdender Mensch, die Kolonie ein werdendes Volk."[230] Daraus leitet er den Grundsatz ab, daß ein Mutterland widerrechtlich handelt, wenn es sich die Herrschaft über eine Kolonie anmaßt, obwohl diese schon bei ihrer Entstehung den Schutz des Mutterlandes nicht benötigt. Sofern eine Kolonie des Schutzes des Mutterlandes bedarf, hat diese Abhängigkeit jedoch den jeweiligen Bedürfnissen der Kolonie zu entsprechen. "Wenn daher eine Kolonie, welche bisher in ihrem eigenen Interesse die Herrschaft des Mutterlandes über sich anerkannte, in dem Grade erstarkt ist, daß sie sich als ein selbständiger Staat durch eigene Kraft zu vertheidigen mag, so ist die Zeit gekommen, daß das Mutterland die Kolonie zu emancipiren d.i. sich seiner Gewalt über die Kolonie zu begeben hat." Anderenfalls komme es unweigerlich über kurz oder lang zu einem Bürgerkrieg zwischen Kolonie und Mutterland.

Jedes Volk ist nach Zachariae schon seinem Wesen nach berechtigt, Verträge mit anderen Völkern zu schließen, wobei sich die Frage des Vertretungsrechtes nach dem jeweiligen Verfassungsrecht der einzelnen vertragsschließenden Völker bestimmt. Die Verfassungen sollten nach seiner Auffassung dieses Vertretungsrecht dabei "so wenig, als möglich, an lästige Bedingungen und Formen " binden.[231]

Nach der Theorie Zachariaes fordert das Naturrecht zur Verbindlichkeit eines Vertrages aber einen über die allgemeinen Bedingungen - wie die Rechtmäßigkeit der Leistung und daß die Einwilligung frei von Zwang und Irrtum erfolgt sein muß - hinausgehenden "besonderen Verpflichtungsgrund".[232] Ein Vertrag setzt nach Zachariae eine die Vertragsparteien verpflichtende Willenserklärung voraus. Diese aber kann nach seiner Ansicht nicht von dem Grund, der die Parteien überhaupt dazu bestimmte, sich zu verpflichten, getrennt werden. "Dieser Grund also ist eine eben so wesentliche Bedingung der verbindenden Kraft des Vertrages, wie die Willenserklärung selbst. Das einmal gegebene Versprechen kann die Partei nicht zurückgeben; denn das war ihr Werk. Wenn sich aber in der Folge, ohne Zuthun der Partei, die Umstände wesentlich verändern, welche der Grund waren, daß die Parthei das Versprechen leistete, so hört das Versprechen mit seinem Grunde zugleich auf, verpflichtend zu seyn."[233] Zachariae unterscheidet zwischen drei Arten von Verträgen: Zivilrechtliche, staatsrechtliche und völkerrechtliche Verträge. Diese Verschieden-

230 Zachariae: 40 Bücher, 27.Buch, S.52ff. Zachariae zieht bei seinen Betrachtungen dieses Bereiches besonders die Werke englischer Schriftsteller zu Rate, da die Briten nach seiner Ansicht in der Kolonialpolitik in neuerer Zeit große Fortschritte gemacht haben. Vgl. Martin: colonial policy of the Britisch Empire.- Responsible government for colonies. London 1840, W. J. Buttler: On the colonial policy of the ancients, London 1840

231 Zachariae: 40 Bücher, 27.Buch, S.55ff

232 Zachariae: 40 Bücher, 27.Buch, S.59; 23.Buch, S.231ff

233 Zachariae: 40 Bücher, 27.Buch, S.60. Die europäischen Mächte haben sich nach Zachariae oft genug auf diese Klausel berufen. Als Beispiele nennt er den zweiten schlesischen Krieg und das Verhalten Österreichs und Preußens nach dem Untergang des französischen Heeres in Rußland 1812, a.a.O. S.61, FN 1. Das europäische Völkerrecht hält nach Zachariae jeden wirksamen Vertrag für verpflichtend, a.a.O. S.59

heit der Verträge bezieht sich nach der Theorie Zachariaes zugleich auch auf die Verschiedenheit der Gründe, auf Grund derer diese Verträge verpflichtend sind. Die zivilrechtlichen Verträge haben das Sondereigentum der Regierung bzw das Staatsgut zum Gegenstand. Als Beispiele nennt er den Verkauf von Schiffen, Kriegsvorräten, Leistung einer Bürgschaft etc. Es gelten dabei die gleichen Grundsätze wie bei zivilrechtlichen Verträgen zwischen Privatpersonen. Die verpflichtende Wirkung dieser Verträge ergibt sich daraus, daß in dem Wortbruch die Verletzung einer anderen Pflicht läge. Denn das Sondereigentum muß veräußerlich sein, um die Ungerechtigkeit bei der Verteilung desselben auszugleichen und dem Anspruch, den von Natur ein jeder Mensch wie der andere auf die Güter dieser Erde hat, gerecht zu werden.[234] Die staatsrechtlichen Verträge beziehen sich auf die Hoheitsrechte, d.h., sie betreffen die Verfassungs- und Regierungsangelegenheiten. Beispiele solcher Verträge sind: Die Verpflichtung, die Verfassung in gewisser Hinsicht zu ändern; das Recht, in dem Gebiet des anderen bestimmte Hoheitsrechte auszuüben; den Handelsvekehr betreffende Verträge etc. "Nach allgemeinen Rechtsgrundsätzen aber ermangeln alle staatsrechtliche Verträge, keine Art derselben ausgenommen, kraft der Beschaffenheit ihres Gegenstandes, eines rechtlichen Verpflichtungsgrundes."[235] Nach Zachariae handelt ein Volk sogar widerrechtlich, wenn es mit anderen Völkern staatsrechtliche Verträge abschließt, da ein solcher Vertrag seinem Wesen nach die Machtvollkommenheit des Staatsherrschers, des Vertreters des Volkes, beschränkt. Insbesondere verstoßen solche Verträge auch gegen das Interventionsverbot, da durch sie ja gerade in die inneren Angelegenheiten eines anderen Volkes eingegriffen wird. Als gangbaren Weg rät Zachariae deshalb den Regierungen, entsprechende Maßnahmen einseitig zu erklären, wobei durchaus diplomatische Verhandlungen vorausgegangen sein dürfen. Dieser Lösungsvorschlag dürfte aber wenig praktikabel sein, da wohl die wenigsten Regierungen freiwillig und ohne Gegenleistung auf irgendwelche Rechte und Vorteile verzichten. Die völkerrechtlichen Verträge regeln die Verhältnisse des Volkes zu anderen Völkern, d.h. sie haben den friedlichen Verkehr unter den Völkern, Friedens- und Neutralitätsverträge, Beistands- und Bündnisverträge sowie Verträge bezüglich der Ausübung des Kriegsrechtes zum Gegenstand. Nach Zachariae sind die völkerrechtlichen Verträge verpflichtend. "Denn selbständige Völker, (Völker, welche im Stande der Natur leben,) müssen von diesen Verträgen Gebrauch machen, auf daß ihre gegenseitigen Verhältnisse mit den Grundsätzen des Rechts so sehr als möglich in Übereinstimmung oder so wenig als möglich in Widerspruch stehn."[236]

Nach Zachariaes Ansicht gilt nach dem Naturrecht der Grundsatz, daß die selbständigen Völker, so lange sie im Stande der Natur verweilen, miteinander in Frieden leben sollen. Frieden definiert er dabei als einen Zustand, in dem die Waffen ruhen, d.h., ein Zustand, in dem die Völker in keine Rechtsstreitig-

234 Zachariae: 40 Bücher, 27.Buch, S.62f; 23.Buch, S.231ff
235 Zachariae: 40 Bücher, 27.Buch, S.63ff, 67
236 Zachariae: 40 Bücher, 27.Buch, S.69, 70

keiten verwickelt sind oder ihren Streit im Wege der gütlichen Vereinbarung beilegen.[237] Den alleinigen rechtmäßigen Zweck der Außenpolitik sieht er deshalb in der Erhaltung des Friedens und lehnt eine auf Krieg und Eroberung ausgerichtete Politik als widerrechtlich, als mit dem Rechtsgesetz nicht vereinbar ab. Die Völker haben demzufolge das Recht, sich selbst für den Krieg zu rüsten, Bündnisse einzugehen und sich während eines Krieges anderer Völker neutral zu verhalten oder zwischen diesen zu vermitteln.[238] Zachariae gibt aber zu bedenken, daß all das, was die Kriegsmacht steigert, neben einer friedlichen unbestreitbar eine kriegerische Tendenz beinhaltet, da der Mächtige noch mächtiger und der Reiche noch reicher werden wolle. Eine sichere Gewähr für den Frieden könnte nach seiner Auffassung nur eine Staatsverfassung bieten, die durch ihre Form und ihren Geist die Kriegslust beschränkt. "Aber noch scheint es dem menschlichen Verstand nicht gelungen zu seyn, eine solche Verfassung zu ersinnen."[239] Denn egal, welche Staatsformen die Staaten in der Geschichte bisher hatten, gleich ob göttliche oder weltliche Staaten, was den Hang zum Erobern angeht, sei zwischen ihnen kein Unterschied bemerkbar.

Die Aufgabe der Diplomatie sieht Zachariae vornehmlich in der Kunst, die auswärtigen Interessen eines Volkes in Bezug auf die Beziehungen zu anderen Völkern durch friedliche Mittel zu wahren und zu fördern, weshalb nach dem europäischen Völkerrecht alle Mittel und Personen, die diesen Zweck verfolgen, unter dem Schutz des Völkerrechts stehen und bestimmte Rechte, wie das der Extraterritorialität, genießen.[240]

Der obige Grundsatz, daß selbständige Völker miteinander in Frieden leben sollen, findet nach Zachariaes Auffassung auch auf das Kriegsrecht Anwendung.[241] Dem Krieg - unter Krieg versteht er die Austragung eines Rechtsstreites unter Völkern mittels wechselseitiger Anwendung physischer (mechanischer) Gewalt - in rechtlicher Hinsicht gleichgestellt, sind dabei andere Fälle der Selbsthilfe eines Volkes gegen ein anderes Volk, wie z.B. Blockaden, Beschlagnahme von Eigentum des anderen, Nichterfüllung eingegangener Verbindlichkeiten etc. Nach seiner Auffassung sind aber nicht alle Kriege schlechthin rechtswidrig. Verteidigungskriege, worunter er "Genugthungs- oder Präventionskriege" versteht, können rechtmäßig sein. "Ein

237 Zachariae: 40 Bücher, 27.Buch, S.81ff
238 Zachariae: 40 Bücher, 27.Buch, S.81, 85
239 Zachariae: 40 Bücher, 27.Buch, S.89
240 Zachariae: 40 Bücher, 27.Buch, S.20, 91ff mit Zitat aus dem Lustspiel: Die Hochzeit des Figaro als nette Beschreibung des Begriffes Diplomatie, Fußnote 2 :"Sich stellen, als ob man das wisse, was man nicht weiß und das nicht wisse, was man weiß; daß man begreife, was man nicht versteht, und nicht höre, was man hört; besonders aber, daß man mehr zu vermögen vorgebe, als man vermag; oft sehr heimlich thun, um zu verbergen, daß man kein Geheimnis habe; sich einschließen, um Federn zu schneiden und sehr ernst und tief zu scheinen, während man doch nur leer und hohl ist; denselben Gegenstand nach Gefallen entweder von seiner Licht- oder von seiner Schattenseite darstellen; Spione aussenden und Verräther besolden; Siegel erweichen; Briefe auffangen; die Aermlichkeit der Mittel durch die Wichtigkeit des Zweckes adeln; - das ist die Diplomatie."
241 Zachariae: 40 Bücher, 27.Buch, S.99

Krieg ist nur unter der Bedingung, daß er den einen oder den andern der oben angeführten Rechtsgründe für sich hat, nicht aber schon deswegen, weil er dieser Bedingung entspricht, ein rechtmäßiger Krieg." Auf keinen Fall zu rechtfertigen sind dagegen Straf- und Meinungskriege.[242] Zachariae ist zwar der überkommenen Ansicht, daß der Krieg unter Völkern deren Kraft und Energie erhält, ohne den sie erlahmen und auf einer Stelle verharren würden, dennoch kann ein Krieg seiner Ansicht nach nicht durch die vorteilhaften Folgen, die dieser für die Menschheit habe, gerechtfertigt werden. Ebenso lehnt er den Rechtfertigungversuch ab, den Sieg als Gottesurteil zu betrachten, da sich damit jede Gewalttat, die von Erfolg gekrönt ist, rechtfertigen ließe. Ein Krieg kann nach Zachariae nur nach den Grundsätzen des Notstandes gerechtfertigt werden, also wenn keine anderen, insbesondere milderen Mittel Abhilfe versprechen.[243] Staatsrechtlich hat aber eine Regierung, wenn sie sich für den Krieg entschlossen hat, egal ob völkerrechtlich rechtmäßig oder nicht, im Verhältnis zu ihren Untertanen recht, die Gegenpartei dagegen unrecht[244].

Die Beendigung eines Krieges hat nach völkerrechtlichen Grundsätzen durch Abschluß eines Friedensvertrages zu erfolgen, wobei dieser von Rechts wegen ein Vergleich sein soll, "durch welchen kriegsführende Mächte den Rechtsstreit, der unter ihnen bisher mit den Waffen verhandelt worden ist, in der Güte beilegen." Der Friedensschluß soll für die Dauerhaftigkeit des wiederhergestellten Friedens Bürgschaft leisten und auf keinen Fall den Keim zu neuen Kriegen beinhalten, was voraussetzt, daß er unter "billigen Bedingungen abgeschlossen wird".[245]

In Anlehnung an Kant[246] stellt Zachariae einige vernunftrechtliche Grundsätze zur Humanisierung des Kriegsrechts auf. So sind nur diejenigen Feindseligkeiten zu rechtfertigen, die eine kriegsführende Macht gegen die andere anwenden muß, um den Zweck des Krieges zu erreichen, wobei der alleinige legitime Zweck des Krieges dabei der Friede ist. Zachariae lehnt in Folge dieses Grundsatzes die sog. Vertilgungskriege als die bei ungebildeten Völkerschaften übliche Form des Krieges ab. Ferner wendet er sich gegen die Versklavung der Kriegsgefangenen und befürwortet den bestehenden Usus, Gefangene entweder während des Krieges auszutauschen oder nach Beendigung unentgeltlich heimzulassen.[247] Auch soll das Vermögen der Einwohner und das des Staates, insofern es die Kriegsmacht des Feindes nicht erhöht, unangetastet bleiben, also Plünderungen verboten sein. So sollen insbesondere Kunstschätze oder literarische Sammlungen nicht geraubt werden, denn dies erbittere das

---

242 Zachariae: 40 Bücher, 27.Buch, S.101ff

243 Zachariae: 40 Bücher, 27.Buch, S.106. 1.Aufl., 28.Buch, S.93: "Der Zweck heiligt nicht die Mittel."

244 Zachariae: 40 Bücher, 27.Buch, S.110. 1.Aufl., 28.Buch, S.122: "Die Unterthanen bindet und ihnen genügt das Urtheil des Staatsherrschers."

245 Zachariae: 40 Bücher, 27.Buch, S.145ff

246 vgl. Kant: Metaphysische Anfangsgründe der Rechtslehre, §57; ders: Zum ewigen Frieden, 6. Präliminarartikel. Die Aufgabe des Kriegsrechts kann nach Zachariae auch so beschrieben werden, daß es dazu dient, die "Schrecknisse des Krieges zu mindern und zu mildern". Zachariae: 40 Bücher, 27.Buch, S.117

247 Zachariae: 40 Bücher, 27.Buch, S.111ff, S.146f

Volk, ohne dessen Macht zu schwächen.[248] Ferner ist alles zu unterlassen, was die Wiederherstellung des Friedens unmöglich macht oder doch erheblich erschweren würde. Dazu gehört nach Zachariae die Forderung nach einer formalen Kriegserklärung, das Verbot des Gebrauchs vergifteter Waffen sowie der Schmähung und Beschimpfung des Feindes.[249]
Diese Grundsätze gelten dabei sowohl für Land- als auch Seekriege. Eine Besonderheit besteht jedoch dahingehend, daß bei Landkriegen das Privateigentum des Feindes durch das Kriegsrecht geschützt ist, wogegen bei Seekriegen nach geltendem europäischen Völkerrecht dieses dem Beuterecht preisgegeben wird. Zachariae lehnt dieses Beuterecht jedoch als nicht zu rechtfertigendes Mittel ab, da es nicht zur Wiederherstellung des Friedens diene. Den alleinigen Sinn eines Seekrieges sieht er nämlich in der Vernichtung des Seehandels, wodurch sich dies zugleich als Handelskrieg darstellt. "Denn, indem es den Handel zwischen den kriegsführenden Völkern gänzlich einstellt, auch den Handel der neutralen Mächte auf mehr als eine Weise beeinträchtigt, stört es den Plan der Natur, durch den Handelsverkehr Völker miteinander zu vereinigen und zu versöhnen."[250]

Die neutralen Staaten können nach Zachariae allen oder auch nur einer der kriegsführenden Parteien Kriegsmaterial liefern, ohne dabei rechts- oder neutralitätswidrig zu handeln. Denn der Krieg ist in Bezug auf die neutralen Staaten eine "res inter alios acta". Andererseits stellen absichtlich geleistete Beistände für die kriegsführenden Parteien einen rechtmäßigen Grund zu einem Präventionskrieg dar. Liegt nun letzterer Fall nicht vor, so kann eine Kollisionslage dennoch dadurch entstehen, daß das Waffenrecht einer der kriegsführenden Parteien durch das Verhalten der neutralen Staaten erschwert oder unmöglich gemacht wird. Diese Kollisionslage ist nach Zachariae nur mittels eines Vergleiches zwischen den betroffenen Parteien zu lösen, nicht aber durch die Aufstellung allgemeiner Rechtsgrundsätze.[251]

Zachariae setzt sich auch eingehend mit der Frage auseinander, was im Fall einer Eroberung rechtens ist, wobei er bei der Beantwortung dieser Frage zwischen dem Staats- und dem Völkerrecht unterscheidet.[252] Zuerst behandelt er diese Frage nach völkerrechtlichen Grundsätzen. "Denn, was dem Eroberer dem Völkerrecht nach nicht erlaubt ist, kann ihm eben so wenig dem Staatsrechte nach verstattet seyn, da sein Titel,..., auf dem Völkerrechte beruht."

---

248 Zachariae: 40 Bücher, 27.Buch, S.113f
249 Zachariae: 40 Bücher, 27.Buch, S.114ff. "Übermut schmerzt mehr als Gewalttat. Er nährt und steigert die Feindschaft."
250 Zachariae: 40 Bücher, 27.Buch, S.131ff,134. Für die Geschichte des Seekriegsrechtes war damals folgendes Werk von großer Bedeutung: Pardessus: Collection des lois maritimes anterieures au 18me siecle.
251 Zachariae: 40 Bücher, 27.Buch, S.135ff, 139
252 Zachariae: 40 Bücher, 27.Buch, S.118ff; vgl. auch Klüber: Europäisches Völkerrecht, Band1, §258f sowie Pfeiffer: Das Recht der Kriegseroberungen in Beziehung auf Staatskapitalien.

Dem Völkerrecht nach hat der Eroberer ein, wenn auch widerrufliches Recht an dem eroberten Land. Unwiderruflich wird dieses Recht erst durch die Anerkennung in einem Friedensvertrag durch die Gegenpartei. Ferner hat sich der Eroberer so zu verhalten, daß die Wiederherstellung des Friedens nicht erschwert wird, d.h., er soll das eroberte Land einstweilen wie ein ihm anvertrautes Gut verwalten.[253] "Dem Staatsrecht nach ist eine Eroberung als eine Revolution zu betrachten, welche durch äußere Gewalt, durch Feindesgewalt, ins Werk gesetzt worden ist."[254] Um die Herrschaft des Eroberers von einer Zwingherrschaft zu unterscheiden, ist es nach Zachariae notwendig, daß der Eroberer nicht nur in die Rechte, sondern auch in die Pflichten des früheren verfassungsmäßigen Herrschers eintritt.[255] Wird nun die verfassungsmäßige Regierung wieder eingesetzt, so gelten die gleichen Grundsätze wie bei der Beendigung einer Revolution. Die Regierungshandlungen des Eroberers gelten fort, sofern die wiedereingesetzte Regierung diese nicht ausdrücklich widerruft.

Damit verbunden sieht er die bereits von Montesquieu[256] aufgeworfene Frage, wie ein Eroberer nach Friedensschluß und Abtretung der Eroberung an ihn sich diese auf Dauer sichern kann. Als fraglos wirksamstes Mittel nennt er die Vertilgung oder Vertreibung der bisherigen Einwohner, was er anhand des Beispiels der Vereinigten Staaten bezüglich deren Kriege gegen die Indianer belegt. Sodann gibt er zu bedenken: "Aber so sichert man das Eigenthum an dem eroberten Lande, nicht die Treue der Besiegten. Und ist Verödung Friede?" Zachariae führt deshalb drei Mittel an, die nach seiner Ansicht, jedes für sich, das in Frage stehende Ziel verwirklichen.[257] Als wirksamstes sieht er dabei die Verschmelzung der Sieger und Besiegten zu einem einzigen Volk an. Eine weitere Möglichkeit besteht darin, daß der Sieger mit den Besiegten in ein Bundesverhältnis tritt, ihnen also in den inneren Angelegenheiten die bisherige Selbständigkeit beläßt und lediglich das Protektoriat über die Besiegten ausübt. Schließlich bleibt noch die Möglichkeit, die Besiegten als Untertanen zu behandeln. Die letzten zwei Mittel haben jedoch, wie er selbst eingesteht, den Nachteil, daß sie nur bei einem sehr mächtigen Staat Erfolg versprechen, da die Besiegten in der Regel alles versuchen werden, ihre Selbstständigkeit von dem Sieger wiederzuerlangen.

---

253 Zachariae: 40 Bücher, 27.Buch, S.119ff. Zachariae: 40 Bücher, 1.Aufl., 28.Buch, S.105: "... mit andern Worten, der Eroberer hat das eroberte Land gleich als ein von dem verfassungsmäßigen Fürsten eingesetzter Stellvertreter zu verwalten."

254 Zachariae: 40 Bücher, 27.Buch, S.121. Zachariae betrachtet jede gewaltsame Umgestaltung der Grundverfassung eines Staates, egal von wem diese Gewalt ausgeht, als eine Revolution. Ausführlich dazu später.

255 Sofern der Eroberer die Grenzen seines Rechts nicht überschreitet, gebührt ihm nach Zachariae derselbe Gehorsam seitens der Einwohner, wie dem verfassungsmäßigen Herrscher. Zachariae: 40 Bücher, 1.Aufl., 28.Buch, S.106

256 Vgl. Montesquieu: De l'Esprit des Lois, Liv. X

257 Zachariae: 40 Bücher, 27.Buch, S.125ff

6.2. Das Völkerstaatsrecht

Wie oben unter 6.1. eingangs schon angeführt, stellt Zachariae die Völker in rechtlicher Hinsicht den Menschen gleich, da sie, wie die Menschen, andere physische oder moralische Personen rechtlich verpflichten und auch selbst verpflichtet werden können. Daraus folgt nach seiner Auffassung die Pflicht der Völker, sich entsprechend der Pflicht der einzelnen Menschen, zu (Völker-) Staatsvereinen zusammenzuschließen, denn "in der einen und in der anderen Beziehung beruht diese Pflicht auf der Rechtslosigkeit des Naturzustandes d.i. desjenigen Zustandes, in welchem der Mensch oder ein Volk sein eigener Richter über Recht und Unrecht ist."[258]

Nach seiner Auffassung ist in der Theorie zwischen Völkerstaaten und sog. Völkerbünden zu unterscheiden. Erstere haben ihre rechtliche Grundlage unmittelbar in dem Rechtsgesetz, also in der Pflicht, anstelle des Naturzustandes den Völkerstaat zu setzten. Die einzelnen Völker dieses Völkerstaates sind "einer Gewalt d.i. einem an sich unbedingten Zwangsrecht unterworfen", die sich ihrem Wesen nach auf die inneren und äußeren Angelegenheiten erstreckt, wobei sie in erster Beziehung durch die Verfassungsgesetze zu beschränken ist, damit sich der Völkerstaat nicht in einen einfachen Staat verwandelt. Den Mitgliedern eines solchen Vereines ist es dabei verwehrt, sich von diesem zu lösen. Unter einem Völkerbund versteht Zachariae einen unbedingten "Gesellschaftsvertrag, welchen mehrere Völker, theils zum Schutze und Trutze gegen ihre auswärtigen Feinde, theils zur gütlichen Beilegung ihrer gegenseitigen Streitigkeiten, mit einander abschließen". Dieser Bund beruht auf einem "Gesellschaftsvertrag", bei dem, sofern nichts anderes vereinbart ist, die Stimme jedes Volkes gleich viel zählt. Der Völkerbund hat sich auf die Regelung der auswärtigen Beziehungen zu beschränken, wobei es jedem Mitglied freisteht, diesen jederzeit aufzukündigen.[259]

Trotz der theoretischen Unterschiede, läßt sich aber in der Realität nach Zachariaes Ansicht eine scharfe Trennung nicht durchführen. "So wenig sich in einem Völkerstaate eine Macht begründen läßt, welche in seinem Inneren einem jeden Widerstand gewachsen wäre, eben so wenig kann man sich wegen der Fortdauer eines Völkerbundes auf den guten Willen der Verbündeten allein verlassen. So wenig ein Völkerstaat die Selbständigkeit der unter ihm begriffenen Staaten auch in ihren inneren Angelegenheiten gänzlich aufheben kann und darf, eben so wenig könnte ein Völkerbund auf die Dauer bestehn, welcher die Selbständigkeit der Verbündeten in ihren inneren Angelegenheiten gänzlich unbeschränkt ließe."[260] Als Beispiel nennt er die Entwicklung des Deutschen Bundes seit 1819, der sich nach seiner Ansicht zunehmend dem

258 Zachariae: 40 Bücher, 28.Buch, S.152, 153. "Wie daher das Völkerstaatsrecht seinen Grundlagen nach von dem Staatsrecht nicht wesentlich verschieden, so ist es auch seinem Inhalt nach von dem letzteren Rechte nicht wesentlich verschieden." A.a.O. S.153

259 Zachariae: 40 Bücher, 28.Buch, S.154, 155, 156. Zachariae kritisiert dabei die nach seiner Ansicht nach höchst unbestimmten Definitionen des Begriffes Völkerbund bei anderen Schriftstellern, so insbesondere bei Klüber: Völkerrecht, Band 1, §148.

260 Zachariae: 40 Bücher, 28.Buch, S.156f

Charakter eines Völkerstaates nähere. In der Realität können beide Formen daher nur insofern unterschieden werden, daß sich die eine mehr der Idee eines Völkerstaates, die andere mehr der Idee eines Völkerbundes nähert, weshalb er bei seinen weiteren Ausführungen beide Worte als gleichbedeutend verwendet.[261]

Die Völkerstaaten oder -bünde verdanken ihre Entstehung nach der Theorie Zachariaes entweder dem Zusammenschluß verschiedener Völker zu einem solchen Staatsverein oder Bund, oder es zerfällt ein "einfacher Staat" in einen von beiden, indem die sich spaltenden Völker, vereinigt zu einem Völkerstaat oder -bund, den früheren Staat in einer anderen Gestalt fortsetzen.[262] Insbesondere bei einem sich in mehrere Staaten spaltenden Staat, liegt es nach Zachariae ganz in der Natur der Verhältnisse, daß die einzelnen entstehenden Staaten als Glieder eines Völkerstaates oder -bundes vereinigt bleiben. "Wenn auch das äußere Band, welches diese Staaten bisher zu einem einzigen Staate vereinigte, gelöst oder zerrissen worden ist, so gibt es doch noch andere Bande, welche ihnen eine politische Verbindung, wenn auch eine anders gestaltete, zum Bedürfnis machen."[263] Schwieriger ist dagegen die Entstehung durch Zusammenschluß selbständiger Staaten zu erklären. "Allein, wenn die Menschen fast überall, die Völker nur ausnahmsweise zu Staaten vereinigt sind, so erklärt sich dieser Unterschied daraus, daß nicht leicht gehorcht, wenn er nicht gehorchen muß." Nur eine den Staaten von außen durch andere Staaten drohende akute Bestandsgefahr vermag, daher die Völker zu einem Völkerstaat oder -bund zusammenzuschließen. Darüberhinaus sollten die Völker auch "ihrem inneren Zustande nach einander verwandt seyn", d.h., sie sollten ähnliche Verfassungen, Glauben, Kultur und Zivilisation aufweisen, um von Dauer sein zu können.[264]

Die Verfassung eines Völkerstaates kann monarchischer, aristokratischer oder demokratischer Natur sein, es kann also entweder einem Staat, einigen Staaten oder der Gesamtheit der Staaten die höchste Gewalt zustehen. Die Art der Verfassung hängt dabei von der Machtverteilung der einzelnen Staaten untereinander ab, je nachdem welchem, wievielen oder ob keinem ein Machtübergewicht zukommt.[265] Wie aber eine solche Verfassung im einzelnen auszusehen hat, läßt Zachariae unbeantwortet. Welche Verfassung nun für einen Völkerstaat die ideale ist, läßt Zachariae offen. Er äußert sich nur dahingehend, daß wie immer auch diese beschaffen sei, eine "einfachere Organisation" einer "zusammengesetzteren" vorzuziehen sei. "Formen sind zwar ein treffli-

---

261 Als Beleg führt er die Vereinigten Staaten, die schweizer Eidgenossenschaft, den Deutschen Bund etc an, die trotz ihrer Verschiedenheit alle eine Partei haben, die die Unabhängigkeit der einzelnen Staaten zu erhalten und steigern versucht, und eine, die die entgegengesetzten Absichten verfolgt. Zachariae: 40 Bücher, 28.Buch, S. 157f

262 Zachariae: 40 Bücher, 28.Buch, S.160f

263 Zachariae: 40 Bücher, 28.Buch, S.161

264 Zachariae: 40 Bücher, 28.Buch, S.162, 163f. "Denn die Centrifugalkraft, welche sie aus einander treibt, ist zu mächtig, als daß ihr die auswärtigen Staatsinteressen die Waage halten könnten."

265 Zachariae: 40 Bücher, 28.Buch, S.165ff

ches Mittel, der Herrscherwillkür einen Damm entgegenzusetzen. Aber in einem Völkerstaate ist nicht diese sondern die Unbeholfenheit zu fürchten, mit welcher sich ein so künstlicher und ein so zusammengesetzter Kürper, wie ein Völkerstaat ist, bewegt."[266] Ob dies letzlich für eine monarchische Verfassung spricht, kann nicht mit letzter Bestimmtheit gesagt werden. Er erkennt aber das Problem, daß größere, zusammengesetze Strukturen der Gefahr ausgesetzt sind, durch komplizierte Organisationsformen zu trägen und unflexiblen Ungetümen zu verkommen.

Nach Zachariaes Auffassung findet alles, was im Völkerrecht als Naturrecht gegen das Interventionsrecht an- und ausgeführt wurde, auf das Völkerstaatsrecht keine Anwendung. "Wie die Gesetze eines einfachen Staates die persönliche Freiheit der einzelnen Unterthanen beschränken können, so können auch die eines Völkerstaates einem jeden unter dem Vereine begriffenen Staate die Verbindlichkeit auferlegen, seine Verfassung nicht ohne Zustimmung des Vereines abzuändern." Da es für den Bestand eines Völkerstaates nicht gleichgültig sein kann, ob die Mitgliedsstaaten die ihnen auferlegten Vorschriften ausführen oder nicht, steht es seiner Ansicht nach außer Frage, daß der Regierung eines Völkerstaates zur Gewährleistung des Bestandes desselben ein "Interventionsrecht" zustehen muß.[267]

Grundsätzlich aber behalten die Staaten eines Völkerstaates oder -bundes ihre Selbständigkeit in ihren inneren Regierungsangelegenheiten. Lediglich solche Maßnahmen sollen erlaubt sein, "welche eben so nothwendig sind, die unter dem Vereine begriffenen Staaten durch ihre inneren Interessen mit einander zu vereinigen, als Zwiespalt unter diesen Staaten zu verhindern." Als Beispiele nennt er Regelungen bezüglich der Aus- und Einwanderungsfreiheit, Handelsfreiheit und der Sicherheit des literarischen Eigentums. Jeder Staat einer solchen Vereinigung verliert dagegen aber seine Selbständigkeit in seinen äußeren Angelegenheiten. Denn nur unter der Voraussetzung, daß die einzelnen Staaten ihre Selbstständigkeit in der einen Beziehung behalten und in der anderen verlieren, unterscheidet dieser Verein sich einerseits von einem einfachen Staat und stellt andererseits einen Völkerstaat oder -bund dar.[268]

Die Völkerstaaten oder -bünde sind als Vereinigung von Völkern, denen die Eigenschaft einer moralischen Person zukommt, im Verhältnis zu anderen Völkern wie ein Volk zu betrachten, so daß einem solchen Verein die Möglichkeit der Gesandtschaft, des Abschlusses von Verträgen und des Kriegsführens sowie des Friedensschlusses zusteht.[269]

Zachariae beschäftigt sich auch mit einem von ihm so genannten "Europäischen Völkerstaat", dessen Geschichte er seit der Entstehung nach dem Zerfall

266 Zachariae: 40 Bücher, 28.Buch, S.166f
267 Zachariae: 40 Bücher, 28.Buch, S.167f
268 Zachariae: 40 Bücher, 28.Buch, S.168ff
269 Zachariae: 40 Bücher, 28.Buch, S.171, 172

des weströmischen Reiches bis zu seiner Zeit in fünf Perioden einteilt.[270] Unter dem "Europäischen Völkerstaat" versteht er dabei die Einheit der germanischen Nation, "welche unter den Germanischen Völkern, als Zweige desselben Stammes, vor der Vernichtung des Weströmischen Reiches bestanden hatte," und nicht dadurch aufgelöst wurde, "daß einige dieser Völker neue Reiche in den Provinzen des Weströmischen Reiches stifteten, andere in ihren alten Wohnsitzen beharrten. ... Mit einem Worte, auch nach der Eroberung und Zerstückelung des Weströmischen Reiches waren und blieben die Germanischen Völker eine Nation."[271] Diese Bande wurden nach Zachariaes Ansicht in der ersten Periode durch das Christentum noch weiter verstärkt. "So wie die christliche Kirche im Römischen Reiche kraft der Einheit des Staates ein Ganzes gewesen war, so bildeten jetzt die Germanischen Völker, (welche insgesammt und fast ausschließlich ihre Wohnsitze in dem Gebiete der Lateinischen Kirche hatten,) kraft der Einheit dieser Kirche einen äußeren Verein." Die Nationaleinheit der germanischen Völker betrachtet Zachariae zwar als die Grundlage des Europäischen Völkerstaates, die Entstehung letztendlich verdankt dieser aber der hierarchischen Verfassung der christlichen Kirche, dem "Pabsttum".[272] Der Europäische Völkerstaat stellt für ihn deshalb in der ersten Periode eine geistliche Monarchie mit einem weltlichen Kronfeldherren, dem jeweiligen Römischen Kaiser Deutscher Nation, dar, wobei im inneren der Staaten jedoch der Kampf zwischen der geistlichen und weltlichen Gewalt entbrannte. Die zweite Periode, der Zeitraum der Reformation, reicht vom Jahre 1517 bis 1648. Die Reformation betrachtet Zachariae als eine Revolution, die den Europäischen Völkerstaat erschüttert. Das die Völker germanischer Abkunft zu einem politischen Ganzen vereinigende Band, das Papsttum, wurde von vielen europäischen Regierungen nun nicht mehr anerkannt, was letztlich zur Auflösung dieses Völkerstaates führte. Wenn damit der Nationaleinheit der Völker germanischer Abstammung einerseits eine wichtige Stütze entzogen wurde, trug die Reformation andererseits aber dadurch zur Erhaltung dieser Nationaleinheit bei, daß sie das Interesse der königlichen Gewalt befördernd, eine Verwandtschaft unter den Verfassungen dieser Staaten erhielt, sowie in Folge des Religionsstreites der geistige Verkehr unter den germanischen Völkern neu belebt wurde. Durch den Westphälischen Frieden 1648 wurde schließlich dem Europäischen Völkerstaat eine neue Verfassung - Zachariae nennt es das "System des Europäischen Gleichgewichts" - gegeben.[273] Dieses System des europäischen Gleichgewichts stellt die dritte Periode des Europäischen Völkerstaates dar und reicht bis zur französischen Revolution 1789. Eine mächtige Stütze hatte dabei diese Verfassung in den Ver-

270 Zachariae: 40 Bücher, 28.Buch, S.173ff. Die Entstehung des europäischen Völkerstaates führt er als Beleg für die Entstehung von Völkerstaaten oder -bünde durch Zusammenschluß einzelner Völker an. A.a.O. S.160f. In seiner 1.Aufl., 29.Buch, S.202ff nimmt er noch eine Dreiteilung vor. Von der Entstehung des europäischen Völkerstaates bis zur Reformation, von jener bis zur franz. Revolution sowie von dieser bis zu seiner Gegenwart.

271 Zachariae: 40 Bücher, 28.Buch, S.178, 179

272 Zachariae: 40 Bücher, 28.Buch, S.184ff

273 Zachariae: 40 Bücher, 28.Buch, S.199ff, 201, 202

wandtschaftsverhältnissen und dem Standesgeist der europäischen Herrschergeschlechter, durch die jene zu einer großen Familie verbunden wurden.[274] Mit der französischen Revolution 1789 beginnt die vierte Periode, die bis zum Jahre 1815 reicht. Durch die Revolution und die Umgestaltung der französischen Verfassung wurde der Europäische Völkerstaat abermals der Einheit beraubt, die bisher unter den europäischen Staaten in Bezug auf ihre Verfssungen im Ganzen bestanden hat.[275] Die letzte, die fünfte Periode des Europäischen Völkerstaates beginnt für Zachariae mit den Verhandlungen des Wiener Kongresses, aus dem schließlich ein ganz anderes Europa hervorging. Die Grundlage der heutigen Verfassung des Europäischen Völkerstaates stellt dabei für Zachariae die Wiener Schlußakte dar.

Mohl wertet die gesamte Darstellung der Geschichte des europäischen Völkerstaates mit Recht als eine Philosophie der Geschichte seit dem Untergang des weströmischen Reiches, welche dem System des internationalen Rechts fremdartig ist.[276]

6.3. Das Weltbürgerrecht

Zachariae betrachtet das Weltbürgerrecht als ein der Idee der Menschheit[277], also der Idee der Einheit der menschlichen Gesellschaft entsprechendes Recht. Es soll die rechtlichen Nachteile beseitigen, die mit dem Nebeneinander mehrerer Staaten zwangsläufig einhergehen. "Wenn auch die Menschengattung - in rechtlicher Hinsicht - in Völker gespalten ist, und wenn auch ein jedes einzelne Volk sein besonderes Recht hat, haben darf und soll, so soll jene Spaltung nicht die Gemeinschaft (oder den Verkehr) unter den Menschen überhaupt aufheben, diese Verschiedenheit der positiven Rechte nicht die Theilnahme aller Menschen an dem besondern Rechte eines jeden einzelnen Volkes ausschließen". Für Zachariae beinhaltet deshalb das Weltbürgerrecht zwei Grundsätze: "Es soll der Verkehr zwischen dem In- und dem Auslande frei, das Recht für In- und für Ausländer dasselbe seyn."[278] Der erste Grundsatz umfaßt die Reise-, Ein- und Auswanderungsfreiheit, die Handelsfreiheit und die Freiheit des Warenverkehrs sowie die Freiheit des geistigen Verkehrs.[279] Der zweite

---

274 Zachariae: 40 Bücher, 28.Buch, S.205. Kennzeichnend für diese Zeit waren die Kriege der großen europäischen Herrschergeschlechter.
275 Zachariae: 40 Bücher, 28.Buch, S.211ff
276 Mohl: Staatswissenschaften, 1.Band, S.390
277 Die dieser Idee zugrunde liegenden Pflichten bezeichnet er als kosmopolitische Pflichten. Zachariae: 40 Bücher, 29.Buch, S.235, 1.Aufl., 30.Buch, S.255. Das egoistische Prinzip, also der Versuch eines Volkes, eine Welt für sich zu bilden, stelle den Gegensatz zum kosmopolitischen dar. A.a.O., S.264. Auch gebühre nur dem Christentum die Bezeichnung einer weltbürgerlichen Religion. A.a.O. S.271f.
278 Zachariae: 40 Bücher, 29.Buch, S.235ff
279 Zachariae: 40 Bücher, 29.Buch, S.240ff. Nach Zachariae verwandelt eine Regierung, die ihren Untertanen die Reise- und Auswanderungsfreiheit versagt, ihr Gebiet in ein großes Gefängnis. Wo diese Freiheit aber jedem einzelnen zusteht, seien Klagen über die Verfassung weniger gerecht und zu befürchten.

Grundsatz postuliert die grundsätzliche rechtliche Gleichheit aller Menschen, gleich ob In- oder Ausländer. So können Ausländer, mit Ausnahme des Staatsbürgerrechts, alle den Inländern zustehenden Rechte ausüben, auch ohne daß diese sich in dem Land aufhalten oder niederlassen. Eine Ausnahme von diesem Grundsatz ist nach Zachariae lediglich dann möglich, wenn es die Wahrung der Selbständigkeit eines Staates unumgänglich macht.[280]
Zu beachten ist dabei, daß nach Zachariaes Ansicht ein Verstoß gegen das Weltbürgerrecht nicht zugleich eine völkerrechtswidrige Handlung darstellt. Vielmehr soll dasjenige Volk widerrechtlich handeln, das versucht, ein anderes Volk mittels Waffengewalt zur Einhaltung des Weltbürgerrechts zu zwingen. Die Bestimmung des Verhältnisses zwischen In- und Ausland gehört zu den inneren Angelegenheiten eines Staates, und die Selbständigkeit der Völker in ihren inneren Angelegenheiten ist nach Zachariae der oberste Grundsatz des Völkerrechts. Völkerrechtlich zulässig ist dagegen die Retorsion, wenngleich diese, staatsrechtlich betrachtet, nach Zachariae eines besonderen Rechtfertigungsgrundes bedarf, da Unrecht, das erwidert wird, deswegen nicht weniger Unrecht ist.[281]

6.4. Das Staatenrecht

Das Staatenrecht ist für Zachariae ebenso wie das Weltbürgerrecht ein Teil des Staatsrechts, stellt also nur Schranken dar, die eine Regierung sich selbst zu setzen hat. Ein Verstoß ist folglich nicht als völkerrechtswidrige Handlung zu werten, so daß die Einhaltung des Staatenrechts nicht mit Waffengewalt durchgesetzt werden darf. Es erteilt den Völkern gegeneinander keine neuen Rechte, sondern es läßt die Grundsätze des Völkerrechts gänzlich unberührt.[282] Der Grundsatz des Staatenrechts, aus dem ein Verbot und zwei Gebote resultieren, lautet nach Zachariae wie folgt: "Wenn auch in der Erfahrung mehrere von einander unabhängige Staaten neben einander existieren, so soll doch eine jede einzelne Regierung ihre Hoheitsrechte so ausüben, wie sie dieselben, wenn alle Staaten der Erde einen einzigen Völkerstaat bildete, in Beziehung auf die Hoheitsrechte der übrigen Staaten auszuüben verpflichtet seyn würde... ."[283] Daraus ergibt sich nun nach Zachariae die Pflicht, daß ein jeder Staat bei Ausübung seiner Hoheitsrechte die Hoheitsrechte anderer Staaten, die diesen über dasselbe Individuum oder denselben Gegenstand zustehen, nicht zu beeinträchtigen hat, sondern diese dann vielmehr in Übereinstimmung zu setzen sind.[284] Dieser Satz betrifft den wichtigsten Fall des Staatenrechts, der Kollision von Gesetzen verschiedener Staaten.[285] Ausgangspunkt seiner weiteren Ausfüh-

280 Zachariae: 40 Bücher, 29.Buch, S.244ff
281 Zachariae: 40 Bücher, 29.Buch, S.248, 249
282 Zachariae: 40 Bücher, 30.Buch, S.259, 260
283 Zachariae: 40 Bücher, 30.Buch, S.258f
284 Zachariae: 40 Bücher, 30.Buch, S. 261, 262f, 267ff
285 Auch Rotteck kennt ein entsprechendes Kollisionsrecht des internationalen Straf- und Zivilrechts. Vgl. Rotteck: Lehrbuch des Vernunftrechts, Band 3, §14, S.42ff

rungen ist folgender Grundsatz: "Die Hoheit, unter welcher ein Individuum vermöge seines Wohnsitzes steht, ist auch in dem Sinne ein schlechthin unbedingtes und unbeschränktes Recht, daß sie nicht auf das Gebiet des Staatsrechts (oder der Regierung) beschränkt ist, sondern über den Unterthan, ..., auch jenseits der Grenzen ihres (geographischen) Gebietes, - mithin, wo sich auch der Unterthan aufhalte, und wo er auch sein Geld und Gut besitze, - ganz so, wie im Inlande, zu gebieten berechtigt ist,... ."[286] Der Satz, die Gesetze eines Staates gelten nicht außerhalb seines Gebietes, ist deshalb nur insofern richtig, als der Staat seine Gesetze nur innerhalb seines Gebietes zu vollziehen berechtigt ist, nicht aber, daß den Gesetzen eines Staates für die Untertanen nur innerhalb seines Gebietes verbindende Kraft zukommt.

Die Rechte und Verbindlichkeiten, die einem Untertan eines Staates in einem anderen Staat zustehen bzw obliegen, stellen nach Zachariae lediglich Ausnahmen oder Beschränkungen dieser Regel dar. Als solche führt er an[287]: 1.Da das Gastrecht eines Staates keinen Freibrief für Fremde darstellt, können diese im Interesse der öffentlichen Sicherheit den Gesetzen und Gerichten des Aufenthaltslandes, z.B. den Strafgesetzen, unterworfen werden.[288] 2.Die Fremden dürfen, mit Ausnahme von Diensten jeglicher Art, zur Beitragsleistung zu den Staatslasten herangezogen werden.[289] 3.Die Gerichtsbarkeit kann ferner dann auf Fremde ausgedehnt werden, wenn eine gerichtliche Entscheidung keinen Aufschub erlaubt. 4.Was bewegliche oder unbewegliche Sachen anbelangt, ist zu unterscheiden: Für Liegenschaften, d.h., die Eigenschaften, die man haben muß, um diese zu erwerben, die Art des Erwerbes, die Rechte, die daran erworben oder bestellt werden können etc, gilt das Recht des Landes, in denen diese liegen. Denn wenn ein Ausländer als Eigentümer einer Liegenschaft des Inlandes der Herrschaft eines auswärtigen Rechts unterworfen wäre, so würde nach Zachariae eine der Bedingungen, auf der die Selbständigkeit des Staates beruht, nämlich seine Alleinherrschaft über das Staatsgebiet wegfallen.[290] Bewegliche Sachen, die Bestandteile des Vermögens einer Person sind, stehen dagegen unter demselben Recht wie die Person, der sie gehören. 5.Die Rechtsfähigkeit richtet sich nach den Gesetzen des Wohnlandes der betreffenden Personen. 6.Bei Verbindlichkeiten, wie z.B. bei Verträgen, ist das Recht des Wohnsitzes des Schuldners entscheidend. Ferner haben die Regierungen sich gegenseitig, sofern erforderlich, Rechtshilfe zu leisten. Dazu gehört die Vollziehung von im Ausland gesprochenen Urteilen, Zustellung von Vorladungen und die Auslieferung von Verbrechern, wobei er aber die Auslieferung politisch Verfolgter als völkerrechtswidrige Intervention in die inneren Angele-

286 Zachariae: 40 Bücher, 30.Buch, S.267, 268f
287 Zachariae: 40 Bücher, 30.Buch, S.269, 270ff
288 So auch Rotteck: Lehrbuch des Vernunftrechts, Band 3, §14, S.43ff.
289 So auch Rotteck: Lehrbuch des Vernunftrechts, Band 3, §14, S.43
290 Zachariae: 40 Bücher, 30.Buch, S.274

genheiten ablehnt.[291] Auch sollen die Beurkundungen einer Regierung von den anderen Staaten grundsätzlich als rechtens anerkannt werden.[292]

6.5. Physische Anthropologie. Von der Verschiedenheit der Menschen nach Rassen und Nationen

Nach Zachariae ist die Verschiedenheit der Menschenrassen einer der Gründe, auf dem die Verschiedenheit der inneren Zustände der Staaten beruht.[293] Er geht von der Blumenbachschen[294] Fünfteilung der Rassen in die kaukasische, mongolische, amerikanische, äthiopische und malayische aus. Der kaukasischen Rasse gebührt dabei nach Zachariae die erste Stelle unter den Menschenrassen, da diese sich durch Kultur und Zivilisation dem Ideal der Menschheit am weitesten nähert, und sich durch politische Begabung insofern auszeichnet, als nur den Völkern dieser Rasse es gelungen ist, den "Grundsatz der Volkssouveränität in künstlich-organisierten Verfassungen darzustellen". Die tieferstehende mongolische Rasse ist dagegen bald der theokratischen, bald der patriarchalischen Einherrschaft zugetan. Die Kultur und Zivilisation dieser Rasse scheint ihm auf einen gewissen Kreis beschränkt, den sie nicht zu überschreiten vermag, wenngleich die Literatur dieser Nationen bedeutende Werke aufweist und auch in der Wissenschaft einen hohen Stand besitzt. Die amerikanische Rasse zeichnet sich durch eine Stammesverfassung aus, die sich durch ihren eigentümlichen Geist der Ruhe und Mäßigung von denen anderer Völker unterscheidet, wenngleich es auch Völker gab, deren Verfassungen wegen einer mächtigen Priesterschaft an die Theokratien asiatischen Charakters erinnerten. Die äthiopische Rasse hat sich seiner Ansicht nach noch weniger zu einer namhaften Stufe der Kultur und Zivilisation emporzuarbeiten gewußt. Er schreibt dieser die Eigenschaft zu, daß sie das Äußerste in der Knechtschaft zu dulden vermag, weshalb das mittlere Afrika seit jeher das Heimatland der Sklaverei war. Von der malayischen Rasse läßt sich durch ihre geographische Verstreutheit kein einheitliches Bild erstellen. So steht die Bevölkerung Australiens dem Tier näher als dem Menschen, wogegen sie auf Tahiti schon nennenswerte Fortschritte im Bereich der Kultur und Zivilisation aufzuweisen hatte.

Diese Verschiedenheit der Rassen hat nach Zachariae einen unverkennbaren Einfluß auf deren Verhältnis untereinander. Sie ist einer der Gründe, die die Völker entzweit oder zumindest deren feindselige Gesinnung steigert. Den

---

291 Zachariae: 40 Bücher, 30.Buch, S.260, 263, 287ff. Auch Rotteck tritt grds für eine Auslieferung ein, lehnt aber eine Auslieferung wegen politischer Verbrechen ebenfalls ab. A.a.O., S.44: "Solche angeblichen Verbrechen nämlich würden meistens als Tugenden oder Heldenthaten gepriеßen werde, wenn der Erfolg sie gekrönt hätte."

292 Zachariae. 40 Bücher, 30.Buch, S. 263f, 289ff

293 Zachariae: 40 Bücher, 11.Buch, S.146ff

294 Blumenbach, Johann Friedrich: Über die natürliche Verschiedenheit im Menschengeschlechte, Leipzig 1798

Grund für diese Entzweiung und Verfeindung sieht er vornehmlich nicht etwa in dem Streben, andere schwächere Rassen zu unterjochen (denn auch unter Völkern der gleichen Rasse gibt es dieselben Bestrebungen), sondern in dem störenden Eindruck, den die Menschen verschiedener Rassen durch ihr Äußeres aufeinander machen.[295]

295 Zachariae: 40 Bücher, 11.Buch, S.156

III. Das Verfassungsrecht des Staates

1. Der Begriff der Verfassung

Dem Begriff 'Verfassung' kann nach Zachariae drei verschiedene Bedeutungen beigemessen werden. Er versteht darunter "bald die Art und Weise, wie die Idee des Staatsherrschers darzustellen oder in einem einzelnen Staate dargestellt ist, bald das Gesetz, welches die Darstellung dieser Idee zum Gegenstand hat, bald das Gesetz, welches noch überdies die Grenzen bestimmt, in welchen sich der Herrscher bei der Ausübung seiner Machtvollkommenheit zu halten hat." Eine Verfassung im ersten Sinn hat nach seiner Ansicht jeder Staat, nicht aber eine im dritten.[296]
Unter den Begriff der Staatsverfassung fällt nach Zachariaes Theorie sowohl die Beherrschungsform - "die Darstellung der Idee des Staatsherrschers in Beziehung auf das Subjekt, welchem die Machtvollkommenheit zusteht" - , wie auch die Regierungsform - "die Darstellung der selben Idee in Beziehung auf diejenigen, durch die der Herrscher die Rechte der Machtvollkommenheit ausübt" -.[297]

Neben den drei klassischen Arten der Staatsverfassung - Monarchie, Aristokratie, Demokratie - und deren Abarten kennt er auch sogenannte gemischte und zusammengesetzte Staatsverfassungen. Eine gemischte Staatsverfassung liegt vor, wenn diese mehrere verschiedene Beherrschungsformen, sei es die der Monarchie, Aristokratie oder Demokratie, in sich vereinigt. Die gemischten Staatsverfassungen haben nach Zachariaes Ansicht den Vorzug, daß durch die Verteilung der Macht dem Mißbrauch derselben vorgebeugt und dieser erschwert wird. Dem Vorwurf der Widersprüchlichkeit, der in diesem Begriff liege, da die Machtvollkommenheit in seinem Wesen ein unteilbares Recht ist, entgegnet Zachariae, daß man diesen Begriff so zu verstehen habe, daß nur eine einzige Person mit der Machtvollkommenheit bekleidet ist, diese Person aber bei der Ausübung gewisser Hoheitsrechte von einer oder mehreren anderen Behörden abhängig ist.[298] Dagegen liegt nach Zachariae eine sog. zusammengesetzte Staatsverfassung vor, wenn in einem Staat die Machtvollkommenheit des Souveräns in einem oder mehreren Teilen des Staatsgebietes in unterschiedlicher Weise geregelt bzw beschränkt ist.[299] Die zusammengesetzte Staatsverfassung verwirft er, wenngleich sie auch nach den Umständen geboten sein mag, als "ein Kunstwerk", das eine Spaltung der Machtvollkommenheit darstellt, durch die das Regieren erschwert und die öffentliche Macht geschwächt wird.

---

296 Zachariae: 40 Bücher, 15.Buch. S.1f. Bezüglich einer Verfassung im zweiten Sinn bleibt er eine Antwort schuldig.
297 Zachariae: 40 Bücher, 15.Buch, S.1, 2
298 Zachariae: 40 Bücher, 15.Buch, S.8ff
299 Zachariae: 40 Bücher, 15.Buch, S.10ff. Beispiele solcher Staaten sind: der österreichische Kaiserstaat und Großbritanien vor der Vereinigung Irlands mit Großbritannien.

Die Antwort auf die Frage nach dem Ideal einer Staatsverfassung schlechthin, also welche Staatsverfassung mit der rechtlichen Freiheit der einzelnen Glieder des Staatsvereins in vollkommener Weise übereinstimmt, ist in Zachariaes Augen, "dem Vernunftrecht nach, unauflöslich". Nach seiner Auffassung hat jede Verfassung sowohl Licht- als auch Schattenseiten. "Ja oft sind die Tugenden einer Verfassung zugleich die Keime ihrer Fehler. Der Friede, welchen die Monarchie im Innern des Staates mit besonderem Nachdrucke wirkt, kann in das Stillschweigen der Knechtschaft ausarten; die Beharrlichkeit der Aristokratie kann Stillstand zur Folge haben; die politische Freiheit, deren die Bürger einer Demokratie genießen, kann zur Anarchie führen."[300] Er widerspricht damit der Einbildung mancher Idealisten, daß es eine schlechthin vollkommene Verfassung geben kann, die in sich selbst, also in ihren Formen, die volle Bürgschaft für die gerechte Ausübung der Staatsgewalt trägt. Er ist sogar der Ansicht, daß eine solche Verfassung, könnte es sie geben, unter allen möglichen die schlechteste sei, da sie dem Volk "den Reiz zu politischer Thätigkeit" entziehe.[301] "Keine Staatsverfassung hat schon an und für sich oder wegen ihrer Form einen rechtlichen Werth; vielmehr hängt der rechtliche Werth einer jeden Staatsverfassung von ihrem Wirken d.i. von der Bürgschaft ab, die sie für die gerechte Ausübung der Staatsgewalt leistet."[302] Denn, so Zachariae, "sollte es möglich seyn, eine Verfassung zu begründen, welche für den Werth der Regierungsart durch den Werth der Regierenden schlechthin Gewähr leistete, so müßte es vor allen Dingen schlechthin vollkommene Menschen geben, welchen man die Regierung anvertraun könnte. Ohne diese Grundlage schwebt das Gebäude in der Luft."[303] Die Formen einer Verfassung können und leisten zwar durchaus in verschiedenster Weise - indem sie diejenigen, durch die die Verfassung belebt wird, so stellen, daß sie mehr nützen oder weniger schaden können, als wenn sie an andere Formen gebunden wären - für deren Erfolg eine gewisse Bürgschaft, allein jedoch können sie nicht die gerechte Ausübung der Staatsgewalt gewährleisten.[304] Eine ebenso gute, wenn nicht noch bessere Gewähr dafür bieten nach Zachariae die Einsichten und der Charakter des Volkes, für welches die Verfassung bestimmt ist. Denn Mängel und Fehler der Verfassung können nach seiner Auffassung

---

300 Zachariae: 40 Bücher, 15.Buch, S.23ff, S.23 FN*

301 Zachariae: 40 Bücher, 15.Buch, S.28. Schriften dieses Inhalts sind: Utopia von Sir Th. More; Usong von Haller, Albrecht. In der 1.Aufl., 15.Buch, S.39ff, 45 bezeichnet er die repräsentativen Verfassungen als die bedingungsweise, d.h. die "nach Maßgabe der in einem jeden einzelnen Falle eintretenden Umstände" vollkommenste Auflösung der Aufgabe der Suche nach dem Ideal einer Staatverfassung.

302 Zachariae: 40 Bücher, 15.Buch, S.25. Nach dem geoffenbarten Recht ist jede, auf einer Offenbarung beruhende Verfassung, für diejenigen, die an diese glauben, eine schlechthin vollkommen Verfassung. A.a.O. S.24

303 Zachariae: 40 Bücher, 1.Aufl., 15.Buch, S.36

304 Zachariae: 40 Bücher, 15.Buch, S.25f. "Der berühmte Philosoph Locke entwarf, auf die an ihn ergangene Aufforderung, eine Verfassung für Carolina, die auch in dieser Kolonie eingeführt wurde. Aber sie mußte, als gänzlich unausführbar, wieder aufgegeben werden." Story: Commentaries on the constitution of the United States, I, S.121, zitiert aus Zachariae: 40 Bücher, 15.Buch, S.26 FN *

durch den geistigen Wert eines Volkes weit eher ergänzt und verbessert werden als im umgekehrten Fall.[305] "The wisest institutions may become a dead letter and may even for a time be converted into a shelter and instrument of tyranny, when the sense of justice and the love of liberty are weakened in the minds of the people."[306] So hatten insbesondere die Engländer schon unter den letzten Stuarts all die Gesetze, die jetzt die Garanten für die politische und bürgerliche Freiheit sind.

Nach Zachariae kann ein Staat ohne Verfassung, zumindest einer Verfassung im ersten Sinn[307], wie auch immer diese im einzelnen aussehen mag, nicht bestehen. Die Ursache, daß es bei den Völkern unterschiedliche Verfassungsformen gibt, erklärt er damit, daß die Macht zum Herrschen in jedem Staat in anderen Händen liegt, und gerade diese Macht - die die faktische oder politische Grundlage der Machtvollkommenheit darstellt - auch über das Recht zum Herrschen entscheidet.[308] Stehen sich die Mitglieder eines Stammes an Macht, d.h. an Körper- und Geisteskraft, Kenntnis, Einsichten und Vermögensumstände ungefähr gleich, so entstehen Volksherrschaften, Demokratien. Besitzt einer oder mehrere ein bedeutendes Übergewicht, sei es durch Waffen-, Geistes- oder Geldmacht, so entstehen Monarchien bzw Aristokratien. Deshalb haben seiner Ansicht nach so viele "gänzlich ungebildete Völkerschaften" bis auf den heutigen Tag eine demokratische Verfassung. Despotien verdanken dagegen der Waffenmacht ihren Ursprung, wogegen die Verfassungen geistlicher Monarchien meist auf Geistesmacht beruhen.[309] Zusammengesetzte Verfassungen verdanken ihre Entstehung dem Nebeneinander mehrerer, der Art nach verschiedener Mächte.

Durch die Änderung der politischen Grundlage einer Verfassung verändert sich, entsprechend ihrer Entstehung, ebenso diese selbst. Als Beleg dafür führt er die Veränderungen des Rechtszustandes der europäischen Staaten in den letzten 50 Jahren an. In Frankreich begann das "Werk der Zerstörung", da diese Verfassung sich mit dem Zustand der bürgerlichen Gesellschaft am meisten im Widerspruch befand.[310] Doch auch wenn die politischen Grundlagen keine wesentlichen Veränderungen erfahren, können die Verfassungen, sofern sie die Machtausübung an gewisse Regeln und Formen bindet, auf Grund des Hanges der Menschen zur Ungebundenheit in ihre Abarten - die beschränkte Monarchie in eine unbeschränkte und diese in eine Despotie, die Aristokratie in eine Oligarchie und die Demokratie in eine Ochlokratie - ausarten. In diesem Sinne trage damit jede Verfassung einen Keim des Verderbens in sich.[311]

305 Zachariae: 40 Bücher, 15.Buch, S.26f
306 Makintosh: History of the revolution in 1688
307 Denn jeder Staat hat nach Zachariaes Auffassung zumindest eine Verfassung im ersten Sinn, vgl. FN 289
308 Zachariae: 40 Bücher, 15.Buch, S.71
309 Zachariae: 40 Bücher, 15.Buch, S.71f
310 Zachariae: 40 Bücher, 15.Buch, S.85
311 Zachariae: 40 Bücher, 15.Buch, S.74f

Andererseits kann eine Verfassung auch ihre einstigen Grundlagen überdauern, so z.B., wenn gut regiert wird oder die Verfassung in dem Ansehen des Alters und in der Macht der Gewohnheit eine mächtige Stütze findet.

Reformen bezeichnet Zachariae als "Veränderungen einer Verfassung, welche im Wege des Rechts und der Güte und planmäßig bewerkstelligt werden". Zwar verstehe man unter Reformen gewöhnlich den Begriff einer Verbesserung, doch er gibt zu bedenken, daß, was dem einen Verbesserung, dem anderen eine Verschlechterung ist.[312] Die Möglichkeit, daß eine Verfassung aber aufgrund neu eintretender Umstände einer Revision bedarf, erschien den damaligen Verfassungsgebern durchaus noch keine Selbstverständlichkeit zu sein. Auch nach Zachariaes Theorie bedarf die Frage, ob und wann eine solche Veränderung vorzunehmen ist, der "reiflichsten Erwägungen", da niemand voraussehen könne, ob die Abänderung eines Verfassungsgesetzes zur Abänderung weiterer oder gar zur völligen Umgestaltung der Verfassung führe. Ist eine Reform aber unumgänglich, so ist sie unverzüglich und behutsam, jedoch nicht in Zaghaftigkeit ausartend, durchzuführen.[313] Den Verfassungsurkunden, die die Abänderung der Verfassung nur unter bestimmten Bedingungen zulassen oder diese für eine gewisse Zeit gänzlich ausschließen, steht Zachariae deshalb ablehnend gegenüber, denn diese Vorschriften müssen nach seiner Ansicht geradezu zu Gewaltstreichen verleiten. So lasse sich bei Repräsentativverfassungen das Erfordernis einer Zweidrittelmehrheit in den Kammern zur Verfassungsänderung nach seiner Auffassung nicht aus dem Wesen derselben ableiten. Denn ein Volk dürfe nicht hoffen, das der Kunst verdanken zu können, was es sich selbst verdanken muß.[314] Auch eine Trennung der konstituierenden von der gesetzgebenden Gewalt, wie sie z.B. Rotteck[315] mit gewissen Beschränkungen vornahm, lehnt er als nur für einen Völkerbund tauglich ab. Zachariae kann sich eher eine Verfassung vorstellen, die die Revision nach Ablauf einer gewissen Frist gebietet.[316]

Die widerrechtliche Umgestaltung einer Verfassung, egal ob sie die Beherrschungs- oder Regierungsform betrifft oder von einem inneren oder äußeren Feind ausgeht, stellt dagegen für ihn eine Revolution dar.[317] Der vielleicht zunächst nicht ganz offensichtliche Zusammenhang zwischen der Verfassungsänderung und der Revolution besteht darin, daß ein in der Verfassung vorgesehenes Revisionsverfahren für einen großen Teil des potentiellen, nicht gegen

312 Zachariae: 40 Bücher, 15.Buch, S.76ff
313 Zachariae: 40 Bücher, 15.Buch, S.79
314 Zachariae: 40 Bücher, 19.Buch, S.229. Deutlicher noch in der 1.Aufl., 17.Buch, S.285: "Verfassungsgesetze können unter denselben Bedingungen, wie andere Gesetze, abgeändert oder aufgehoben werden."
315 siehe Rotteck: Lehrbuch des Vernunftrechts und der Staatswissenschaften, Band 2, §98, S.285ff, §99, S.292; sowie Sammlung kleiner Schriften, Band 2, S.102f
316 Zachariae: 40 Bücher, 15.Buch, S.77
317 Zachariae: 40 Bücher, 15.Buch, S.80ff. Eroberungen sind dabei als durch äußere Gewalt, durch Feindesgewalt, ins Werk gesetzte Revolutionen zu betrachten. A.a.O. 27.Buch, S.121

die Grundfeste der staatlichen Ordnung gerichteten Widerstandes ein Ventil darstellt. Zachariae betrachtet deshalb die Reform einer Verfassung als das wohl einzige Mittel, eine Revolution zu verhindern. So verhält sich nach Zachariae die Reform einer Verfassung zu einer Revolution wie die Entscheidung eines Rechtsstreites mittels eines Vergleiches zu der durch einen erzwungenen Frieden.[318] Die Revolution kann dabei sowohl von den Machthabern selbst als auch von deren Untertanen ausgehen. Alle vom Volk ausgehenden Revolutionen - er bezeichnet diese als Revolutionen im engeren Sinne - nehmen dabei, wie die Geschichte Frankreichs und Englands belegt, immer den gleichen Verlauf.[319] Ausgehend von gemäßigten Forderungen, die gegen wahre Mängel der Verfassung gerichtet sind, will sich das Volk im Laufe der Revolution aller Fesseln entledigen. Es kommt zum Sieg der "Überspannten über die Gemäßigten" - die Revolution frißt ihre eigenen Kinder -, auf den schließlich der Terrorismus folgt, da nur durch Gewaltherrschaft der durch Gewalttaten errungene Sieg erhalten werden kann. Die unterdrückte gemäßigte Partei erholt sich und es kommt zum neuen Kampf, der schließlich zur Machtherrschaft eines einzelnen führe.

Ausgehend von den Grundsätzen des Vernunftrechts gelangt man nach Zachariae bei der Lösung der Frage, ob es rechtlich erlaubt ist, eine Verfassung gewaltsam umzugestalten, unweigerlich zu einer Antinomie.[320] Denn, gestattet man einerseits z.B. den Untertanen, die Verfassung zu ändern, so erlaubt man ihnen, den Stand der Natur, also Anarchie, anstelle des Staates, also eines Zustandes, der allein den Grundsätzen des Rechts entspricht, zu setzen. Andererseits, wer wie Hobbes oder Kant - Kant lehnt den Widerstand gegen die Staatsgewalt grundsätzlich als illegal ab und bezeichnet ihn als Hochverrat; eine Verfassungsänderung kann nach seiner Ansicht nur durch den Souverän durch Reform durchgeführt werden, nicht aber vom Volk durch Revolution - jede Revolution (in der engeren Bedeutung) für widerrechtlich erklärt, verteidigt einen jeden Machtmißbrauch, auch den äußersten, der von der Machtvollkommenheit gemacht wird. Denn die Vertreter dieser Auffassung vergessen nach Zachariaes Ansicht, daß Herrscherwillkür und Anarchie nur verschiedene Worte für ein und dieselbe Sache sind.[321] Hält man aber Revolutionen in ge-

---

318 Zachariae: 40 Bücher, 15.Buch, S.79

319 Zachariae: 40 Bücher, 15.Buch, S.85ff. Da die Revolutionen seit 1789 fast ausschließlich vom Volk ausgingen, setzt er bei seinen weiteren Betrachtungen den Schwerpunkt auch auf diese.

320 Zachariae: 40 Bücher, 15.Buch, S.91ff. Nach dem Recht der geistlichen Staaten ist einerseits ein jeder Angriff gegen die auf einer Offenbarung beruhenden Verfassung widerrechtlich, andererseits ist jede kraft Gottesauftrag unternommene Revolution zu rechtfertigen. A.a.O. S.91

321 Zachariae: 40 Bücher, 15.Buch, S.92. Nach der Ansicht Kants müßte zur Legalisierung des Widerstandes ein Gesetz vorhanden sein, das den Widerstand des Volkes erlaubt, "d.i. die oberste Gesetzgebung enthielte eine Bestimmung in sich, nicht die oberste zu sein, und das Volk als Untertan in einem und demselben Urteile zum Souverän über den zu machen, dem es untertänig ist; welches sich widerspricht, und wovon der Widerspruch durch die Frage alsbald in die Augen fällt: wer denn in diesem Streit zwischen Volk und Souverän Richter sein soll?". Vgl. Kant: Metaphysik der Sitten, allg. Anmerkung, S.206ff.

wissen Fällen für rechtlich zulässig, so hat man sich nach Zachariae für die Rechtmäßigkeit unbedingt zu erklären. "Denn man muß unter dieser Voraussetzung den Unterthanen, und zwar einem jeden einzelnen Unterthan, das Recht einräumen, über die Frage, ob in einem gegebenen Falle der Versuch einer Revolution dem Rechte nach verstattet sey, selbst zu entscheiden." Deshalb stellt die Frage der rechtlichen Zulässigkeit einer Revolution für ihn keine Rechts-, sondern eine Gewissensfrage dar, deren Rechtfertigung letztlich auch von den Erfolgen und dem Ausgang der Revolution abhängt.[322] Deutlicher brachte er dies noch in seiner 1.Auflage zur Geltung: "Sondern eine Revolution ist rechtmäßig oder widerrechtlich, je nachdem sie den Willen der Mehrheit für sich oder gegen sich hat, mit andern Worten, je nachdem sie gelingt oder mißlingt."[323]

Als rechtlich erlaubt sieht Zachariae den passiven Widerstand an, d.h., Befehlen freiwillig nicht Folge zu leisten, mit Ausnahme des Widerstandes, der mittelbar einen aktiven Widerstand darstellt. Letzteres ist nach Zachariae der Fall, wenn die Untertanen die Regierung zu einer dem Willen der Untertanen entsprechenden Handlung zu nötigen versuchen. Dies gilt insbesondere, wenn die Untertanen die Entrichtung von Steuern so lange verweigern, bis sie zwangsweise dazu angehalten werden. Der Ungehorsam beschränkt sich hierbei nämlich nicht auf ein bloßes Unterlassen, sondern zielt darauf ab, der Regierung die Mittel zu entziehen bzw vorzuenthalten, ohne die sie nicht regieren kann.[324]

2. Die einzelnen Verfassungsformen, mögliche Erscheinungsbilder und Abarten

Zachariae unterzieht im fünfzehnten bis neunzehnten Buch der 2. Aufl. seiner 40 Bücher vom Staate die verschiedenen Verfassungsformen einer eingehenden Untersuchung. Die Darstellung der einzelnen Verfassungsformen entbehrt dabei aber der Vollständigkeit. Zwar versucht er die möglichen Erscheinungsformen der verschiedenen Verfassungen darzustellen, zieht Vergleiche mit denen der Antike, Asiens, Frankreichs, Großbritanniens, der Vereinigten Staaten sowie den Staaten deutschen Ursprungs, geht aber mit Ausnahme der Despotie nicht weiter auf deren Abarten ein; insbesondere seine Ausführungen über die Demokratie enthalten nur einen kurzen Hinweis, daß die repräsentative Demokratie in eine Ochlokratie oder Anarchie ausarten kann, ohne diese Aussage jedoch einer eingehenderen Würdigung zu unterziehen.

Daß er letztlich der Einherrschaft, wie er die Monarchie verdeutscht, und zwar der erblichen Einherrschaft den Vorzug vor der Demokratie und Aristokratie gibt, kann bei Zachariae nicht weiter befremden. Er hält letztere für

---

322 Zachariae: 40 Bücher, 15.Buch, S.93. "Es ziehen aus derselben Urne, der Eine eine Bürgerkrone, der Andere das Todesloos." A.a.O. S.94
323 Zachariae: 40 Bücher, 1.Aufl., 20.Buch, S.450
324 Zachariae: 40 Bücher, 15.Buch, S.95, 96

künstliche Verfassungen und ist der Ansicht, "daß der Einherrschaft allein die Eigenschaft einer naturgemäßen Staatsverfassung zukomme".[325] Die Erbmonarchie, und zwar die konstitutionelle, als Verbindung von Einherrschaft und Volksherrschaft, ist für ihn die beste aller Verfassungsformen, deren Hauptzweck er darin sieht, daß der nie ausbleibende Parteikampf "die ausgezeichnetesten Männer, welche das Volk aufzuweisen hat, an die Spitze der öffentlichen Angelegenheiten stelle".[326]

2.1. Die Monarchie oder Einherrschaft

2.1.1. Der Allgemeine Teil der Verfassungslehre der Einherrschaft

Die Monarchie, als die einzige "naturgemäße Staatsverfassung", hat nach Zachariae ihr Vorbild und ihren Ursprung in der Familie, und zwar im Familienhaupt. "Ist nun die Monarchie in dem Kindesalter einmal entstanden, so wächst sie mit dem Stamme, wenn sich dieser zu einer Nation und zu einem Volke vergrößert, gleichzeitig heran. Denn in demselben Maße, in welchem die Volkszahl zunimmt, und sich nun die Interessen der Einzelnen mehr und mehr spalten und durchkreuzen, wird es dem Volke schwerer, sich zum Widerstande gegen den angestammten Monarchen auch nur zu vereinigen."[327]
Im Gegensatz zur Aristokratie, die der Gefahr des Alterns ausgesetzt ist, und der Demokratie, die die Launen des Volkes zu befürchten hat, sieht er den Vorzug der Monarchie in der durch den Tod des Monarchen bedingten Verjüngung des Staates. Darüberhinaus gewährt die Monarchie den besten Schutz gegen innere und äußere Feinde. Die größte Gefahr für die Monarchie liegt nach seiner Ansicht in dieser selbst, denn in keiner anderen Verfassung kann die Idee und die Wirklichkeit leichter auseinanderdriften als in dieser. "Darum bedarf die Monarchie schon in dem Interesse des Monarchen einer Verfassung, welche dem Mißbrauche der Fürstengewalt vorbeuge".[328]

Für die monarchischen Verfassungen, so verschieden sie auch im einzelnen sein mögen, gelten nach Zachariae bestimmte gemeinsame Grundsätze.[329] So zeichnet sich die Einherrschaft dadurch aus, daß die Machtvollkommenheit einem einzelnen Menschen, und nicht etwa einem Herrscherhaus als solchem, zusteht, weshalb für ihn die Einherrschaft als das vollkommenste Mittel anzusehen ist, "die Idee der Machtvollkommenheit darzustellen, diese Idee zu versinnlichen und gleichsam zu verkörpern". Damit verbunden sind bestimmte äußere Zeichen seiner Würde und Vorrechte, durch die sich der Monarch von

325 Zachariae: 40 Bücher, 16.Buch, S.97f
326 Zachariae: 40 Bücher, 19.Buch, S.234
327 Zachariae: 40 Bücher, 16.Buch, S.97, 98
328 Zachariae: 40 Bücher, 16.Buch, S.98ff, 101
329 Zachariae: 40 Bücher, 16.Buch, S.103ff, 107ff

seinen Untertanen unterscheidet. Das Herrscherrecht ist dabei aber nicht als Eigentumsrecht des Monarchen zu betrachten, so daß es ihm verwehrt ist, mit diesem nach Belieben zu verfahren. Im Interesse des Monarchen und des Volkes hat die Verfassung einer Monarchie der Machtvollkommenheit folglich gewisse Schranken zu setzen. Der Monarch ist als solcher nach der Theorie Zachariae ganz entsprechend den vernunftrechtlich-liberalen Ideen auch niemandem gegenüber auf Erden verantwortlich[330] und unsterblich. Da die alleinige Verantwortlichkeit des Monarchen vor Gott nach Zachariaes Ansicht aber keine ausreichende Gewähr für einen rechtmäßigen Gebrauch der Macht darstellt, "gehört daher das Gesetz, welches die Minister für die Regierungshandlungen des Fürsten verantwortlich macht, zu den schönsten Entdeckungen des Verstandes auf dem Gebiete der Staatskunst."[331]

Um zu verhindern, daß der Monarch mit den Interessen des Volkes in Widerspruch gerät, darf dieser "kein Privatvermögen besitzen, darf die Verfassung in dem Fürsten nicht zwei Personen, die des Fürsten und die des Privatmannes , unterscheiden." Dieser Grundsatz kann nach seiner Ansicht jedoch nur in einer konstitutionellen Monarchie vollständig durchgeführt werden.[332]

Bei der Art und Weise der Erlangung der Krone spricht nach Zachariaes Auffassung gegen die Wahlmonarchie die Geschichte aller Staaten, die eine solche hatten, und deren Verfall nach seiner Ansicht damit begann. Wahlmonarchien verursachen in der Praxis Zwischenreiche - ein Zustand, der Staat, Verfassung oder beides gefährdet -, Parteiungen und die Abhängigkeit des gewählten Monarchen von der ihn wählenden Partei. Zachariae zieht ihr deshalb die Erbmonarchie vor. "Kaum ein anderer Grundsatz der Politik steht so fest als der (so demüthigend er auch für die Menschen ist), daß die Erbmonarchie vor der Wahlmonarchie den Vorzug verdiene." Eine Ausnahme von diesem Grundsatz ist nach seiner Ansicht lediglich bei geistlichen Einherrschaften möglich. Als Beispiel nennt er die Verfassung der römisch-katholischen Kirche, wenngleich er zu bedenken gibt, daß eine zwiespältige Papstwahl die Ursache des langdauernden großen Schismas (Kirchenspaltung 1378-1417, bei der sich zwei, später drei Päpste gegenüberstanden) war, und auch an die Vetternwirtschaft der früheren Päpste zu erinnern sei.[333] In der Erbmonarchie ist durch ein Thronfolgegesetz die Ordnung der Thronfolge genauestens zu bestimmen, wobei dieses Gesetz nach Zachariae gewisse Kriterien erfüllen muß. So dürfen nur die leiblichen, ehelichen Nachkommen zur Thronfolge bestimmt werden - gewöhnlich nach der Majoratsordnung -, wobei Frauen von der Thronfolge jedoch ausgeschlossen bleiben.[334]

---

330 Vgl. Rotteck: Lehrbuch des Vernunftrechts, Band 2, §30, S.117ff; Blackstone: Commentaries on the laws of England, Band 1, Kapitel 6 "The King can do no wrong".

331 Zachariae: 40 Bücher, 16.Buch, S. 105f

332 Zachariae: 40 Bücher, 16.Buch, S.122

333 Zachariae: 40 Bücher, 16.Buch, S.111ff

334 Neben der Wahl- und Erbmonarchie unterscheidet er noch eine dritte Art, die beides zugleich ist, der er aber bei seinen weiteren Ausführungen keine weitere Beachtung schenkt. Zachariae: 40 Bücher, 16.Buch, S.112

Die Monarchie kann nach Zachariae aber "nicht schlechthin eine Autokratie seyn, d.i. der Fürst kann nicht alle Regierungsgeschäfte allein, ohne Räthe und Beamte, verrichten, ausgenommen etwa da, wo er über Wenige und auch über diese nur in wenigen Fällen oder Beziehungen gebietet."[335] Möglich ist jedoch nach seiner Auffassung, daß die Monarchie eine schlechthin repräsentative Einherrschaft darstellt, der Monarch also die Ausübung der Machtvollkommenheit einem oder mehreren Beamten überläßt und sich lediglich das Recht vorbehält, diese nach Belieben zu wechseln.[336] Das Interesse des Monarchen und die monarchische Verfassung fordern aber nach Zachariae, daß der Monarch auch selbst regiert, sich also nicht schlechthin durch Beamte vertreten lassen soll, denn wer "die ganze Gewalt in die Hände seiner Beamten, besonders in die eines einzigen, legt, läuft Gefahr, die Gewalt selbst zu verlieren." So sollte die Ernennung - zumindest der höheren - Beamten von der Zustimmung des Monarchen abhängen, und Gesetze und Verordnungen allgemeinen Inhalts seiner Zustimmung bedürfen. Lediglich das Rechtsprechen soll er nicht selbst ausüben, sondern sich vertreten lassen.[337]

2.1.2. Der besondere Teil der Verfassungslehre der Einherrschaft. Die Arten der Einherrschaft und deren Entstehungsgründe

2.1.2.1. Die Despotie oder Zwingherrschaft

Nach Zachariaes Theorie ist eine Verfassung dann eine despotische, "wenn sie das Volk durch Furcht vor (mechanischem) Zwange einer Herrschaft der Willkür unterwirft", wobei diese nicht schon ihrem Wesen nach die Herrschaft eines Einzigen bedeuten muß, sondern in dieser Form lediglich vollständig dargestellt werden kann. Nach seiner Ansicht gibt es auch despotische Aristokratien - und zwar sehr häufig -, wie die Geschichte belege. So zählt er insbesondere die Lehns- oder Feudalverfassungen und damit die Verfassungen, die den Deutschen Staaten einst zugrunde lagen, zu diesen. Im weiteren legt er aber bei seinen Untersuchungen nur die Despotie in Form der Monarchie zu Grunde.[338]

Eine despotische Verfassung muß dabei aber nicht zu einer despotischen Regierung führen, wie umgekehrt eine Regierung despotisch sein kann, ohne daß es die Verfassung wäre. Insbesondere die Religion setzt oftmals bei einer despotischen Verfassung der Herrscherwillkür gewisse Schranken. So stelle z.B. im Islam der Koran eine Verfassungsurkunde dar, die der Fürst nicht, ohne seine Gewalt zu gefährden, verletzen kann.[339] Abzugrenzen ist die Despotie

335 Zachariae: 40 Bücher, 16.Buch, S.122
336 Zachariae: 40 Bücher, 16.Buch, S.123ff. Mit "repräsentativ" meint hier Zachariae nicht die Vertretung oder Repräsentation des Volkes.
337 Zachariae: 40 Bücher, 16.Buch, S.124f
338 Zachariae: 40 Bücher, 16.Buch, S.126, 127
339 Zachariae: 40 Bücher, 16.Buch, S.127, 137f

nach Zachariaes Auffassung auch von der unbeschränkten Monarchie, wenngleich jede Despotie eine absolute Monarchie, eine besondere Art der absoluten Monarchie, darstellt; "...sie ist diejenige Art der Monarchie, welcher die Macht des Herrschers Alles, sein Recht nichts ist." Despotien sind nach seiner Auffassung mit der Demokratie dahingehend verwandt, daß diese, wie die Demokratie, alle Untertanen gleichstellt und alle Ämter und Würden, auch die Stellen im Heer, jedem zugänglich macht, mit dem Unterschied, daß Gleichheit in Knechtschaft besteht und Ämter von der Gunst des Despoten abhängen.[340]

Despotien verdanken ihre Entstehung entweder einer Eroberung, einem Parteikampf im Volk, einem Bürgerkrieg oder der Denk- oder Gemütsart einer Nation, sei es, daß sie keine andere Verfassung kennen, sei es, daß sie aus Feigheit in Knechtschaft leben. Die Despotien haben dabei ihren Feind in sich selbst. "Der Despot, durch die Verfassung zu Allem berechtigt und zu nichts verpflichtet, ist der Gefahr ausgesetzt, sich entweder durch Grausamkeit verhaßt oder, indem er sich, um seine Lüste zu fröhnen, von den Geschäften zurückzieht, verächtlich zu machen."[341] Als Grundlage der Macht des Despoten dient nach Zachariae ein ihm ergebenes Heer.[342] Deshalb ist die Despotie, selbst als eine Art der absoluten Monarchie betrachtet, für Zachariae eine mangelhafte Verfassung, da sie einen "Doppelstaat" darstellt. Den einen Staatsverein bildet das Volk, den anderen die bewaffnete Macht, die das Volk in Gehorsam hält. Der Despot hat deshalb sowohl mit der Anmaßung der Kriegsbefehlshaber, als auch mit der Aufsässigkeit der Menge zu rechnen und muß deshalb einerseits versuchen, das Heer durch Privilegien und Vorrechte an sich zu binden und anzuhalten, ihm gegen das Volk beizustehen, sowie andererseits von Zeit zu Zeit die Allgewalt seiner Herrscherwillkür demonstrieren, z.B. Schuldige begnadigen, Unschuldige bestrafen, den Lauf der Gerechtigkeitspflege hemmen etc.[343]

Wenngleich er als Lichtseite der Despotie anführt, daß diese einen großen Staat, der nicht auf der Nationaleinheit des Volkes beruht, besser zusammenhalte als irgend eine andere Verfassung und der gemeine Mann vom fürstlichen Zorn seltener getroffen werde als die Großen und Mächtigen, so sind doch "... alle diese Vorteile ... nur ein schwacher und ungewisser Ersatz für all das Unheil, welches die Zwingherrschaft in ihrem Gefolge hat. ...Und was hat man wohl von einem Fürsten zu erwarten, welcher die Menschen verachten muß, weil er über sie nach Willkühr und Laune gebieten kann? von einem Fürsten, welcher eben deswegen, weil er die Menschen verachten muß, nur zu geneigt seyn wird, sich für die Einsamkeit seines Daseyns durch sinnliche

340 Zachariae: 40 Bücher, 16.Buch, S.127, 130
341 Zachariae: 40 Bücher, 16.Buch, S.129, 130
342 "Allein eine Herrschaft, die auf den guten Willen der Unterthanen zählen kann, mögen die Opfer, die sie von ihnen verlangt, auch noch so groß seyn, ist dennoch nicht eine Zwingherrschaft." - Nach Zachariae gibt es auch geistliche Zwingherrschaften, wie die Verfassung der Assassinen belege. Zachariae: 40 Bücher, 16.Buch, S.127ff
343 Zachariae: 40 Bücher, 16.Buch, S.130. Eine Despotie hat dazu Heer und Volk zu sondern, wobei der Idealfall der ist, daß sie Stammesverschiedenheit trennt. A.a.O. S.131ff, 134f

Genüsse zu entschädigen? ...", zumal nach Zachariae eine Verfassung desto vollkommener ist, je vorteilhafter sie auf die Sittlichkeit des Volkes wirkt.[344]

2.1.2.2. Die väterlichen oder patriarchalischen Einherrschaften

Die väterlichen Herrschaften stellen für Zachariae einen Mittelzustand zwischen Despotie und Demokratie dar, wobei in der Gewalt des Familienvaters die Natur selbst ein Vorbild der väterlichen Herrschaften bereitstellte.[345] Er unterscheidet die väterlichen Herrschaften weiter in stammväterliche, geistlich-väterliche, landesväterliche und republikanische Einherrschaften.

Erstere entstanden, indem sich verwandte Familien zu Stämmen vereinigten und daraufhin einer Leitung in allen Stammesgenossen gemeinschaftlichen Angelegenheiten bedurften. "So lange nun der gemeinschaftliche Stammvater dieser Familie lebte, war er das von der Natur selbst eingesetzte Haupt des einen und des andern Vereines, hatte der Stamm, in der Eigenschaft eines wenn auch noch so unvollkommenen Staatsvereines, eine stammväterliche Verfassung in der eigentlichen Bedeutung."[346] Aus dieser entwickelte sich im Laufe der Zeit eine stammväterliche Einherrschaft in der uneigentlichen Bedeutung, eine Verfassung, "welche die Eigenschaft und die Rechte des Ahnherrn des Stammes - oder des Stammvaters in der eigentlichen Bedeutung - in seiner Nachkommenschaft nach einer gewissen Reihenfolge erblich macht, welche also den jeweiligen Erbfürsten des Stammes zugleich (per fictionem) als den Vater des Stammes betrachtet."[347] Wenngleich die Verfassung der stammväterlichen Einherrschaft, zumindest ursprünglich, einfach gestaltet, und eigentlich nur auf das Bedürfnis eines Stammes zugeschnitten ist, so kann sie durchaus auch auf große Reiche - wie die stammväterliche Verfassung Chinas bezeugt, die nach Zachariae in ihrer Art die vollkommenste ist - übertragen werden.[348]

Die geistlich-väterlichen Einherrschaften beruhen dagegen auf einem Gottesrecht,[349] wobei Zachariae zwei verschiedene Arten unterscheidet. Die erste ist die Theokratie, die ihrerseits in zwei unterschiedlichen Formen vorliegen kann. Entweder ist der Herrscher ein verkörperter Gott, also ein Mensch, in dem sich die Gottheit offenbart, oder das Volk wird von einem unsichtbaren Gott, der von Zeit zu Zeit durch Wunder seinen Willen offenbart, beherrscht.[350] Bei der anderen Art der geistlichen Einherrschaft gebietet ein

---

344 Zachariae: 40 Bücher, 16.Buch, S.135ff

345 Zachariae: 40 Bücher, 16.Buch, S.139

346 Zachariae: 40 Bücher, 16.Buch, S.140. Das Ansehen des Stammvaters beruht auf denselben Ursachen wie die eines Familienvaters.

347 Von dieser Bedeutung der stammväterlichen Einherrschaft geht Zachariae bei seinen weiteren Untersuchungen aus. Zachariae: 40 Bücher, 16.Buch, S.140

348 Zachariae: 40 Bücher, 16.Buch, S.141ff. Mit Darstellung dieser stammväterlichen Einherrschaft in ihrer vollkommensten Art anhand der Verfassung Chinas.

349 Zachariae. 40 Bücher, 16.Buch, S.151. Diese können, allerdings äußerst selten, auch Aristokratien sein.

350 Zachariae: 40 Bücher, 16.Buch, S.151ff. Verfassungen der ersten Form sind die von Tibet und Peru vor der Entdeckung durch die Europäer, letztere ist die des Volkes Israel.

Mensch in geistlichen und weltlichen Angelegenheiten als Stellvertreter Gottes über das Volk[351]. Gemein haben die geistlich-väterlichen Einherrschaften, so verschieden sie auf Grund des unterschiedlichen Glaubens auch sein mögen, daß der Herrscher "zur Bewahrung und Verstärkung seiner Macht den Glauben des Volkes zu schonen, also sich theils an die durch den Glauben geheiligten Vorschriften zu binden, theils einer Regierungsweise zu enhalten (habe), welche das Volk, weil sie seine Wünsche und Bedürfnisse unberücksichtiget ließe, an seinem Glauben irre machen könnte".[352] Den Krieg betrachtet Zachariae als die schwache Seite dieser Verfassungen, da von einem menschgewordenen Gott oder Stellvertreter Gottes der Sieg gegen innere und äußere Feinde erwartet wird, und der Erfolg diese Erwartungen Lügen strafen kann.[353] Einer auf dem Gottesrecht beruhenden Verfassung kommt schon kraft ihres Wesens die Eigenschaft der Unabänderlichkeit zu. "Eine Verfassung dieser Art muß also entweder das Unmögliche versuchen, d.i. das Volk auf die Stufe der Kultur zu bannen suchen, auf welcher sie es zur Zeit ihres Ursprungs getroffen hat, oder sie muß, sich neu gestaltend, wenn es die Zeitumstände fordern, ihrem Principe untreu werden und so an ihrem eigenen Untergange arbeiten, oder sie kann über kurz oder lang nicht einer Revolution entgehn." Als Beleg führt er die Geschichte der römisch-katholischen Kirche an, die schließlich in eine Revolution, die Reformation, mündete.[354]

Unter landesväterlichen Einherrschaften, denen die früheren Monarchien deutschen Ursprungs nach Zachariae ohne Ausnahme entsprachen, versteht er Monarchien, in denen die Macht des Fürsten auf liegenschaftlichem Reichtum beruht.[355] Aus dieser landesväterlichen Einherrschaft entstand dann im Laufe der Zeit bei den Völkern deutschen Ursprungs die Territorial- oder Landesverfassung. Die Einherrschaften wurden zu landesherrlichen Einherrschaften und die Landesfürsten, ursprünglich nur die reichsten unter den Grundherren des Landes, wurden folglich zu Landesherren. "Hatte er als Grundherr Ursache gehabt, väterlich zu regieren, so hatte er eben so wohl und noch mehr Ursache, als Landesherr Vater des Landes zu sein."[356] Dieser Entwicklung und der Eigentümlichkeit der Territorialverfassung haben es nach Zachariae die Staaten deutschen Ursprungs zu verdanken, daß sie nicht der Gefahr des Stillstandes ausgesetzt waren, welcher den Staaten mit einer rein landesväterliche Verfassung nach Zachariaes Auffassung droht.[357]

Letztere schließlich, die republikanischen Einherrschaften, sind Staatsverfassungen, bei denen das Volk, obwohl Einherrschaften, zur Ausübung oder zur

351 Zachariae. 40 Bücher, 16.Buch, S.153ff. In der 1.Aufl., 16.Buch, S.182ff nennt er noch eine dritte Art der geistlichen Einherrschaft, in der zwei Gewalten - die geistliche und die weltliche - nebeneinander bestehen, wobei aber eine der anderen untergeordnet sein muß, und die göttliche Vollmacht, kraft deren der Fürst herrscht, auf weltliche Angelegenheiten beschränkt ist.

352 Zachariae: 40 Bücher, 16.Buch, S.154

353 Zachariae: 40 Bücher, 16.Buch, S.154f

354 Zachariae: 40 Bücher, 16.Buch, S.155f.

355 Zachariae: 40 Bücher, 16.Buch, S.158f

356 Zachariae: 40 Bücher, 16.Buch, S.158ff

357 Zachariae: 40 Bücher, 16.Buch, S.169, 170

Mitausübung der gesetzgebenden Gewalt berufen ist, wobei die künstlichste und zugleich vollkommenste Form einer republikanischen Einherrschaft nach Zachariae die konstitutionelle Monarchie darstellt.[358]

2.2. Die Aristokratie oder Adelsherrschaft

Unter einer Aristokratie oder Adelsherrschaft versteht Zachariae eine Staatsverfassung, "in welcher die Machtvollkommenheit einer von der Volksgemeinde verschiedenen engeren Gemeinde, - einem Ausschusse aus dem Volke, - kraft eigenen Rechtes zusteht". "Kraft eigenen Rechts" stellt dabei den Gegensatz zur ausdrücklichen Übertragung der Machtvollkommenheit durch das Volk auf eine kollegiale Behörde dar.[359]
Die Aristokratie, also die Herrschaft der Würdigsten, ist nach Zachariaes Ansicht aber nur dann schlechthin eine Adelsherrschaft - das Wort Adel dabei in der staatsrechtlichen Bedeutung genommen, also eine auf Vorrechten des Adels beruhende Verfassung - , wenn sie eine erbliche Aristokratie ist, "die einzelnen Mitglieder der herrschenden Körperschaft ihre Teilnahme an der Machtvollkommenheit einem Geburtsrechte verdanken". Der staatsrechtliche Adel hat nach Zachariae politische Vorrechte in Bezug auf die Machtvollkommenheit oder auf die öffentliche Verwaltung oder beides.
Dem steht nach seiner Ansicht ein sog. "politischer Adel" gegenüber, der zwar keine Vorrechte, wohl aber andere Mittel, z.B. Reichtum, besitzt, vermöge dessen er politisches Gewicht und Einfluß ausüben kann. "Es giebt bei einem Volke einen Adel, den man politischen Adel nennen kann, wenn eine Klasse des Volkes in dem Besitze eines Vorzuges ist, welcher ihr einen überwiegenden Einfluß auf die Leitung der öffentlichen Angelegenheiten (de facto) verschafft." So bilden nach seiner Ansicht z.B. in den Vereinigten Staaten die Reichen, die "Whigs", einen solchen Adel, da diese sich mittels ihres Reichtums politisches Gewicht verschaffen können.[360]
Andere Formen der Aristokratie nähern sich nach seiner Auffassung dagegen mehr oder weniger der Volksherrschaft. So ist ihm die Verfassung der katholischen Kirche, obgleich er sie als Aristokratie bezeichnet, mit der Demokratie verwandt.[361]

Zachariae betrachtet eine jede Aristokratie als einen Doppelstaat. "Die herrschende Körperschaft ist erstens, für sich betrachtet, ein Staatsverein. In so fern ist auf die Aristokratie alles das in der Regel anwendbar, was von der Demokratie gilt. Die herschende Körperschaft ist zweitens, im Verhältnis zu ihren Unterthanen betrachtet, mit diesen zusammen einen Staatsverein. In so fern

358 Zachariae: 40 Bücher, 16.Buch, S.171. In der 1.Aufl., 16.Buch, S.255 nennt er sie "einherrschaftliche Freystaaten".
359 Zachariae: 40 Bücher, 17.Buch, S.173
360 Zachariae: 40 Bücher, 17.Buch, S.173ff
361 Zachariae: 40 Bücher, 17.Buch, S.175

gelten von der Aristokratie in der Regel dieselben Grundsätze, wie von der Monarchie."[362] Deshalb bezeichnet er die Aristokratie auch als Mittelglied zwischen der demokratischen und der monarchischen Verfassung.

Die Bürgschaft für die Fortdauer der Aristokratie liegt nach Zachariae in dem festeren Zusammenhalt der Mitglieder der herrschenden Körperschaft, den sie einem Korporationsgeist - die Mitglieder dieser Körperschaft haben als solche dasselbe Interesse - zu verdanken haben.[363] Den Vorzug der Aristokratie gegenüber der Monarchie und Demokratie - ersterer drohe der Übergang der höchsten Gewalt auf ein anderes Individuum, letztere unterliege den Launen und Leidenschaften des Volkes - sieht Zachariae in der Stetigkeit ihrer Einrichtungen und ihrer Politik. "Jedoch, eben deswegen, weil eine Aristokratie, eine Gesamtheit, immer dieselbe ist, kann sie leicht die Veränderungen übersehn, die außer ihr vor sich gehn, sie ist der Gefahr ausgesetzt, zu altern, weil sie nicht das Alter fühlt."[364]

Damit eine Aristokratie sich nicht in eine Oligarchie oder Monarchie wandelt, ist vorauszusetzen, daß die Mitglieder der herrschenden Körperschaft gleich mächtig sind. Zachariae betrachtet es deshalb als den größten Fehler einer Aristokratie, die Macht in die Hände eines Einzelnen zu legen, der diese gegen die Verfassung richten kann. Um dem Ehrgeiz Einzelner oder inneren Parteiungen vorzubeugen, schlägt er deshalb die Einrichtung einer Behörde mit außerordentlichen Vollmachten vor. Die Gefahr, daß diese selbst die Aristokratie in eine Oligarchie zu verwandeln drohe, kann hingenommen werden, da "eine jede Aristokratie beziehungsweise eine Oligarchie ist."[365] Um den Fortbestand der Aristokratie zu sichern, hat die herrschende Körperschaft ferner den Korporationsgeist zu wahren, Vorkehrungen gegen die Gefahr des Alterns zu treffen und auf die Erhaltung der eigentümlichen Grundlage ihrer Macht bedacht zu nehmen. Eine Aristokratie kann dabei nach Zachariae aber nur im Kampf mit auswärtigen Feinden oder in einer Verfassung gedeihen, die auch demokratische Bestandteile aufweist.[366] Gegenüber dem Volk hat sie sich durch Mäßigung - insbesondere organische Einrichtungen, deren Zweck es ist, die herrschende Körperschaft oder einzelne Mitglieder derselben in den Schranken zu halten, dienen einer Aristokratie - , Stolz - gemeint ist derjenige, der von Verletzungen des äußeren Anstandes abhält und nicht der, der in Verachtung anderer ausartet - , Uneigennützigkeit - die Aristokratie darf ihre Vorrechte nicht ausbeuten - und Machtneid - der Adel muß versuchen, alle

---

362 Zachariae: 40 Bücher, 17.Buch, S.178

363 Zachariae: 40 Bücher, 17.Buch, S.179, 180. Dieser Korporationsgeist entwickelt sich nach Zachariae aus Furcht vor dem Volk von selbst. A.a.O. 18.Buch, S. 197

364 Zachariae: 40 Bücher, 17.Buch, S.180

365 Zachariae: 40 Bücher, 17.Buch, S.181ff. Die Grundsätze der Organisation der Aristokratie, in Bezug auf die herrschende Körperschaft, bestimmen sich nach Zachariae in der Regel nach denen, die von der Organisation der Demokratie, dieses Wort im Sinne der Griechen genommen, gelten.

366 Zachariae: 40 Bücher, 17.Buch, S.184, 185

Vorzüge, die politischen Einfluß gewähren, also Kenntnisse, Welterfahrung etc in sich zu vereinen - auszuzeichnen.[367]

Die Aristokratie kann nach Zachariae dieselben Arten wie die Monarchie unter sich begreifen. Sie kann eine despotische, stammväterliche, geistlich oder priesterliche, auf Reichtum der Mitglieder der herrschenden Körperschaft beruhende oder durch einen demokratischen Bestandteil gemäßigte Aristokratie sein.[368] Die despostische Aristokratie ist nach Zachariae jedoch noch schlimmer als die despotische Monarchie, da sie das Volk "unter so viele Herren stellt, als sie Mitglieder zählt", und den Mangel an innerer Kraft durch Strenge ersetzt. Die herrschende Körperschaft stellt dabei für sich betrachtet ein stehendes Heer dar, so daß die Grundsätze, die von den Aristokratien überhaupt aufgestellt worden sind, auf diese nach Zachariae nur bedingungsweise anwendbar sind. Zu den stammväterlichen Aristokratien, die auf dieselbe Art und Weise entstehen wie die stammväterlichen Monarchien, zählt er insbesondere die Kastenverfassungen. Aristokratien, deren Grundlage der Reichtum der Mitglieder der herrschenden Körperschaft ist, können durch einen Geld- oder Landadel beherrscht werden. Der Abstand zwischen herrschender Körperschaft und dem Volk ist bei dem Geldadel am größten und der Kampf zwischen diesen am erbittertsten. Die durch einen demokratischen Bestandteil gemäßigten Aristokratien, die in unterschiedlichsten Modifikationen vorkommen können, binden gewöhnlich die herrschende Körperschaft bei den das Gesamtwohl betreffenden Angelegenheiten an die Zustimmung der Volksgemeinde.

2.3. Die Demokratie oder Volksherrschaft

Unter der Demokratie versteht Zachariae eine Staatsverfassung, "welche die Machtvollkommenheit in die Hände der sämmtlichen - physisch stimmfähigen und nicht in Privatdiensten stehenden - Mitglieder des Staatsvereines legt." Die Stimmfähigkeit von Personen, die in Privatdiensten stehen, stelle einen Verstoß gegen den Grundsatz der rechtlichen Gleichheit dar, da damit der Dienstherr eine doppelte Stimme, die seinige und die seines von ihm abhängigen Dieners, habe würde.[369] Für Zachariae sind deshalb die Verfassungen, die geschichtlich als Beispiele für Demokratien angeführt werden, oft nur Aristokratien, bei denen lediglich, im Vergleich zu den Verfassungen, die man eigentlich als Aristokratien bezeichnet, eine verhältnismäßig größere Zahl der Untertanen Mitglied der herrschenden Körperschaft sind. So verwandle sich insbesondere jede Demokratie, die Eroberungen macht und den Besiegten nicht das Bürgerrecht erteilt, nach seiner Auffassung in eine Aristokratie. [370]

367 Zachariae: 40 Bücher, 17.Buch, S.185ff
368 Zachariae: 40 Bücher, 17.Buch, S.188ff
369 Zachariae: 40 Bücher, 18.Buch, S.192, S.192 FN1
370 Zachariae: 40 Bücher, 18.Buch, S.192

Nach Zachariaes Theorie ist bei der Demokratie zwischen autokratischer und repräsentativer Volksherrschaft zu unterscheiden, deren Unterschiede er sehr anschaulich anhand von Beispielen - den Demokratien Griechenlands und den Vereinigten Staaten - herausarbeitet. Die Entdeckung des Repräsentativsystems schreibt er den Engländern zu, wobei er zu beachten gibt, das Repräsentativsystem nicht mit der Repräsentativverfassung zu verwechseln. Denn die Repräsentativverfassung sei die eines Freistaates, wogegen das Repräsentativsystem auch der konstitutionellen Monarchie zu Grunde liege.[371] Als sich die britischen Kolonien Nordamerikas vom Mutterland losrissen, verwandelten diese die Verfassung der konstitutionellen Monarchie in die der repräsentativen Demokratie, eine Verfassung, welche nach Zachariae dem Repräsentativsystem schlechthin entspricht. Dieser vermeidliche Widerspruch ist dahingehend zu lösen, daß nach Zachariaes Ansicht der Begriff "Repräsentativsystem" als Oberbegriff zu verstehen ist, unter den sowohl die repräsentative Demokratie als Repräsentativverfassung, wie auch die konstitutionelle Monarchie fällt.

In der Demokratie ruht alle Gewalt im Volke, d.h., das Volk ist das Subjekt der Machtvollkommenheit, also der Souverän. Jeder, der berechtigt sein soll, Gewalt über die Staatsbürger auszuüben, bedarf hierzu der unmittelbaren oder mittelbaren Legitimation durch das Volk, wobei diese Gewalt nach Ablauf einer gewissen Zeit dem Volk zurückzufallen hat. Dies gilt nach seiner Ansicht sowohl für die autokratische wie auch repräsentative Demokratie, wenngleich beide Verfassungen, in der Art der Anwendung dieser Sätze, voneinander abweichen.[372] In der autokratischen Demokratie übt das Volk nach Zachariae die Machtvollkommenheit nicht bloß durch Männer seiner Wahl, sondern, wenigstens zum Teil, selbst aus, wogegen es in der repräsentativen Demokratie auf die Wahl seiner Vertreter beschränkt ist, was sich nach seiner Auffassung auch wie folgt ausdrücken läßt: "In der autokratischen Volksherrschaft regiert sich das Volk unmittelbar selbst, in der repräsentativen nur mittelbar."[373] Für Zachariae steht dabei fest, daß eine Demokratie nur bei Völkern gedeihen kann, "welche entweder noch kaum eine Regierung haben, oder welche schon in einem hohen Grade kultiviert sind", da es schon einem einzelnen Menschen schwer sei zu regieren, und es damit einem Volk noch schwerer sein müsse.[374]

2.3.1. Die autokratische Demokratie oder Volksherrschaft

Die autokratische Demokratie hat im Unterschied zur Aristokratie - Zachariae sieht, wie oben bereits angeführt, beide als miteinander verwandt an - neben der herrschenden Körperschaft keine weiteren Untertanen unter sich, die-

371 Zachariae: 40 Bücher, 18.Buch, S.194. Selbst die griechischen Philosophen, die alle überhaupt möglichen Verfassungen darzustellen versuchten, hatten das Repräsentativsystem nicht vor Augen.
372 Zachariae: 40 Bücher, 18.Buch, S.205f
373 Zachariae: 40 Bücher, 18.Buch, S.193
374 Zachariae: 40 Bücher, 18.Buch, S.193

selben Individuen sind folglich Herren und Untertanen zugleich.[375] Nach Zachariaes Auffassung hat die autokratische Demokratie "ihre Mitglieder als Einzelne, besonders, - und mehr als die Aristokratie die ihrigen, - zu fürchten."[376]

Um auf Dauer bestehen zu können, hat die Gesetzgebung deshalb eine gewisse Gleichheit der Vermögensumstände unter den Bürgern herzustellen, damit der Reichere sein auf dem Reichtum beruhendes Übergewicht nicht gegen die Verfassung richtet. Mehr noch als die Aristokratie hat sich die Demokratie auch davor zu hüten, eine Macht, die gegen die Verfassung gerichtet werden kann, in die Hände eines einzelnen zu legen. Es muß versucht werden, den Gemeingeist zu beleben und zu unterhalten. Verschiedenheit der Religionsmeinungen, verschiedene Stände und politische Parteiungen sind deshalb, als das Privatinteresse höher als das Gemeininteresse stellend und damit dem Gemeingeist Eintrag tuend, zu vermeiden. Jeder einzelne Bürger hat an der Verwaltung der öffentlichen Angelegenheiten mitzuwirken, was natürlich voraussetzt, daß er finanziell überhaupt in der Lage ist, die ihnen vom Staat übertragenen Pflichten ohne Nachteil für sich und ihre Familie ausführen zu können. Nach Zachariaes Ansicht hängt deshalb das Gedeihen dieser Verfassung im wesentlichen von der Einkommensquelle der Bürger ab. Den Landbau betrachtet er als mit dem Geist dieser Verfassung am besten übereinstimmend, wenngleich dieser, um genügend Überschuß abzuwerfen, Dienstleute benötigt, wogegen die Fabrikation und der Handel zur Spaltung des Volkes in Reich und Arm führe, so daß die Verfassung nur noch dem Namen und der Form nach eine Demokratie, faktisch aber eine Aristokratie sei. Die Sklaverei betrachtet er deshalb als das einzige, wenn auch sehr unerfreuliche Mittel, die Vermögensverhältnisse der Bürger in einer Demokratie in Übereinstimmung zu setzen.[377] Zachariae darf jedoch nicht dahingehend mißverstanden werden, daß er die Sklaverei billige. Vielmehr will er nur aufzeigen, unter welchen Voraussetzungen nach seiner Auffassung die autokratische Demokratie überhaupt existieren kann. Ferner hat die autokratische Demokratie nach Zachariaes Auffassung "sich selbst, d.i., die Verirrungen der Mehrheit besonders, - und mehr, als die Aristokratie, - zu fürchten."[378]

2.3.2. Die repräsentative Demokratie oder Volksherrschaft

Der allein wesentliche Unterschied zwischen der autokratischen und der repräsentativen Demokratie besteht nach Zachariae darin, daß das Volk bei letzterer "seine gesamte Gewalt, also die sämtlichen Rechte der Machtvollkom-

375 Zachariae: 40 Bücher, 18.Buch, S.196, 197

376 Zachariae: 40 Bücher, 18.Buch, S.197ff. Je größer die Zahl der Bürger ist, desto geringer ist nämlich der Wert einer "Bürgeraktie", weshalb bereits die griechischen Philosophen der Ansicht waren, daß sich demokratische Verfassungen nur für kleinere Volksgemeinden eignen.

377 Zachariae: 40 Bücher, 18.Buch, S.197ff, 202

378 Zachariae: 40 Bücher, 18.Buch, S.203ff

menheit, nicht selbst sondern durch Männer seiner Wahl auszuüben" hat.[379] Den Sinn der repräsentativen Demokratie sieht er dabei in der Mäßigung der Demokratie durch eine Wahlaristokratie, da das Volk in seinem eigenen Interesse die Ausübung der Machtvollkommenheit den Würdigsten und Besten übertragen werde. Der Vorteil gegenüber der autokratischen Demokratie liegt nach seiner Auffassung auch darin, daß durch die Übertragung der Staatsverwaltung auf eine verhältnismäßig kleine Anzahl von Bürgern das Volk vor sich selbst, d.h., vor seiner Leidenschaft und Übereilung, mit der es Beschlüsse zu fassen pflegt, bewahrt und von diesem auch weniger als bei der autokratischen Demokratie gefordert wird, da es leichter sei, über Personen, als über Sachen zu urteilen. Insbesondere eignet sich die repräsentative Demokratie auch für größere Volksgemeinden.[380]

Nach Zachariae muß aber dem Volk, außer dem Wahlrecht, ein zusätzliches Mittel zur Verfügung stehen, den Gewählten seinen Willen " - indirekt - zur bleibenden Regel ihres Verhaltens zu machen. Damit nun das Volk gleichwohl nicht blos herrsche sondern auch durch seine Vertreter und Beamte regiere, muß die Repräsentativverfassung zugleich die Herrschaft der öffentlichen Meinung seyn." Es ist deshalb zum Gedeihen dieser Verfassung das Bestehen einer öffentlichen Meinung erforderlich; diese bildet sich in kleinen Volksgemeinden durch geselligen Verkehr, in großen dagegen durch eine freie politische Tagesliteratur.[381]
Es liegt nach seiner Ansicht auch die Notwendigkeit der Trennung der drei Gewalten - gesetzgebende, richterliche, vollziehende - in dem Wesen dieser Verfassung, wenngleich diese auch selten mit der Konsequenz durchgeführt wird, wie sie in der konstitutionellen Monarchie durchgeführt werden kann und soll. Denn "das Mißtrauen, welches eine jede Demokratie gegen die vollziehende Gewalt hegt, geht leicht so weit, daß man gewisse Funktionen, welche an sich in den Geschäftskreis dieser Gewalt gehören, der gesetzgebenden Versammlung vorbehält."[382] Mit Ausnahme der Versammlung der Volksrepräsentanten, müssen nach Zachariae alle vom Volk mit der Ausübung der Machtvollkommenheit Betrauten, bei Nichterfüllung, Mißbrauch oder Überschreitung ihrer Vollmacht zur Verantwortung gezogen werden können.[383]

Um darstellen zu können, was die repräsentative Demokratie einem Volk verspricht, vergleicht Zachariae diese mit der konstitutionellen Monarchie, ohne aber auf letztere an dieser Stelle näher einzugehen. Beide, sowohl die repräsentative Demokratie wie auch die konstitutionelle Monarchie, stellen in seinen Augen Herrschaften der öffentlichen Meinung dar, wobei letztere diesbezüglich aber lediglich eine Mitherrschaft sei. Bei der repräsentativen Demo-

379 Zachariae: 40 Bücher, 18.Buch, S.206
380 Zachariae: 40 Bücher, 18.Buch, S.206ff
381 Zachariae: 40 Bücher, 18.Buch, S.208, 209
382 Zachariae: 40 Bücher, 18.Buch, S.211, 212. Dies gelte namentlich von den Vereinigten Staaten.
383 Zachariae: 40 Bücher, 18.Buch, S.212

kratie, bei der die Herrschaft der öffentlichen Meinung eine Alleinherrschaft ist, liegt die Gefahr darin, daß diese sich irren und durch Scheingründe oder Vorurteile manipuliert werden kann sowie den Launen des Tages unterworfen ist. Die konstitutionelle Monarchie dagegen hat in der Krone ein Gegengewicht gegen den Einfluß der Öffentlichen Meinung.[384] Die repräsentative Demokratie hat im Gegensatz zur konstitutionellen Monarchie, der sowohl der monarchische als auch der demokratische Bestandteil gefährlich werden kann, nur einen Feind, nämlich das Volk, zu fürchten. Die repräsentative Demokratie kann einerseits in eine Ochlokratie, also Pöbelherrschaft, ausarten, andererseits kann aber auch Anarchie an die Stelle der Herrschaft des Gesetzes treten, wenn das Volk aus Ungeduld oder Übermut die Gewalt selbst in die Hand nimmt.[385] Beide, repräsentative Demokratie wie auch konstitutionelle Monarchie, bedürfen nach der Theorie Zachariaes zu ihrem Gedeihen eines Volkes, das in politische Parteien gespalten ist, wobei diese Spaltung in der ersteren, die Mäßigung der Alleinherrschaft des Volkes bewirkt. "Indem eine Parthei die andere mit Eifersucht bewacht, halten und heben beide die Regierung".[386]

2.4. Die konstitutionelle Monarchie oder die Einherrschaft mit einer Volksvertretung

Zu Beginn seiner Ausführungen kritisiert Zachariae, daß die deutsche Sprache dadurch, daß sie bei der konstitutionellen Monarchie weiterhin von Landständen und Landtagen anstatt von Kammern und von der Versammlung der Kammern spricht, zu dem Irrtum verleiten könne, "als ob diese Verfassung und die durch Reichs- oder Landstände beschränkte Monarchie im Wesentlichen nur ein und dieselbe Verfassung wären".[387]
Er gibt auch zu bedenken, daß eine Verfassungsurkunde dem Zweck eines Grundgesetzes desto mehr entspricht[388], je kürzer diese gehalten ist, da auf diese Weise die Möglichkeit gewahrt bleibt, sie nach Zeit und Umständen zu modifizieren, ohne ihre Grundlagen anzutasten.

2.4.1. Das Verfassungsrecht der konstitutionellen Monarchie

Zachariae ist sich durchaus bewußt, daß mit einer losen Verknüpfung der monarchischen und liberal-demokratischen Elemente, das bestehende Verfassungsproblem in Deutschland nicht zu lösen ist, da sich nach seiner Theorie der parlamentarische Repräsentationsgedanke nicht ohne weiteres in ein fürst-

384 Zachariae: 40 Bücher, 18.Buch, S.213, 214
385 Zachariae: 40 Bücher, 18.Buch, S.214, 215
386 Zachariae: 40 Bücher, 18.Buch, S.215, 216
387 Zachariae: 40 Bücher, 19.Buch, S.226ff
388 Zachariae: 40 Bücher, 19.Buch, S.229. Als Beispiel nennt er die Verfassung der Kirche, deren Stifter diese auf einige einfache Vorschriften beschränkte.

lich-obrigkeitliches System einfügen läßt.[389] "Die erbliche Einherrschaft verhält sich zur Volksvertretung wie das Bleibende zum Wechselnden, wie die Ruhe zur Bewegung, wie die Natur zur Kunst, wie die Einheit zur Vielheit, wie die öffentliche Macht zur öffentlichen Freiheit."[390] Fast alle Theorien, die eine dualistische Ausbalancierung der Kräfte zum Ziel haben, übersehen nach seiner Auffassung das erdrückende Übergewicht der monarchischen Administration. "Der Ausgang des Streites ist nicht zweifelhaft. In der Regel wird die Volksvertretung dem Königthume unterliegen. ... . Die Aufgabe ist also, jenen Streit zu schlichten oder wenigstens durch einen Vergleich die Entscheidung hinzuhalten."[391] Zachariae weiter: "Da stehen nun gar manche in dem süßen Wahne, daß bey einem Zwiespalte zwischen der Regierung und der Volksvertretung, dem Theile der Sieg verbleiben könne und werde, auf dessen Seite das bessere Recht, die Vernunft, ist, daß also in einer solchen Verfassung die zweyte Kammer, unbeschadet der Einheit der Staatsverwaltung, der Regierung frey von einem jeden fremdartigen Einflusse gegenüber stehen könne! - Eitler Wahn! Allerdings werden sich die Verhandlungen in den Kammern, je mehr die Aufklärung steigt, desto mehr dem Geiste eines wissenschaftlichen Streites nähern. Allein so weit unsere Geschichte reicht, sind die Menschen nicht durch Vernunft allein geleitet worden; und so lange die Menschen Menschen sind, werden sie nicht durch Vernunft allein zu leiten seyn."[392] Die Lösung dieses Verfassungsproblems liegt nach seiner Ansicht deshalb darin, "die Regierung und die Volksvertretung durch Einfluß in Übereinstimmung zu setzen"[393], also in einer ausgewogenen Verteilung der Kompetenzen, in der weder der Einfluß des einen noch des anderen Teils das Übergewicht gewinnen soll.[394] Er bezeichnet dies als einen Zustand des "ewigen Schwebens und Schwankens", in dem nach Zeit und Umständen der Schwerpunkt bald mehr auf die eine, bald mehr auf die andere Seite neigt.

Nach Zachariaes Theorie sind in der konstitutionellen Monarchie die "Einherrschaft und die Volksherrschaft mit einander gepaart, und zwar so, daß sowohl das Volk als der Fürst die Leitung der öffentlichen Angelegenheiten überhaupt in seiner Gewalt hat, die Gewalt des einen Bestandtheiles der Verfassung aber durch die des andern gehemmt wird."[395] Für ihn stellt sich das Verhältnis zwischen Fürst und Volk als das einer Mitherrschaft dar, da einer-

389 Brandt, Hartwig: Landständische Repräsentation im deutschen Vormärz, S.236
390 Zachariae: Über die erbliche Einherrschaft mit einer Volksvertretung, S.223 (abgekürzt: Erbl. Einherrschaft)
391 Zachariae: Erbl. Einherrschaft, S.224
392 Zachariae: Erbl. Einherrschaft, S.225, 226
393 Zachariae: Erbl. Einherrschaft, S.226
394 Zachariae: Erbl. Einherrschaft, S.227. "Ein König, der sich seine obersten Diener schlechthin aufdringen lassen muß, ist nur ein Schattenkönig. Eine Volksvertretung, welche der Krone schlechthin dienstbar ist, ist ein gefährliches Werkzeug der Willkühr."
395 Zachariae: 40 Bücher, 19.Buch, S.230. In seinem Entwurf einer deutschen Bundesverfassung betrachtet er aber noch eine Partizipation der Landstände an der Gesetzgebung als "mit dem Wesen einer Monarchie schlechthin unvereinbar". Entwurf zu dem Grundvertrage des durch den Pariser Frieden vom 30.Mai 1814 verhiesenen deutschen Staatenbundes: S.57f.

seits der Fürst als Haupt der vollziehenden Gewalt und mit dem Vetorecht ausgestattet herrscht, andererseits das Volk dadurch, daß jedes Gesetz seiner Zustimmung bedarf, ihm das Budgetrecht zusteht und es die Minister zur Verantwortung ziehen kann, mitherrscht.[396]

Dies darf nun nicht so verstanden werden, als ob die Machtvollkommenheit damit nicht mehr dem Fürsten allein zustehe. In der konstitutionellen Monarchie ist nach der Auffassung Zachariaes der Fürst der alleinige Inhaber der Machtvollkommenheit. Er ist lediglich bei der Ausübung dieser Machtvollkommenheit an die Mitwirkung des Volkes gebunden. Die konstitutionelle Monarchie ist für Zachariae die vollkommenste Form einer republikanischen Einherrschaft, die die Vorzüge der Einherrschaft mit denen der Volksherrschaft vereint.[397] Und der besondere Vorzug der Einherrschaft liegt nach Zachariae eben gerade darin, daß die Machtvollkommenheit einem einzelnen Menschen, nämlich dem Fürsten, zusteht.[398]

Die konstitutionelle Monarchie, als die Vereinigung zweier ihrem Prinzip nach einander entgegengesetzter Verfassungen - der Monarchie und der Demokratie -, bedarf nach Zachariae zu ihrem Bestehen der Spaltung des Volkes in zwei Parteien. Unter Partei versteht Zachariae dabei "eine Spaltung im Volke über Meinungen, Interessen oder Rechte, welche die Folge hat, daß der eine Theil über den andern den Sieg davon zu tragen sucht. Die, welche in Beziehung auf eine solche Spaltung unter sich einig sind, bilden eine Parthei."[399] Der Parteigeist bewirke, daß der einzelne die Sache des Gemeinwesens als die eigene betreibt und verteidigt. Die politischen Parteien regen die Leidenschaften einerseits auf, andererseits mäßigen sie den Einfluß dieser auf die Leitung der öffentlichen Angelegenheiten, da sie, um Anhänger zu gewinnen, ihre Sache mit Gründen verteidigen müssen. Die eine, die royalistische, hat die Rechte der Krone, die andere, die demokratische, hat die Freiheiten des Volkes als die ihrige Sache zu vertreten.[400] Es sollte dabei aber nicht vergessen werden, daß es politische Parteien als reale Gruppen im Vormärz fast noch nicht gegeben

396 Zachariae: 40 Bücher, 19.Buch, S.230. Es darf weder der Einfluß des einen noch des anderen Teils unbedingt sein. Zachariae: Erbl. Einherrschaft, S.227

397 Zachariae: 40 Bücher, 16.Buch, S.171f

398 Zachariae: 40 Bücher, 16.Buch, S.103f. Vgl Art 57 WSA, zitiert nach Huber: Dokumente zur Deutschen Verfassungsgeschichte, Band 1, Nr.30, S.99: "Da der deutsche Bund, mit Ausnahme der freien Städte, aus souveränen Fürsten besteht, so muß dem hierdurch gegebenen Grundbegriffe zufolge die gesamte Staats-Gewalt in dem Oberhaupte des Staates vereinigt bleiben, und der Souverän kann durch die landständische Verfassung nur in der Ausübung bestimmter Rechte an die Mitwirkung der Stände gebunden werden."

399 Neben den hier behandelten politischen Parteien kennt er noch die Parteiung auf Grund der Verschiedenheit der Vermögensumstände, der Stände, des Glaubens und des Kultus, zwischen Staatsbürgern und Schutzgenossen sowie zwischen Freien und Unfreien. Zachariae: 40 Bücher, 15.Buch, S.39ff. Siege, die eine Partei über die andere davonträgt, sind jedoch mit Mäßigung zu benutzen. A.a.O. 15.Buch, S.68f. "Une opinion opprimée se signale presque toujours par un poignard." Thiers: Histoire de la revolution France.
Die Spaltung in drei oder mehrere Parteien bezeichnet er dagegen als Unglück für die Verfassung. A.a.O. S.65, 66. Ebenso 1.Aufl., 18.Buch, S.382f

400 Zachariae: 40 Bücher, 19.Buch, S.231; ders: Erbl. Einherrschaft, S.228f.

hat. So spricht Friedrich von Gagern in seinem 1825/26 erschienenen Aufsatz "Die Parteien" von den Parteien der 20er Jahre mit der Einschränkung "wenn nämlich übereinstimmende politische Ansichten ohne Verabredung und ohne Führer eine Partei bilden können". Vor diesem Hintergrund sind die Äußerungen Zachariaes von nicht geringer Bedeutung, zumal selbst in fortschrittlichen Kreisen des Vormärz (Rotteck) der Gedanke parteimäßiger Gruppierungen immer wieder auf Ablehnung gestoßen ist.[401]

Die Existenz von Parteien ist für ihn wohl das wichtigste, zum Gedeihen der konstitutionellen Monarchie erforderliche, Kriterium. "In der konstitutionellen Monarchie kann nur durch die Spaltung des Volkes in Partheien das harmonische Zusammenwirken des monarchischen und des demokratischen Bestandtheiles der Verfassung vermittelt werden."[402] Das Volk spaltend, stellen sie für Zachariae aber zugleich auch eine gewichtige Gewährleistung für die Krone dar. "Wenige, (die Parteyhäupter,) sind leichter zu gewinnen, als Viele, als Alle. ... . Wer in dem Geiste einer Parthey zu regieren hat, hat nach Grundsätzen zu regieren, er ist abhängig; er hat auch die Gegenparthey zu fürchten; er hat den Beystand seiner Parthey so wenig als möglich in Anspruch zu nehmen, damit er, im übrigen die Freyheit der Meinungen achtend, in entscheidenden Fällen, bey wahren Partheyfragen, des Sieges desto gewisser seyn könnte."[403] Damit sie diesen Anforderungen gerecht werden, ist es nach seiner Ausffassung aber erforderlich, daß die Parteien auf einer wirklichen repräsentativen - und nicht etwa einer ständischen - Grundlage beruhen. "Nicht eine Verschiedenheit der Privat-Interessen, sondern die mögliche Verschiedenheit der Meinungen über das öffentliche Interesse soll die Mitglieder der Kammern verun-einigen. Es beruht diese Verfassung wesentlich auf der Voraussetzung, daß, ungeachtet der in der bürgerlichen Gesellschaft herrschenden Verschiedenheit der Privat-Interessen, dennoch das Recht für Alle eins und dasselbe seyn könne und solle. Vollkommen kann sie nur da gedeihn, wo kein Stand der bürgerlichen Gesellschaft ... ein Vetorecht hat."[404]

Mit dieser Auffassung wird er zum erklärten Außenseiter des konstitutionell-monarchischen Denkens.[405] Ausdrücklich wendet er sich damit gegen die

401 Vgl. Friedrich Rohmer: Lehre von den politischen Parteien, S.5f: "Selbst unter denen, welche weiter sehen, ist fast durchweg die Meinung verbreitet, der wahre Staatsmann müsse außerhalb der Parteien stehen...". Vgl. Th. Schieder: Die Theorie der Partei im älteren deutschen Liberalismus, S.110ff, in Staat und Gesellschaft im Wandel unserer Zeit, dessen Ansicht aber insoweit unzutreffend ist, als er behauptet, eine Parteitheorie hätte es erst seit den vierziger Jahren bei den Hegelianern, z.B. Ruge, Arnold: Wer ist und wer ist nicht Partei; oder Rosenkranz, Karl: Über den Begriff der politischen Partei, gegeben. Vgl Conze: Staat und Gesellschaft im deutschen Vormärz, S.228ff

402 Zachariae: 40 Bücher, 18.Buch, S.215f; 15.Buch, S.63ff

403 Zachariae: Erbl. Einherrschaft, S.229. Damit wird aus der Regierung, die sich der Parteien zu bedienen hat, eine Parteiregierung, vgl. Boldt, a.a.O., S.224

404 Zachariae: Erbl. Einherrschaft, S.244. So gewiß Parteien, die auf der Verschiedenheit des öffentlichen Interesses beruhen, der öffentlichen Freiheit förderlich sind, so gewiß vernichten Parteien, die ihre Grundlage in der Verschiedenheit von Arm und Reich haben, diese Freiheit. A.a.O. S.223

405 Brandt, a.a.O., S.237

dualistische Auffassung alt-ständischer Prägung und die Neutralität der Krone im Kampf der Parteien. "Nicht so darf sich das Verhältnis der Regierung zum Volke stellen, daß dieses (durch seine Vertreter) eine Opposition gegen die Regierung bildet. Eben so wenig kann und soll die Regierung über den Partheien stehen oder in dem Kampfe zwischen ihnen neutral bleiben. Denn weder in dem einen noch in dem andern Falle würde sie mit dem Volke und in Übereinstimmung mit der öffentlichen Meinung regieren. Sondern, zu Folge des Wesens der konstitutionellen Monarchie, hat sich die Regierung entweder an die eine oder an die andere Parthei anzuschließen, und zwar an diejenige, welche in der II. Kammer die Mehrheit der Stimmen hat. (Es kann also in einer konstitutionellen Monarchie bald die eine, bald die andere Parthei die Ministerial- oder die Oppositionsparthei seyn.)"[406] Die in Deutschland herrschende entgegengesetzte Ansicht schreibt er der Verwechslung der konstitutionellen Monarchie mit der landständischen Verfassung zu.[407] Für Zachariae liegt in dem Parteienkampf, durch den die konstitutionelle Monarchie mit Leben erfüllt wird, das Geheimnis ihrers Wertes. "Denn ihr Hauptwert besteht darin, daß sie die ausgezeichnetsten Männer, welche das Volk aufzuweisen hat, an die Spitze der öffentlichen Angelegenheiten stellt".[408]

Es kann dabei wohl mit Recht angenommen werden, daß seine Ansichten über die Notwendigkeit der Spaltung des Volkes in zwei Parteien in der Verfassung Englands ihre Grundlage haben, zumal er nie einen Hehl aus seiner Vorliebe für die Verfassungsverhältnisse dieses Landes gemacht hat. "Großbritannien, seit der Mitte des siebenzehnten Jahrhunderts der Kampfplatz politischer Partheien, ist dennoch oder eben deswegen immer mächtiger geworden."[409]

Für Zachariae gibt es somit nur zwei Möglichkeiten, wie in einer konstitutionellen Monarchie die Regierung zustande kommen kann, wobei er zwischen dem wahren und dem Scheinkonstitutionalismus differenziert. "Entweder muß die Zusammensetzung der II. Kammer das Werk des Ministeriums, oder es muß die Zusammensetzung des Ministeriums das Werk der II. Kammer seyn."[410] Wählt man die erste Möglichkeit, so liegt eine konstitutionelle Monarchie aber mehr dem Namen als der Sache nach vor, so daß nach Zachariaes Auffassung nur die zweite Möglichkeit dem Geist der konstitutionellen Monarchie entspricht. Beide Parteien, Ministerial- und Oppositionspartei, dürfen

406 Zachariae: 40 Bücher, 19.Buch, S.231, 232
407 Zachariae: 40 Bücher, 19.Buch, S.231
408 Zachariae: 40 Bücher, 19.Buch, S.234; ders: Erbl. Einherrschaft, S.233ff, 235, 236
409 Zachariae: 40 Bücher, 19.Buch, S.234f. So auch Brandt, a.a.O., S.238. Zachariae bezeichnet das Repräsentativsystem als eine Entdeckung der Engländer, da vor der Einführung in England, dieses sowohl der Praxis als auch der Wissenschaft unbekannt war. Zachariae: 40 Bücher, 18.Buch, S.194
410 Zachariae: 40 Bücher, 19.Buch, S.232, ders: Erbl. Einherrschaft, S.226: "Es kann nun, in dieser Beziehung, entweder die zweyte Kammer den Fürsten nöthigen, in dem Geiste der Mehrheit ihrer Mitglieder, also die Männer zu seinen verantwortlichen (und mithin von ihm unabhängigen) Staatsministern zu wählen, welche diese Mehrheit für sich haben, - oder es können dem Fürsten Mittel zu Gebote stehn, sich der Mehrheit der II. Kammer zu versichern."

nach seiner Ansicht durch jedes rechtlich erlaubte Mittel Einfluß auf die Wahlen der Volksabgeordneten nehmen. Zachariae geht dabei unter seinen Zeitgenossen insofern eigene Wege, als er jedes Mittel, mit Ausnahme des physischen Zwanges und der Drohung, für rechtlich erlaubt hält, insbesondere Bestechung, Begünstigung, Verheißungen, Täuschungen und Vorspiegelungen, die er zwar als nicht moralisch, wohl aber als rechtlich unanfechtbar und folglich de facto unvermeidlich betrachtet.[411] "Denn so wenig es auch die Moral gestattet, sich bei einer Wahl aus andern Gründen, als aus Gründen des öffentlichen Besten, für den einen oder für den andern Wahlwerber zu entscheiden, so ist doch Keiner der Wählenden für seine Abstimmung, oder für die Gründe derselben, zu Recht verantwortlich. Und eben so wenig kann ein Dritter wegen des Einflusses, den er auf die Wahlstimmen gehabt hat, mag die Moral die angewendeten Mittel auch noch so sehr mißbilligen, zu gerichtlicher Verantwortung gezogen werden."[412]

Er gesteht dabei jedoch auch ein, daß gegen seine Theorie der Vorwurf erhoben werden kann, daß die Gefahr bestehe, daß die Regierung von der ihr anvertrauten Macht einen die demokratischen Bestandteile der Verfassung bedrohenden Gebrauch machen könne, wobei er sodann entgegenet, daß dieselbe Gefahr dem monarchischen Bestandteil der Verfassung drohe, wenn man der Regierung dieses Recht versage.[413] "Mit einem Worte, alle die Gesetze, welche die 'Reinheit der Wahlen' verbürgen sollen, entsprechen weder den Grundsätzen noch dem Interesse der konstitutionellen Monarchie; ..." Dasselbe gilt nach Zachariae selbstverständlich auch für die Gewählten. Auch auf diese darf seitens der Regierung jeder rechtlich erlaubte Einfluß ausgeübt werden, ohne daß dabei ein Nachteil für das Volk und seine Abgeordneten entstünde. Zachariae zitiert diesbezüglich einen englischen Rechtsgelehrten: "There is one thing, wich the most corrupt senates are unwilling to sell, that is the power, wich makes them worth buying."[414]

Die konstitutionelle Monarchie betrachtet Zachariae in Bezug auf beide Elemente der Verfassung, den monarchischen und den demokratischen Bestandteil, als eine Repräsentativverfassung. "Das Volk wird von der Versammlung seiner Abgeordneten, der Fürst wird von seinem Ministerio vertreten. ... - Sowohl der Fürst als das Volk ist befugt, diejenigen zu wählen, durch welche sie ihre verfassungsmäßigen Rechte auszuüben haben." Damit von den Ministern die daraus resultierende Verantwortung gefordert werden kann, bedarf die konstitutionelle Monarchie nach der Theorie Zachariaes aber eines Gesetzes, das anordnet, daß Befehle des Fürsten zum Vollzug der Gegenzeichnung des entsprechenden Ressortministers bedürfen.[415] Dem Volk - vertreten durch seine Abgeordneten - billigt er aber gegen das Ministerium kein zum Rücktritt

411 Zachariae: 40 Bücher, 19.Buch, S.232. Vgl. zu seiner "Wahlbeeinflussungstheorie" auch die badische Praxis von 1825, Huber: Deutsche Verfassungsgeschichte, Band 1, S.380
412 Zachariae: 40 Bücher, 19.Buch, S.232, 233
413 Zachariae: 40 Bücher, 19.Buch, S.233
414 Zachariae: 40 Bücher, 19.Buch, S,234
415 Zachariae: 40 Bücher, 19.Buch, S.242, 243

zwingendes Mißtrauensvotum zu. Die Regierung ist damit nicht von der Parlamentsmajorität abhängig, und das Volk auf das Beschwerde- und Anklagerecht gegen die Minister verwiesen. Letzteres Recht betrachtet er deshalb als unbedenklich, weil es sich seinem Wesen nach nicht gegen die Krone, sondern deren Diener richtet.[416]

Nach Zachariaes Auffassung sind in der konstitutionellen Monarchie die drei Grundgewalten - die gesetzgebende, die vollziehende und die richterliche Gewalt - voneinander zu trennen.[417] Damit weder die gesetzgebende noch die vollziehende Gewalt von ihren Rechten bzw von ihrer Macht einen die Verfassung bedrohenden Gebrauch machen, sind beide Gewalten nach seiner Theorie derart in Einklang zu setzen, "daß die Gesetze eben so wenig ohne Zustimmung des Fürsten als ohne Zustimmung des Volkes verbindende Kraft erhalten können. Mit anderen Worten, in der konstitutionellen Monarchie muß der Krone ein unbedingtes Veto zustehn, wenn diese Verfassung ihren Namen in der That und Wahrheit verdienen soll." Konstitutionelle Monarchien mit einem lediglich aufschiebenden Veto seien nämlich der Sache nach Freistaaten.[418] Die Trennung der Geschäftskreise der vollziehenden und der gesetzgebenden Gewalt kann nach seiner Ansicht dabei nicht durch eine allgemein gültige Regel erfolgen. Auf alle Fälle muß es aber in der Macht der Kammer stehen, den Gewaltenkreis der Regierung bezüglich zu erlassender Vollziehungsanordnungen festzulegen und Überschreitungen zu rügen. Auf keinen Fall dürfen sich nach seiner Ansicht solche Verordnungen insbesondere auf die Gesetze der Rechtspflege erstrecken.[419]

2.4.2. Die drei Gewalten der konstitutionellen Monarchie, deren Rechte und Zusammensetzung

2.4.2.1. Die Kammern

Zachariae spricht sich, unabhängig von der Zusammensetzung der Kammern, insbesondere der I. Kammer, für ein Zweikammersystem aus.[420] Die Zusammensetzung der I. Kammer kann nach seiner Auffassung dabei auf dreierlei Art und Weise erfolgen: Die Mitgliedschaft in der I. Kammer kann entweder ein erbliches Recht - die Pairswürde genannt -, oft verbunden mit dem Recht der Krone, neue Pairs zu ernennen, darstellen, oder die Mitglieder werden vom Fürsten auf Lebenszeit ernannt, wobei ihm dieses Recht unbeschränkt

---

416 Zachariae: 40 Bücher, 19.Buch, S.244
417 Zachariae: 40 Bücher, 19.Buch, S.235
418 Zachariae: 40 Bücher, 19.Buch, S.235, 236
419 Zachariae: 40 Bücher, 19.Buch, S.237, 238
420 Zachariae: 40 Bücher, 19.Buch, S.248f. Entsprechend sei diese Frage in der repräsentativen Demokratie zu entscheiden, da er einen Hauptzweck dieser Verfassung in der Mäßigung der Demokratie sieht, und eben das Zweikammersystem diesen Zweck am besten entspricht.

oder nur so zustehen kann, daß er unter bestimmten Personen wählen darf. Schließlich besteht noch die Möglichkeit, die Mitglieder, wie die der II. Kammer, ebenfalls durch Volkswahl zu bestimmen, wobei die Bedingungen der Wählbarkeit unterschiedlich geregelt sein können.[421] Welche Art der Besetzung der I. Kammer den Vorzug verdient, hängt nach Zachariae wiederum davon ab, ob man dem monarchischen oder dem demokratischen Prinzip den Vorzug geben will, wobei er offen läßt, wie er sich entscheiden würde. Er gibt nur zu bedenken, daß bei der Gestaltung oder der Vervollkommnung der Verfassung im konstitutionellen Sinn, vor allem der gesamte Zustand der bürgerlichen Gesellschaft zu berücksichtigen ist. Eine bürgerliche Gesellschaft mit einem bedeutenden Erbadel spricht für die Zusammensetzung der I. Kammer in ersterer Weise. Fehlt dagegen ein solcher Adel, besteht nach Zachariae die Wahl zwischen den letzten beiden Möglichkeiten der Zusammensetzung.[422]

Auch die Entscheidung der Frage nach dem richtigen Wahlsystem zur Wahl der II. Kammer hängt nach Zachariae letzlich davon ab, ob man diesbezüglich vom monarchischen oder vom demokratischen Prinzip ausgeht. Mit dem Wesen der konstitutionellen Monarchie unvereinbar ist jedoch die Wahl der Volksabgeordneten nach Ständen[423], sowie ein imperatives Mandat und die Verantwortlichkeit der Mitglieder der II. Kammer ihren Machtgebern gegenüber.[424] Nach dem demokratischen Prinzip ist das aktive und passive Wahlrecht nur von dem Innehaben des Staatsbürgerrechtes abhängig zu machen und nicht etwa von einem besonderen Zensus. Soweit Gründe vorliegen, das Wahlrecht zu beschränken, ließe sich eher eine Beschränkung des aktiven als des passiven Wahlrechts verteidigen. Ebenso ist die unmittelbare Wahl der mittelbaren[425], die durch Stimmzettel der mündlichen und öffentlichen, die Ganzerneuerung der Teilerneurung - denn anderenfalls bilde sich unausweichlich ein Korporationsgeist, welcher dieses Organ dem Volk entfremde und der Gefahr aussetze, von der Regierung beherrscht zu werden[426] - sowie kurze den längeren Wahlperioden vorzuziehen. Nach dem monarchischen Prinzip sind diese Fragen dagegen zumeist anders zu entscheiden.[427] In seiner 1.Auflage spricht sich Zachariae noch deutlich für die unmittelbare Wahl der

421 Zachariae: 40 Bücher, 19.Buch, S.249f

422 Zachariae: 40 Bücher, 19.Buch, S.251. Vergleiche in der 1.Aufl., 17.Buch, S.296ff: "...Es besteht also in dem einherrschaftlichen Freystaate ein Erbadel; ... . Die Mitglieder der ersten Kammer müssen ihr Stimmrecht erblich besitzen;..." Zu rechtfertigen sei auch die Ernennung durch den Fürst auf Lebenszeit, wie in Baden.

423 Zachariae: Erbl. Einherrschaft, S.245

424 Zachariae: 40 Bücher, 1.Aufl., 17.Buch, S.313, 314

425 Zachariae: 40 Bücher, 1.Aufl., 17.Buch, S.302f: "Die Mitglieder der zweyten Kammer werden von dem Volke ... unmittelbar gewählt."

426 So auch in der 1.Aufl., 17.Buch, S.311ff. Er bezeichnet die von der franz. Verfassung ausgehende und diesseits des Rheins nachgeahmte Regelung der Teilerneuerung als großen Fehler, da er die II. Kammer auf Grund des entstehenden Korporationsgeistes für weniger lenkbar betrachtet, und damit der Regierung, wenn ihr die Mehrheit fehlt, nur der bedenkliche Weg der Kammerauflösung bleibe. Siehe auch Zachariae: Erbl. Einherrschaft, S.230.

427 Zachariae: 40 Bücher, 19.Buch, S.252f

Abgeordneten und für ein zensitäres Elektionsprinzip aus. "Die Bedingung, von welcher dieser Grundsatz das Stimmrecht abhängig macht, beruht auf einem Nothstande. Nur bey den Vermögendern kann man die Teilnahme an den öffentlichen Angelegenheiten, die Selbständigkeit, die Geistesbildung voraussetzen, durch welche die zweckmäßige Ausübung des Wahlrechts bedingt ist," wenngleich eine solche Regelung nicht dem idealen Prinzip einer allgemeinen staatsbürgerlichen Wahlberechtigung entspreche. Für die Wählbarkeit setzt er voraus, daß die zu Wählenden "in einem reiferen Alter stehn und einen höheren Beytrag zu den unmittelbaren Steuern entrichten, als die Staatsbürger der Wahlversammlung."[428]

Die Wahl der Abgeordneten zur II. Kammer hat dabei aus technischen Gründen nach Bezirken zu erfolgen. "Von Rechts wegen (aber) sollte ein jedes einzelne Mitglied der II. Kammer von dem ganzen Volke gewählt werden." Die Abgeordneten haben das Volk deshalb nach der Theorie Zachariaes als Gesamheit zu vertreten und sich so zu betrachten, als ob sie vom ganzen Volk gewählt worden wären.[429]

Zachariae steht mit seiner Auffassung über das aktive und passive Wahlrecht[430] auf der Linie des vormärzlichen Liberalismus, bei dem mit wirtschaftlichen oder vermögensrelevanten Bezügen versehene Kriterien bei der Abgrenzung der Wahlberechtigten eine herausragende Rolle spielen.[431] Der Mehrheit gelang es, ebenso wie Zachariae, nicht, sich von einem Anforderungsprofil zu lösen, welches wirtschaftliche und vermögensbezogene Faktoren zum Erfordernis der wirtschaftlichen Selbständigkeit vereinigt. So wurde Reichtum als Voraussetzung für Bildung anerkannt.[432] Das Vermögen war damit Instrument, welches es dem einzelnen erlaubte, Entscheidungen frei von Einflüssen aus seinem persönlichen Bereich zu fassen. Vermögen gab, wie Rotteck meint, "Bürgschaft für die Teilnahme am gemeinen Wohl".[433]

---

428 Zachariae: 40 Bücher, 1.Aufl., 17.Buch, S.302ff, 308f. Er folgte damit dem für den damaligen Liberalismus üblichen Einschränkung des Wahlrechts, deren Wurzeln der Argumentation bis zur franz. Nationalversammlung zurückreichen. Vgl. Kläy, Heinz: Zensuswahlrecht und Gleichheitsprinzip, S.35ff. Zur Begründung des beschränkten Wahlrechts Thompson, Eric: Popular Sovereignty and the French Constituant Assembly 1789-91, S.57ff. Bei der Länge der Wahlperioden setzt er sich für eine Erneuerungfrist von drei bis höchstens fünf Jahre als Mittelweg ein. A.a.O. S.313

429 Zachariae: 40 Bücher, 19.Buch, S.227

430 Eingehend: Böhme: politische Rechte des einzelnen in der Naturrechtslehre des 18 Jhdt und in der Staatstheorie des Frühkonstitutionalismus, S.73ff.

431 Rotteck: Ideen über Landstände, S.51; Ancillon: Über den Geist der Staatsverfassungen und dessen Einfluß auf die Gesetzgebung, S.130; v. Almendingen: Politische Ansichten über Deutschlands Vergangenheit, Gegenwart und Zukunft, 1.Band, S.407ff. Auch die Vertreter der Auffassung, die den "gesicherten Lebensunterhalt" als Kriterium betrachten, zu denen Sylvester Jordan zu zählen ist, vollziehen nicht den Schritt zur Einbeziehung der Vermögenslosen in die Gruppe der Wahlberechtigten, weil sie eine Abstufung der politischen Rechte des einzelnen nach seinen Leistungen für den Staat für rechtlich geboten halten. Dies führt dann in der Konsequenz dazu, daß wer nicht zu den Lasten des Staates beiträgt, auch keine Rechte und damit insbesondere kein Wahlrecht hat. Böhme: A.a.O., S.84ff.

432 So auch Zachariae: 40 Bücher, 1.Aufl., 17.Buch, S.304f

433 Rotteck: Ideen über Landstände, S.53

Durch die Verfassung sind nach der Theorie Zachariaes den Mitgliedern beider Kammern die zur Ausübung ihrer Tätigkeit erforderlichen Vorrechte zu sichern. Sie hat den Mitgliedern der Kammern die persönliche Freiheit, damit meint er parlamentarische Immunität, zu garantieren, wobei die nähere Regelung durch Gesetz zu erfolgen hat, sowie die Freiheit der Rede[434], also der Indemnität, zu gewärleisten.[435] Insbesondere letzteres Recht betrachtet Zachariae, trotz der Gefahr, daß es zu Angriffen gegen die Verfassung oder zur Kränkung der Ehre anderer benutzt werden kann, als dem Repräsentativsystem wesentlich und damit als unverzichtbar. "Denn wer würde es wagen, in der einen oder in der andern Kammer mit Freimuth zu sprechen, also seines Berufes gehörig zu warten, wenn er sich wegen seiner Äußerungen mit einer Anklage oder mit einer Klage bedroht sähe? wo ist ... die Scheidlinie zwischen einer erlaubten und einer unerlaubten Rüge? ... ? und wer kann, wer soll der Richter sein?" Insbesondere bei einem Angriff gegen die Verfassung oder die Regierung, kann diese nach seiner Ansicht auf demselben Kampfplatz mit Nachdruck verteidigt werden.[436]

Die Frage der Indemnität war zwar schon im Vormärz Gegenstand einer scharfen wissenschaftlichen Diskussion, die aber, mit Ausnahme bei Zachariae, in den bisherigen Darstellungen der vormärzlichen Staatstheorie keinen Niederschlag gefunden hatte.[437] Erst 11 Jahre nach seiner im Jahre 1834 veröffentlichten Schrift über die Frage: "Sind in den deutschen konstitutionellen Monarchien die Gerichte befugt, über Klagen zu entscheiden, welche vor ihnen wegen gesetzwidriger Äußerungen eines Mitgliedes der I. oder II. Kammer erhoben werden?"[438] fand Zachariae im Darmstädter Hofgerichtsrat Gerau[439] einen würdigen Kritiker. Dieser vertrat die Auffassung, daß auch wenn man das Repräsentationsprinzip bejahe, so könne doch immer nur der Kammer als ganzer die "höchste Machtvollkommenheit und ... Unverantwortlichkeit" zukommen, nicht aber dem einzelnen Abgeordneten. Dieser bleibe vielmehr für seine Äußerungen voll verantwortlich. Erst nach Zachariaes Tod wurde die von ihm begonnene Diskussion in den 50er und 60er Jahren des Jahrhunderts fortgesetzt.[440]

---

434 Dazu eingehend Zachariae in: AcP, Band 18 (1834), S.173-213: Sind in den deutschen konstitutionellen Monarchien die Gerichte befugt, über Klagen zu entscheiden, welche vor ihnen wegen gesetzwidrigen Äußerungen eines Mitgliedes der I. oder der II. Kammer erhoben werden?

435 Zachariae: 40 Bücher, 19.Buch, S. 254ff. Zur Immunität der Abgeordneten in England, die sich de facto auf die ganze Amtsperiode erstreckt, siehe Blackstone: Commentaries on the law of England, Band 1, 2

436 Zachariae: 40 Bücher, 19.Buch, S.255f

437 Boldt: Deutsche Staatslehre im Vormärz, S.84-96; Hilgendorf: Die Entwicklung der parlamentarischen Redefreiheit, S.36f

438 Zachariae in: AcP, Band 18 (1834), S.173-213: Sind in den deutschen konstitutionellen Monarchien die Gerichte befugt, über Klagen zu entscheiden, welche vor ihnen wegen gesetzwidrigen Äußerungen eines Mitgliedes der I. oder der II. Kammer erhoben werden?

439 Gerau: Können in den deutschen constitutionellen Monarchien die Mitglieder ständischer Kammern wegen gesetzwidriger Äußerungen vor den Gerichten des Landes zur Verantwortung gezogen werden?" in: Zeitschrift für Zivilrecht und Prozeß, (1845), S.1-46

440 Hilgendorf: Die Entwicklung der parlamentarischen Redefreiheit in Deutschland, S. 36f

Die Einberufung der Kammern hat nach Zachariaes Theorie in der konstitutionellen Monarchie durch die Krone zu erfolgen, den Kammern steht also kein Selbstversammlungsrecht zu. Allerdings erfordert auch das Interesse des Volkes, daß alljährlich Versammlungen stattzufinden haben, so daß die Verfassung Fristen vorzusehen hat, in denen die Kammern einzuberufen sind.[441] Dem König hat auch das Recht zuzustehen, die II. Kammer aufzulösen, wenn ihm die Stimmung in dieser mit der öffentlichen Meinung in Widerspruch zu stehen scheint.[442]
Durch Geschäftsordnung haben die Kammern den Gang der Verhandlung, Meinungs- und Stimmfreiheit, rechtliche Gleichheit der Mitglieder, Publizität der Verhandlung und den Umgang der beiden Kammern untereinander sowie mit der Regierung zu regeln. Er tritt dabei, mit Rücksicht auf die Publizität der Verhandlung, für die öffentliche Abstimmung ein und lehnt den Versuch, die Bildung von Parteien durch Platzzuweisung im Sitzungssaal per Los zu verhindern, ab, da eine Parteibildung in den Kammern bei der konstitutionellen Monarchie gerade erwünscht ist.[443] Dem Tadel der Langsamkeit des Geschäftsganges in den beratenden Versammlungen kann nach Zachariae dadurch begegnet werden, daß Gesetzesvorschläge mit größter Sorgfalt gefaßt werden, die Parteien ihren Mitgliedern im Interesse ihres eigenen Ansehens einer gewissen Zucht unterwefen, sowie die zu behandelnden Gegenstände nur von einigen Rednern umfassend erörtern werden.[444]

Nach Zachariae sind die sich aus dem Wesen der Verfassung der konstitutionellen Monarchie ergebenden Rechte der Kammern das Zustimmungserfordernis der Kammern zu jeglichen Gesetzen[445], das Petitionsrecht sowie das Recht über Minister Beschwerde zu führen und Anklage gegen sie zu erheben.[446] Die Art und Weise des Gesetzgebungsverfahrens - wem also das Vorschlagsrecht zusteht, ob ein Verbesserungsrecht vorgesehen ist oder der Vorschlag unbedingt angenommen oder verworfen werden muß - , kann dabei nach seiner Ansicht durch die Verfassung in verschiedener Weise geregelt werden, je nachdem, ob die Verfassung in dieser Frage dem monarchischen oder dem demokratischen Prinzip den Vorzug gibt. So kann es nach Zachariae auch ratsam sein, Einrichtungen zu schaffen, "welche die Krone der Nothwendigkeit überheben, ihr Veto einzulegen"; also die Schaffung von Vermittlungsstellen.[447] Insbesondere das Gesetzesinitiativrecht kann entweder der Regierung oder den Kammern allein oder so zustehen, daß das Initiativrecht zwar bei der Regierung liegt, diese jedoch von den Kammern zu einem Geset-

441 Zachariae: 40 Bücher, 19.Buch, S.257
442 Zachariae: 40 Bücher, 1.Aufl. 17.Buch, S.287f. In der 2.Aufl. fehlt eine Stellungnahme hierzu.
443 Zachariae: 40 Bücher, 19.Buch, S.257ff
444 Zachariae: Erbl. Einherrschaft, S.241, 242
445 In der 1.Aufl., 18.Buch, S.389ff spricht er sich noch für eine bloß beratende Stimme der II. Kammer aus. Zum Gesetzesbegriff ausführlich ***IV. Die Gesetze***
446 Zachariae: 40 Bücher, 19.Buch, S.261ff
447 Zachariae: 40 Bücher, 19.Buch, S.236, 237

zesvorschlag aufgefordert werden kann. Letztere Möglichkeit bezeichnet er als Mittelweg, der für sich hat, daß er dem Gesetzgeber Ziel und Maß setze.[448] Als eine besonders wichtige Folge des ersten Rechts betrachtet Zachariae die Teilhabe an der Regulierung des Staatshaushalts mittels des Staatsbudgets, wodurch den Kammern die Möglichkeit in die Hand gegeben wird, durch die Abstimmung über dieses Gesetz, die Handlungen der Regierung zu kontrollieren.[449] Das aus der Verfassung Großbritanniens stammende Recht der parlamentarischen Untersuchung lehnt er dagegen als in den deutschen konstitutionellen Monarchien dem Bürgerrecht kaum dienlich ab.[450]

2.4.2.2. Die vollziehende Gewalt

2.4.2.2.1. Allgemeines zur vollziehenden Gewalt

Unter vollziehender Gewalt oder (was gleichbedeutend ist) Regierung versteht Zachariae allgemein "das Recht, die Staatsgewalt überhaupt, - ausgenommen in den der gesetzgebenden oder der richterlichen Gewalt von der Verfassung vorbehaltenen Fällen, - auszuüben."[451] Um den Begriff der Regierung jedoch als ein von der gesetzgebenden Gewalt verschiedenes Hoheitsrecht zu bestimmen, hat man nach seiner Theorie davon auszugehen, daß die gesetzgebende Gewalt die Grundsätze aufzustellen hat, die dann durch die Regierung vollzogen werde. Allerdings ist dadurch noch keine rechtliche Trennung beider Gewalten erfolgt. "Sondern, um beyde Gewalten rechtlich von einander zu sondern, bedarf es eines äußeren, gleichsam eines zufälligen Merkmales; und diesem Bedürfnisse kann nur das urkundliche Recht abhelfen."[452] Die Trennung beider Gewalten bloß durch ihre äußere Form betrachtet er aber als rechtlich nicht ausreichend. "Sondern die Scheidlinie, welche das urkundliche Recht zwischen der gesetzgebenden und der vollziehenden Gewalt ziehen kann und soll, ist die, daß die Verfassung zwey in ihrem Geschäftskreise selbständige Behörden einsetzt, die eine, welche Grundsätze aufzustellen, die andere,

---

448 Zachariae: 40 Bücher, 19.Buch, S.262 FN3. Anders noch in der 1.Aufl. 17.Buch, S.265f: Dort tritt er für ein beiden Seiten - Regierung und Kammern - zustehendes Gesetzesinitiativrecht ein. Hintergrund war das franz. Kaiserreich. Der Kaiser erließ Verordnungen, die eigentlich in Gesetzesform, und damit mit Zustimmung des franz. Reichstages erlassen hätten werden müssen, kraft eigener Macht, da der franz. Reichstag nach Zachariae mangels Gesetzesinitiativrechts die vollziehende Gewalt nicht in ihre verfassungsmäßige Schranken weisen vermochte. "Lerne man an diesem Beyspiele sich vor dem Wahne zu hüten, als ob der Gewaltkreis einer selbständigen öffentlichen Behörde schon durch die Aufstellung einer wissenschaftlichen Regel bestimmt werden könne. Darauf kommt es an, wer über die Anwendung der Regel zu entscheiden hat."

449 Zachariae: 40 Bücher, 19.Buch, S.261ff

450 Zachariae: 40 Bücher, 19.Buch, S.263

451 Zachariae: 40 Bücher, 22.Buch, S.86. Diese Definition gelte insbesondere für die konstitutionelle Monarchie

452 Zachariae: 40 Bücher, 1.Aufl., 23.Buch, S.68ff, 69

welche diese Grundsätze in Anwendung zu bringen hat."[453] Auch die richterliche Gewalt kann nach Zachariae von der vollziehenden Gewalt nur durch das urkundliche Recht und nur auf die Weise geschieden werden, daß sie verschiedenen Behörden zur Ausübung übertragen werden.[454]

Die Regierung hat sich nach seiner Theorie bei der Vollziehung der Gesetze durch "Kraft und Nachdruck, durch Behendigkeit und Stetigkeit, durch Einheit und Konsequenz ihrer Handlungsweise zu bewähren", wobei der Erfolg aber allemal von den Eigenschaften der mit der Vollziehung der Gesetze betrauten Beamten abhänge. Diese sollen, im Gegensatz zu den Richtern, aber nicht auf Lebzeit eingestellt werden.[455]

Durch die Verfassung kann die Regierung nach Zachariae entweder bloß zu einer negativen oder aber auch zu einer positiven Teilnahme an der Gesetzgebung ermächtigt werden. Erstere beschränkt die Regierung auf ein gegen neue Gesetze einzulegendes Vetorecht, letzteres gibt ihr die Möglichkeit, selbst Gesetzesvorschläge zu unterbreiten, wobei die Art und Weise der Teilnahme letztlich von dem Wesen und dem Geist der Verfassung eines jeden einzelnen Staates abhängt.[456] Der Regierung billigt Zachariae dabei zu, am besten über das Bedürfnis und die Ausführbarkeit neuer Gesetze urteilen zu können. So sei es insbesondere das Anliegen der Regierung, die Partei der Erhaltung zu vertreten und sich gewagten Neuerungen zu widersetzen. Andererseits werde die Regierung Gesetze, die zugleich ihr Werk sind, desto williger vollziehen, weshalb er den gänzlichen Ausschluß der Regierung von der Gesetzgebung - wie es in einer Demokratie leicht passiert - für unratsam hält.[457] Zachariae betrachtet auch eine Verfassung als keineswegs dem Interesse des Staates entsprechend, die die Regierung, unbeschadet ihrer Teilnahme an der Gesetzgebung, lediglich auf die Vollziehung der Gesetze beschränke, da es Fälle gibt, die durch Gesetz nicht geregelt werden können, z.B. die Kriegsführung, die auswärtigen Verhältnisse der Staaten etc, oder zweckmäßiger der Regierung überlassen zu bleiben haben, z.B. Bewaffnung des Heeres, Bewirtschaftung der Staatsgüter etc.[458] In außerordentlichen Fällen, wie in Zeiten innerer Unruhe oder eines unglücklich verlaufenden Krieges, kann es nach Zachariaes Auffassung sogar zweckmäßig sein, die Regierung vom Gehorsam der Gesetze gänzlich zu entbinden und alle Gewalt in derselben zu vereinen, wobei er es bei Re-

---

453 Zachariae: 40 Bücher, 1.Aufl., 23.Buch, S.69, 70

454 Zachariae: 40 Bücher, 1.Aufl., 23.Buch, S.71

455 Zachariae: 40 Bücher, 22.Buch, S.87ff. In der 1.Aufl., 23.Buch, S.72ff führt er näher aus, daß zum Aufgabengebiet der vollziehenden Gewalt das Regieren und das Verwalten gehört, und daß zum Verwalten Verstand und Ortskenntnis, zum Regieren auch Geist erfordert wird.

456 Zachariae: 40 Bücher, 22.Buch, S.89

457 Zachariae: 40 Bücher, 22.Buch, S.89

458 Zachariae: 40 Bücher, 22.Buch, S.90ff

präsentativverfassungen für ratsam erachtet, die Bedingungen dafür im voraus zu bestimmen.[459]

Die Regierung ist nach Zachariaes Theorie auch verpflichtet, die Verfügungen und Urteile der Gerichte zu vollziehen, und zwar derart, daß der Verurteilung vollständig Genüge geleistet wird, ohne aber darüber hinaus zu gehen. Insbesondere muß der Rechtskraft des Urteils die "Vollziehung auf dem Fuße folgen." So mißbilligt er namentlich die Gesetze, die z.B. dem Schuldner Zahlungsfristen einräumen, wie z.B. Artikel 1244 des Code Civil, als eine Ungerechtigkeit gegenüber dem Gläubiger, zu dem fremdes Gut verwendet werde. Die Art und Weise der Ausführung seitens der Regierung ist dabei durch ein besonderes Gesetz, einer sog. "Vollziehungs- oder Exekutionsordnung", zu regeln, und hat ihrerseits unter der Aufsicht der Gerichte zu stehen. Insbesondere im Strafbereich bemängelt er das Fehlen solcher Gesetze in den deutschen Staaten.[460] Mittels des Kronanwalts hat die Regierung nach seiner Auffassung im Interesse der Rechtspflege an derselben teilzunehmen.

Eine sog. "Administrativjustiz", also die durch Gesetz der Regierung zur Entscheidung vorbehaltenen Rechtssachen, kann nach Zachariae dann erforderlich sein, wenn die auswärtigen Verhältnisses des Staates oder das Interesse der öffentlichen Macht es erfordern. Ersteres liege vor, wenn die Wahrung der Selbständigkeit des Staates wesenlich gefährdet ist, letzteres dagegen, um den ungehinderten Lauf der Regierungsgeschäfte in eiligen Fällen zu gewährleisten.[461]

2.4.2.2.2. Die vollziehende Gewalt in der konstitutionellen Monarchie

Nach der Theorie Zachariaes kann auch die konstitutionelle Monarchie so organisiert werden, "daß ihr der Vorzug verbleibt, welchen die Monarchie überhaupt vor einer jeden andern Verfassung hat, - für die Freiheit, Kraft und Stetigkeit der vollziehenden Gewalt die vergleichungsweise vollkommenste Bürgschaft zu leisten."[462]

Gegen den Grundsatz, daß der Fürst in einer konstitutionellen Monarchie, um auch als Individuum durch sein Ministerium vertreten zu werden, die Aus-

459 Zachariae: 40 Bücher, 22.Buch, S.93f
460 Zachariae: 40 Bücher, 22.Buch, S.94ff
461 Zachariae: 40 Bücher, 22.Buch, S.97ff. Zu ersterem zählt er neben dem Prisenrecht das königlich-preußische Gesetz, welches, wenn in einen vor den Gerichten anhängigen Rechtsstreit ein völkerrechtlicher Vertrag einschlägt, die Deutung dieses Vertrages, und mithin die Entscheidung der Sache, dem Ministerium für auswärtige Angelegenheiten vorbehalten hat. Siehe jedoch Klüber: Die Selbständigkeit des Richteramtes im Verhältnis zu der königlich-preußischen Verordnung vom 25.Febr. 1823.
462 Zachariae: 40 Bücher, 19.Buch, S.263f

übung seiner Regierungsrechte in die Hände eines einzigen Ministers zu legen hat, spricht nach Zachariae die Vielzahl der Regierungsgeschäfte und das Interesse der Monarchie überhaupt. Deshalb ist die oberste Leitung der Regierungsgeschäfte nach seiner Auffassung, wie im heutigen Europa gang und gäbe, mehreren Ministern nach dem Ressortprinzip - Zachariae nennt es "eigenes Departement" - anzuvertrauen[463], wobei die Anzahl dieser Departements sich nach der Menge der Geschäfte der einzelnen Staaten richtet. Grundsätzlich können die Departements nach seiner Ansicht unter zwei Kategorien eingeordnet werde: Die Departements für auswärtige Angelegenheiten - diese umfassen das Departement des Krieges und das des friedlichen Verkehrs mit anderen Völkern - und die Departements des Innern.[464] Zachariae erteilt zwar einerseits dem Satz von Thiers "le roi regne, mais il ne gouverne pas" eine klare Absage, indem er sagt, das Interesse der Monarchie und auch sein eigenes erfordern, daß der Fürst sich nicht schlechthin durch seine Beamten vertreten lassen, sondern er auch selbst regieren soll.[465] Andererseits fordert nach seiner Theorie die Ministerverantwortlichkeit, "daß kein Befehl des Fürsten ohne Unterzeichnung desjenigen Ministers vollziehbar sey, in dessen Fach der Befehl einschlägt".[466] Dieser scheinbare Widerspruch ist dahingehend zu lösen, daß der Fürst nach Zachariaes Auffassung mittels seiner Minister regiert. "... Allein man würde diesen Vorzug in das Gegentheil verwandeln, wenn man dem Monarchen das Recht abspräche, mit seinen Ministern und durch sie zu regieren. ... . An die Stelle jener Regel ist vielmehr die Regel zu setzen: Nichts ohne den Fürsten, nichts allein durch den Fürsten."[467]

Um die Einheit des Ministeriums trotz der Vielzahl der Departements zu gewährleisten, ist einer der Minister zum Vorstand des gesamten Ministeriums - Zachariae bezeichnet ihn auch als "Premier-Minister" oder "Präsidenten" - zu ernennen, diese unter Vorsitz des Vorstandes zu einem regelmäßig tagenden Ministerrat zu vereinigen, um gemeinsam über die mehrere Ressorts betreffenden Regierungsangelegenheiten zu beraten. Zachariae betrachtet es auch für erforderlich, bei der Zusammensetzung des Ministeriums darauf zu achten, daß es aus Männern mit den gleichen politischen Ansichten besteht, damit es "obwohl eine Mehrheit von Individuen, dennoch gleich als ein Individuum d.i. in demselben Geiste die öffentlichen Angelegenheiten leite". Deshalb pflegt auch, wenn ein Ministerwechsel notwendig ist, in der konstitutionellen Monarchie das gesamte Ministerium abzutreten, und der Monarch einen einzelnen

463 Zachariae: Erbl. Einherrschaft, S.239, 240. Das Ressortprinzip ergibt sich nach Zachariae aus dem Grundsatz der Verantwortlichkeit der Minister. A.a.O. S.240

464 Zachariae: 40 Bücher, 19.Buch, S.264f

465 Zachariae: 40 Bücher, 16.Buch, S.123. Falsch insofern Bluntschli: Geschichte der Wissenschaften in Deutschland, S.661, sowie Fischer: ADB, S.651, die beide Zachariae Thiers Auffassung unterstellen.

466 Zachariae: 40 Bücher, 19.Buch, S.243f. So auch bereits in der 1.Aufl., 17.Buch, S.284: "Ein jeder Befehl, den der König, als König, erläßt, ist nur in so fern vollziehbar, als er schriftlich erlassen und von den geeigneten Großbeamten der Krone unterzeichnet ist."

467 Zachariae: 40 Bücher, 16.Buch, S.124

Mann von Einfluß mit der Bildung eines neuen Ministeriums zu beauftragen.[468]
Ferner ist in der konstitutionellen Monarchie nach seiner Ansicht noch ein anderer und größerer Rat, ein sog. Staatsrat, erforderlich, dem die Entscheidung über die der vollziehenden Gewalt vorbehaltenen Rechtssachen und die Beratung der vorzulegenden Gesetzesentwürfe obliegt.[469]

Das Verhältnis des Ministeriums zur Krone stellt dabei nach seiner Auffassung einen "Mittelzustand zwischen Abhängigkeit und Selbständigkeit, wie die konstitutionelle Monarchie überhaupt eine Verfassung des Antagonismus und des Gleichgewichts ist", dar.[470] Abhängig, weil der Monarch jederzeit und unbedingt das Recht hat, die Minister zu wechseln und alle wichtigen Regierungshandlungen seiner Zustimmung bedürfen; unabhängig, weil Zachariae die Krone für genötigt hält, die Minister unter den Männern zu wählen, die das Vertrauen des Volkes besitzen, also die Häupter der Mehrheitspartei der II. Kammer. Den Ausschlag für den Monarchen könne nur sein geistiges Übergewicht und sein Einfluß, den er über die einzelnen Minister ausübt, geben. Wieder tritt seine Vorliebe für das englische Verfassungssystem zu Tage, wenn er sagt: "In Großbritannien geht der Weg zu den Ministerstellen durch die Kammern, die Minister sind mächtig durch - nicht eifersüchtig auf das Ansehn des Parliaments".[471]

Was das Verhältnis des Ministeriums zu den Kammern betrifft, so erfordert die konstitutionelle Monarchie nach Zachariae, neben der bestehenden Verantwortlichkeit der Minister für Verbrechen und Vergehen nach dem gemeinen Recht, das Recht der Ministeranklage seitens des Volkes mittels seiner Vertreter. "Denn da es die Sache der Regierung ist, diese Verantwortlichkeit geltend zu machen, und da es das Interesse der Regierung seyn könnte, ja in der Regel seyn würde, die Schuldigen zu schonen und zu schützen, so würde die Verfassung, wenn sie es bei dieser Verantwortlichkeit bewenden ließe, den demokratischen Bestandteil der konstitutionellen Monarchie den Eingriffen Preis geben, welche sich das Ministerium in die Grundgesetze der konstitutionellen Monarchie zum Nachtheile der Demokratie erlauben könnte." Es kann aber nur gegen die Minister, und nicht etwa auch gegen die übrigen Staatsdiener, Anklage durch das Volk erhoben werden. Auch ist dieses Recht nach Zachariae der I. Kammer verwehrt, da sich mit der verfassungsmäßigen Stellung dieser Kammer ein Recht nicht vereinbaren läßt, in dessen Ausübung zugleich ein Angriff auf die Krone liegt.[472]

---

468 Zachariae: 40 Bücher, 19.Buch, S.265f
469 Zachariae: 40 Bücher, 19.Buch, S.266
470 Zachariae: 40 Bücher, 19.Buch, S.266f
471 Zachariae: Erbl. Einherrschaft, S.240
472 Zachariae: 40 Bücher, 19.Buch, S.268ff, 269. Ein zum Rücktritt zwingendes Mißtrauensvotum billigt er aber dem Volk und seinen Abgeordneten nicht zu, siehe bereits oben unter III. 2.4.1.

Das Anklagerecht ist nach seiner Auffassung aber nicht generell auf jede verfassungswidrige Handlung zu erstrecken, sondern durch Gesetz sind die möglichen Vergehen, die zur Anklage führen sollen, mit derselben Genauigkeit, wie beim gemeinen Recht, zu bestimmen. Den Gebrauch dieses Rechtes, wenngleich zu den Grundgesetzen der konstitutionellen Monarchie gehörend, stellt für Zachariae jedoch ein "öffentliches Unglück, das Zeichen einer schweren Krankheit, an welcher die Verfassung leidet", dar. "Der praktische Werth jenes Rechts besteht vielmehr darin, daß sich die Minister auf ihre Verantwortlichkeit zur Abwehrung unbilliger Zumuthungen berufen können."[473] Die Grundlage dieses Rechts beruht nach der Theorie Zachariaes darauf, daß der König für seine Person heilig und unverletzlich ist, und es die Schuld der Minister sei, "daß sie das Gewissen des Königes zu Irrthümern verleiteten."[474] Als zuständiger Gerichtshof komme dabei entweder die I. Kammer oder ein eigens dafür zu errichtender Staatsgerichtshof in Betracht. Ersterer entspreche besser dem Interesse der Monarchie, letzterer dagegen dem Interesse der Gerechtigkeitspflege. Auf keinen Fall soll aber die Anklage vor einem Gerichtshof des gemeinen Rechts erfolgen, "denn es kann der Angeklagte, damit seine Vertheidigung desto gewisser Gehör finde, verlangen, daß die Sache durch ein außerordentliches Gericht entschieden werde."[475]

Für die konstitutionelle Monarchie ist nach der Theorie Zachariaes ebenso eine den Grundsätzen des Repräsentativsystems entsprechende Organisation der Gemeinden und Bezirke für ihr Bestehen erforderlich. "Die konstitutionelle Monarchie bedarf daher vor allem Andern einer Gemeindeverfassung, welche, auf die Selbständigkeit der Gemeinden berechnet, nach den Grundsätzen des Repräsentativsystems organisiert ist."[476] Er setzt sich insofern für die Selbstverwaltung der Gemeinden ein, als er sagt, "das Volk hat der Regierung alle die Geschäfte gutwillig abzunehmen, die es selbst mit Erfolg besorgen kann." Die Selbständigkeit hat also die Regel, die Abhängigkeit der Gemeinden von der Regierung die Ausnahme zu sein.[477] Die Schranken, die dieser Selbständigkeit im Interesse der Regierung dabei zu setzen sind, könnten nach Zachariae durch die Bestellung eines Anwalts der Krone bei den Gemeinden erwei-

473 Zachariae: 40 Bücher, 19.Buch, S.271. Vgl zur Ministerialverantwortlichkeit die Monographie Mohls: Die Verantwortlichkeit der Minister, Tübingen 1837, die als Hauptschrift zu dieser Zeit galt.

474 Zachariae: 40 Bücher, 1.Aufl., 17.Buch, S.286

475 Zachariae: 40 Bücher, 19.Buch, S.270. In der 1.Aufl., 17.Buch, S.295f fordert er ein besonderes Gericht, deren Richter vom König auf Lebzeiten bestellt werden sollten und eine aus den Mitgliedern der I. Kammer zu besetzenden Geschworenschaft

476 Zachariae: 40 Bücher, 19.Buch, S.247f. "Denn das Wohl und Wehe des Menschen hängt vor allen Dingen von dem Verhältnisse ab, in welchem er zu seinen nächsten Nachbarn steht, von den Vortheilen oder Nachtheilen, welche mit seinem Aufenthalte an einem bestimmten Orte verbunden sind."

477 Zachariae: 40 Bücher, 4.Buch, S.162ff, 15.Buch, S.36ff, 37. Zachariae: 40 Bücher, 1.Aufl., 17.Buch, S.338: "Nur da kann der einherrschaftliche Freystaat gedeihn, wo die Gemeindeverfassung die Menschen schon für das öffentliche Leben bildet; wo sie dem Hange der Regierung, Alles in Allem zu seyn ... einen Damm entgegenstellt."

tert werden. Mit dem Wesen einer konstitutionellen Monarchie ist auch die Einrichtung eines von den Bürgern des Kreises zu wählenden Kreisrates, der durch Gesetz ihm übertragene Aufgaben wahrnimmt, vereinbar, und nach Zachariae auch mit Erfolg praktiziert.[478] Die Verwaltungsbehörden der einzelnen Verwaltungsbezirke sind entsprechend der Regierung zu organisieren, mit dem Unterschied, daß an die Spitze jedes einzelnen Bezirks nur ein Beamter zu stellen ist. Das Verhältnis der Verwaltungsbehörden zu dem Ministerium bestimmt sich dabei entsprechend dem Verhältnis zwischen Minister und Monarchen. Das Verwalten betreffend bleibt es dagegen beim obigen Grundsatz, daß die Geschäfte der vollziehenden Gewalt am besten von einem einzelnen erledigt werden, da der Grund, weshalb das Regieren mehreren anvertraut wurde, beim Verwalten nicht gelte.[479]

2.4.2.3. Die richterliche Gewalt

Nach Zachariae hat die Organisation der Gerichte, kraft des Wesens der richterlichen Gewalt, "theils für die unpartheiische theils für die sachgemäße d.i. für eine mit den Gesetzen und mit der thatsächlichen Beschaffenheit eines jeden einzelnen Falles übereinstimmende Entscheidungen der zur Kompetenz der Gerichte gehörenden Rechtsstreitigkeiten Gewähr zu leisten", und dem in der konstitutionellen Monarchie geltenden Grundsatz der Gleichheit aller vor dem Gesetz Geltung zu verschaffen. Somit ist durch die Verfassung der konstitutionellen Monarchie insbesondere ein auf persönlichen Vorrechten beruhender Gerichtsstand ausgeschlossen.[480] Der Sicherung dieser Unparteilichkeit der Gerichte dienen nach seiner Auffassung die Besetzung des Richteramtes auf Lebenszeit, eine reichliche Besoldung und ehrenvolle Stelle in der Beamtenhierarchie sowie die Einrichtung eines obersten Gerichtshofes und die Ermächtigung für diesen, bei Bedenken bezüglich der Unparteilichkeit, die Streitsache von dem eigentlich zuständigen an ein anderes Gericht zu verweisen.[481] Ferner die Öffentlichkeit - mit Ausnahmen in gewissen gesetzlich geregelten Fällen, wie z.B. bei Familiensachen - und Mündlichkeit der gerichtlichen Verhandlung.[482] Auf die sachgemäße Entscheidung rechtlicher Streitigkeiten bedacht sind nach seiner Ansicht die Regeln, daß Verhandlungen, mit Ausnahme von geringfügigen Streitigkeiten und Vergehen, grundsätzlich einer kollegialen Behörde statt einem Einzelrichter zu überlassen und mehrere Instanzen - Zachariae bevorzugt das zweistufige Instanzensystem mit Kassation - einzurichten sind. Ferner befürwortet er die Nichtsonderung der Strafrechtspflege von der bürgerlichen, einerseits wegen des größeren Aufwandes, ande-

478 Zachariae: 40 Bücher, 19.Buch, S.247f
479 Zachariae: 40 Bücher, 19.Buch, S.271ff
480 Zachariae: 40 Bücher, 19.Buch, S.273, 281
481 Zachariae: 40 Bücher, 19.Buch, S.273f
482 Zachariae: 40 Bücher, 1.Aufl., 17.Buch, S.321ff

rerseits, weil die bürgerliche der Strafrechtspflege durch ihre strenge Prüfung der Beweisgründe als Vorbild dienen könne.[483]

In der konstitutionellen Monarchie muß die richterliche Gewalt nach Zachariaes Auffassung nicht nur eine von den beiden anderen Gewalten gesonderte, sondern eine davon unabhängige Gewalt sein. "Sie ist, da die gesetzgebende und die vollziehende Gewalt von einander abhängig sind, die einzige selbständige Gewalt dieser Verfassung." So könne die Bürgschaft, die die konstitutionelle Monarchie für die Selbständigkeit der Rechtspflege leistet, als eine der Glanzseiten dieser Verfassung betrachtet werden.[484] Deshalb sind alle Entscheidungen über Streitigkeiten zwischen Parteien bezüglich ein ihnen zustehendes Recht den Gerichten vorzubehalten. Auch dürfen die Gerichte nach seiner Theorie die Gesetze nach bestem Wissen und Gewissen auslegen. Dies geht nach Zachariae sogar soweit, daß ihnen die Entscheidung der Frage obliegt, "ob eine gesetzliche Vorschrift den Bedingungen entspreche, unter welchen sie zu Folge den Verfassungsgesetzen allein verbindende Kraft haben kann."[485] Aufgeworfen werden könne diese Frage jedoch nur in einer Verfassung wie der konstitutionellen Monarchie, in der zwischen Gesetzen[486] und Verordnungen der Regierung unterschieden werde.[487] Abzulehnen ist dieses Recht nämlich in Bezug auf die Gültigkeit von Gesetzen, denn eine jede Vorschrift, "welche die Zustimmung der Kammern und die Sanktion des Fürsten erhalten hat, (ist) schlechthin verpflichtend ..., sobald sie nur in dieser Eigenschaft auf die verfassungsmäßige Weise beglaubigt worden ist. Nur über die Thatsache dieser Beglaubigung sind die Gerichte zu erkennen berechtigt."[488] Lediglich in Bezug auf Verordnungen steht somit den Gerichten das Recht der Prüfung der Rechtsgültigkeit, d.h., der Frage, ob die Verordnungen zur Gültigkeit die Zustimmung der Kammern bedurfte, wobei er einschränkt, daß der Regierung für gewisse genau festzulegende Fälle das Recht zustehen muß, "unbedingt gültige Verordnungen zu erlassen, übrigens unbeschadet des Rechts der Kammern, über die auf diese Weise erlassenen Verordnungen Beschwerde zu führen."[489] Die Gerichte sollen im Zweifel nach Zachariaes Ansicht auch über den Umfang ihrer Kompetenzen sebst entscheiden dürfen. Zachariae nennt

---

483 Zachariae: 40 Bücher, 19.Buch, S.274ff

484 Zachariae: 40 Bücher, 19.Buch, S.238ff

485 Zachariae: 40 Bücher, 19.Buch, S. 240, 241. Ausführlich im Archiv für civilistische Praxis (AcP), Jahrgang 1834, Band 16, S.145-182: Erstreckt sich das richterliche Entscheidungsrecht auf die Frage, ob die Regierung eine Verordnung, auf welche sich in einer Streitsache die Parteien beziehen, zu erlassen berechtigt gewesen sei?

486 Zachariae: 40 Bücher, 19.Buch, S.237. Gesetze i.S.d. Verfassungsrechts der konstitutionellen Monarchie sind Vorschriften, welche von dem Fürsten mit Zustimmung der Kammern erlassen werden.

487 Zachariae: Erstreckt sich das richterliche Entscheidungsrecht ..., S.164

488 Zachariae: Erstreckt sich das richterliche Entscheidungsrecht ..., S.181f

489 Zachariae: Erstreckt sich das richterliche Entscheidungsrecht ..., S.165, 175, 181. Wie Zachariae: Jordan: Bemerkungen über den Gerichtsgebrauch, dabey auch über den Hang der Rechtsbildung und die Befugnisse der Gerichte, in: AcP 8 (1825) S.191ff, 214f: "Die Beurtheilung der Gültigkeit eines Gesetzes steht den Gerichten unbedingt zu ..."

aber auch Ausnahmen, die der Gewaltenteilung ansich widersprechen. So ist z.B. das Begnadigungsrecht, eigentlich der Sache nach ein richterliches Urteil, der Krone vorbehalten.[490]

Die Diskussion um die Frage der gerichtlichen Befugnis[491] zur Kontrolle von Gesetzgebungsakten setzte nach Abschluß der süddeutschen Verfassungsbewegung in den zwanziger Jahren des 19. Jhdt ein und erreichte 1833 in der Auseinandersetzung zwischen Zachariae und Linde einen ersten Höhepunkt.[492] Die Ausführungen Zachariaes sind dabei umso beachtenswerter, wenn man bedenkt, daß die zeitgenössische Literatur ein solches Prüfungsrecht noch überwiegend ablehnte und nur eine Prüfung der formellen Erfordernisse (der "Existenz") des Gesetzes zuließ, nicht aber die Prüfung der sonstigen Verfassungsmäßigkeit, insbesondere folglich nicht die Prüfung, ob die etwa erforderliche Mitwirkung der Kammern vorlag.[493]

2.4.2.3.1. Die Stellung und Aufgabe der Gerichte

Zachariae versteht unter dem Richteramt "die Pflicht und das Recht, Rechtsstreitigkeiten rechtskräftig d.i. so zu entscheiden, daß die Entscheidung durch die öffentliche Macht (im gesetzlichen Wege) in Vollziehung zu setzen ist."[494] Als Pflichten des Richters nennt er die Unparteilichkeit[495], die Beschleunigung des Verfahrens und die Pflicht, sich bei den Urteilen an das Recht zu halten.[496]

Der Unterschied zwischen zivil- und strafrechtlichen Streitigkeiten besteht nach Zachariae darin, daß es in Zivilsachen im Ermessen der Parteien steht, ob sie ein Recht vor Gericht verfolgen wollen und ob sie sich gegen Angriffe durch die andere Partei verteidigen oder nicht, wogegen er in Strafsachen die Strafverfolgung - mittels eines "öffentlichen Anklägers" - als Pflicht des Staa-

---

490 Zachariae: 40 Bücher, 19.Buch, S.242

491 Vgl. zum richterlichen Prüfungsrecht: Gusy: Richterliches Prüfungsrecht, S.22ff; Ogorek: Richterliche Normenkontrolle im 19.Jhdt, in: ZNR 1989, S.12ff

492 Linde: In Monarchien mit landständischer Verfassung sind die Gerichte nicht befugt, die Gültigkeit der von den Monarchen ohne Mitwirkung der Landstände erlassenen Gesetze (Verordnungen) einer Prüfung und Entscheidung zu unterziehen, in: AcP 16 (1833) S.305ff, 310f

493 Schröder: Gesetzesauslegung und Gesetzesumgehung, S.82f.
Weitere namhafte Gegner dieses Prüfungsrechts waren: Mittermaier: Über die Ergebnisse der legislativen Thätigkeit in Bezug auf Zivilprozeßgesetzgebung und Gerichtsorganisation seit 1830, in: AcP 17 (1834), S.279ff; Zöpfl: Grundsätze des allg. und des constitutionell-monarchischen Staatsrechts, 2.Teil, §451, S. 631f; Stahl: Die Philosophie des Rechts, Band 2, 2.Abt, §138, S.504ff; wohl auch H.A. Zachariae: Deutsches Staats- und Bundesrecht, 2.Abt., S.244f

494 Zachariae: 40 Bücher, 21.Buch, S.44. Der Richter erhält seine Vollmacht vom Staate, ein Schiedsrichter dagegen von den Parteien.

495 Zu beachten hat der Richter den Grundsatz in dubio pro reo, Zachariae: 40 Bücher, 21.Buch, S.55 FN1. Er darf auch nicht mehr zusprechen, als von der Partei gefordert, selbst wenn es ihr zusteht. A.a.O. S.54

496 Zachariae: 40 Bücher, 21.Buch, S.54f

tes betrachtet, ebenso wie die Pflicht, für die Verteidigung des Angeklagten Sorge zu tragen. "Kraft der rechtlichen Vermuthung der Unschuld, welche im Staate ein jeder Mensch für sich hat ... ist die Anklage - in Beziehung auf den Angeklagten - einstweilen, d.h. bis zur Verurtheilung für widerrechtlich, die Vertheidigung hingegen schlechthin für rechtmäßig zu halten. Der Ankläger darf und soll die erhobene Anklage fallen lassen, sobald er sich von der Widerrechtlichkeit derselben überzeugt; der Angeklagte ist, wenn er auch für seine Person auf eine jede Vertheidigung verzichten sollte, von Staatswegen zu vertheidigen. ... . Zu Folge dieser Gunst hat z.B. ein Sachwalter die Vertheidigung eines Angeklagten auch dann zu übernehmen, wenn er von der Schuld des Menschen auf das vollkommenste überzeugt ist."[497] Zachariae kennt aber auch in Strafsachen für bestimmte Delikte, wie z.B. Ehebruch oder Hausdiebstahl, das Antragserfordernis zur Strafverfolgung.[498] Im übrigen sind die Voraussetzungen der gerichtlichen Verfahren die gleichen, weshalb er beide zusammen behandelt. Zachariae beschränkt das Amt des Richters dabei auf die Entscheidung rechtlicher Streitigkeiten, wobei dem Richter aber das Recht zusteht, alle zur Entscheidung erforderlichen Handlungen vorzunehmen. Es gehören somit weder die Geschäfte der richterlichen Polizei noch die Vollziehung richterlicher Verfügungen und Erkenntnisse zu seinen Befugnissen.[499]

Als die heiligste Pflicht des Staatsherrschers betrachtet er es, für die bestmögliche Gerechtigkeitspflege zu sorgen und diese durch eine jede nur denkbare Bürgschaft zu sichern. Denn "wenn die Gerichte den Gesetzen Hohn sprechen, erstirbt auch im Volke die Achtung für Recht und Gerechtigkeit."[500] Das Selbsthilferecht verbannt er dagegen, mit Ausnahme des Notwehrrechts als mit den Grundgesetzen des Staates nicht vereinbar. Das Notwehrrecht steht den einzelnen dagegen zu, da niemand rechtlich verpflichtet ist und verpflichtet werden kann, sich der Willkür eines anderen preiszugeben.[501]

2.4.2.3.2. Das gerichtliche Verfahren

Nach der Theorie Zachariaes hat der Staat jedem die Freiheit zu gewähren, seine Rechte vor Gericht, gleich ob Straf- oder Zivilsachen, angriffs- oder verteidigungsweise, geltend zu machen und sich durch einen Fürsprecher vertreten zu lassen. Insbesondere hat der Staat auch dafür Sorge zu tragen, daß die gerichtliche Durchsetzung eines Rechtes nicht an den hierzu erforderlichen Geldmitteln scheitert.[502]

---

497 Zachariae: 40 Bücher, 1.Aufl., 22.Buch, S.41
498 Zachariae: 40 Bücher, 21.Buch, S.45ff
499 Zachariae: 40 Bücher, 21.Buch, S.47
500 Zachariae: 40 Bücher, 21.Buch, S.48
501 Zachariae: 40 Bücher, 21.Buch, S.48ff
502 Zachariae: 40 Bücher, S.52ff

Bei der Frage, ob in bürgerlichen und in Strafsachen das Urteil über die Tatsache einem Schwurgericht[503] übertragen werden soll, hängt nach Zachariae davon ab, ob man von diesen eine richtigere und unabhängigere Beurteilung der einem Rechtsfall zu Grunde liegenden Tatsachen erwarten kann oder nicht. Mit Ausnahme von Schadensersatzklagen und Fällen, in denen zur Verurteilung eines Angeschuldigten auch indirekte und unvollkommene direkte Beweise als ausreichend erachtet werden, kann man nach Zachariae grundsätzlich von Richtern die richtigere Entscheidung erwarten.[504] Aber die Richter können sich nach seiner Auffassung dem Einfluß der Regierung trotz der durch die Verfassung garantierten Unabhängigkeit nicht gänzlich entziehen, da sie von dieser angestellt und befördert werden. Insbesondere bei Anklagen wegen eines Staatsverbrechens sieht Zachariae die Gefahr, die Regierung könne die Strafrechtspflege als Mittel benutzen, sich unliebsamer Gegner zu entledigen. "Da ist nun das Schwurgericht das einzige Mittel, welches der menschliche Verstand bisher ersonnen hat, um die Unabhängigkeit der Rechtspflege in Fällen dieser Art, insbesondere bei Anklagen wegen eines Staatsverbrechens, zu sichern."[505] Durch die Geschworenengerichte, durch die Teilhabe des Volkes an der Gerechtigkeitspflege, werden auch Bande zwischen dem Volk und der Verfassung geknüpft. Überdies werde der Satz, der 'König kann niemandem Unrecht tun', dadurch belegt. "Der Vorwurf, daß eine gewisse Verurteilung ungerecht sey, dieser Vorwurf mit seinen Folgen trifft nicht den König oder die königlichen Richter, sondern das Volk selbst." Ferner veranschaulicht sie in Verbindung mit dem Öffentlichkeitsgrundsatz der Verhandlungen die Gleichheit aller vor dem Gesetz.[506] Zachariae kommt daher zu dem Schluß, "daß in der konstitutionellen Monarchie in gewissen Zivilsachen das Interesse der Rechtspflege und in allen Strafsachen, - besonders aber, wenn die Anklage einem Staatsverbrechen gilt, - das Interesse der Verfassung die Institution des Schwurgerichts fordere."[507] Die Regel Englands, wonach das Schwurgericht der Einstimmigkeit zum Spruch bedarf - in Frankreich ist Stimmenmehrheit ausreichend -, betrachtet Zachariae dabei zwar grundsätzlich für die richtigere, aber aus praktischen Gründen, da Einstimmigkeit oft nur schwer herzustellen ist, schlägt er einen Mittelweg ein. Dannach sollen die Geschworenen zunächst 12 Stunden eingesperrt werden, um sie indirekt zur Einstimmigkeit

---

503 Vgl zu den Schwurgerichten und deren geschichtlicher Entwicklung: Schwinge: Der Kampf um die Schwurgerichte bis zur Frankfurter Nationalversammlung, S.66ff, 92ff

504 Zachariae: 40 Bücher, 19.Buch, S.276, 277f. Letzteres, weil ein Gericht bei der Beurteilung einer Strafsache durch gewisse ständige Maxime irregeleitet werden kann, oder daß Eigentümlichkeiten des Falles auf Grund der Ähnlichkeit mit früher entschiedenen Fällen übersehen werden.

505 Zachariae: 40 Bücher, 19.Buch, S.278f

506 Zachariae: 40 Bücher, 1.Aufl., 17.Buch, S.268ff, 276f

507 Zachariae: 40 Bücher, 19.Buch, S.279. vgl. auch Blackstone: Commentaries on the law of England, Band III, 13: Wenn Montesquieu behauptet, daß, weil Rom, Sparta und andere Freistaaten des Altertums ihre Freiheit verloren haben, auch die Freiheit der Engländer dereinst untergehen müsse, so hätte er bedenken sollen, daß alle diese Freistaaten, als sie ihre Freiheit verloren, mit dem Urteile durch Geschworene unbekannt waren.

zu nötigen. Falls gleichwohl keine Einstimmigkeit erzielt werden kann, soll mit Stimmenmehrheit entschieden werden.[508]

Um ein geordnetes Verfahren zu ermöglichen haben die Gesetze nach Zachariaes Auffassung die Art und Weise der Klageerhebung zu bestimmen. Er unterscheidet dabei zwischen Klage und Anklage. Erstere ist im Zivil- letztere im Strafverfahren einschlägig.[509] Dem Beklagten oder Angeklagten muß dabei das Recht zustehen, sich gegen die Klage sowohl direkt wie auch indirekt, also durch Leugnen oder Einrede zu verteidigen. Das Recht der indirekten Verteidigung besteht dabei unabhängig vom Recht der direkten Verteidigung. Es kann einerseits der Grund der Klage geleugnet und zusätzlich eine oder mehrere, auch sich widersprechende, Einreden erhoben werde. Die Einrede stellt nach seiner Auffassung zugleich einen Angriff auf den Kläger dar, so daß für sie die gleichen Bedingungen wie für eine Klage gelten.[510] Dabei haben beide Parteien nach seiner Auffassung die jeweils für sie günstigen Tatsachen zu beweisen.[511]
Bei einem Angeklagten, wie auch grundsätzlich bei einem Beklagten, ist Stillschweigen als Leugnen zu verstehen. In Zivilsachen kann aber an den Beklagten die Verwarnung ergehen, bei Nichtantwort auf die Klage als geständig oder überführt angesehen zu werden.[512]

Die Zulänglichkeit eines Beweises liegt nach Zachariae grundsätzlich im Ermessen des Richters. Nach seiner Auffassung hat dabei "... der indirekte Beweis, der Beweis, welcher auf Schlüssen beruht, die aus direkt erwiesenen Tatsachen zufolge allgemeiner Erfahrungssätze gezogen werden, dieselbe Beweiskraft, wie der direkte Beweis,... Gleichwohl ist unter den Deutschen Rechtsgelehrten die Meinung sehr weit verbreitet, daß es widerrechtlich sey, einen Angeklagten auf einen indirekten Beweis zu verurtheilen. Aber diese Meinung ist ebensowenig haltbar, als die der Englischen Rechtsgelehrten, welche dem indirekten Beschuldigtenbeweise vor dem direkten,..., sogar den Vorzug geben."[513] Spreche man dem indirekten Beweis nämlich diese Wirkung ab, bliebe dem Richter nach Zachariae nichts anderes übrig, als zu "Torturen" und der "schimpflichen Rolle eines Ausspähers" Zuflucht zu nehmen.[514]
Die Gesetze können nach Zachariae zwar auch die "Beschaffenheit bestimmen, welche ein Beweis - überhaupt oder in gewissen Fällen - wenigstens ha-

508 Zachariae: 40 Bücher, 19.Buch, S.280, 281
509 Zachariae: 40 Bücher, 21.Buch, S.56ff
510 Zachariae: 40 Bücher, 21.Buch, S.60f. Nicht zu verwechseln mit der Widerklage, die eine Klage für sich ist.
511 Zachariae: 40 Bücher, 21.Buch, S.61f
512 Zachariae: 40 Bücher, 21.Buch, S.59f
513 Zachariae: 40 Bücher, 21.Buch, S.64f
514 Zachariae: 40 Bücher, 21.Buch, S.61ff, 64f. Vgl. Böhmer: Über die Folter, Weimar 1819: Überall, wo man auf das Geständnis ein entscheidendes Gewicht legt, fehlt es nicht an einer geheimen oder verschleierten Tortur.

ben muß, wenn er zur Verurtheilung oder zur Lossprechung hinreichen soll. Sie können z.B. und sie sollen auch Befinden gewisse Zeugen für unzulässig oder den Zeugenbeweis in gewissen Fällen für unstatthaft erklären .... Gleichwohl dürfte die Gesetzgebung die bessere seyn, welche dem richterlichen Ermessen auch in dieser Beziehung den größeren Spielraum verstattet."[515]
Als Beweisarten kennt er den Augenschein-, Zeugen- und Urkundsbeweis, nicht aber Sachverständigengutachten, Geständnis der Gegenpartei und den gerichtlichen Eid.

Die Gerichtsordnung hat nach seiner Auffassung ferner die Regeln zu enthalten, damit der Richter seinen Pflichten entsprechen kann. Sie hat ihn auf das Wesen seines Amtes zu beschränken, mit dem in Zivilsachen der Instruktionsprozeß und in Strafsachen der Untersuchungsprozeß unvereinbar ist[516], der Beschleunigung des Verfahrens zu dienen, gleichzeitig aber vor Übereilung bewahren, das gerichtliche Verfahren an gewisse Förmlichkeiten zu binden, deren Nichtbeachtung die Ungültigkeit des ganzen oder eines Teils des Verfahrens zur Folge hat, sowie die Öffentlichkeit und Mündlichkeit der gerichtlichen Verhandlung zur Regel zu machen.[517]

Zachariaes Stellungsnahme zu Gunsten der Öffentlichkeit und Mündlichkeit der gerichtlichen Verhandlung, der freien Beweiswürdigung[518], der selbständigen Anklagevertretung durch einen "öffentlichen Ankläger" und die Zulassung eines Verteidigers kann nicht besonders genug hervorgehoben werden. So war bis ins 18. Jhdt das reguläre Verfahren der Inquisitionsprozeß.[519] Zwar begegnete man schon im 18. Jhdt einzelnen Reformforderungen, wie nach Öffentlichkeit des Verfahrens und dem Prinzip der freien Beweiswürdigung.[520] Erst aber in der Mitte des 19. Jhdt wurde schließlich der Inquisitionsprozeß überwunden und durch einen reformierten Strafprozeß ersetzt.[521] Anerkannt wurde damit, den Beschuldigten in einem öffentlichen und mündli-

---

515 Zachariae: 40 Bücher, 21.Buch, S.64
516 "Denn ist es nicht eine Ehrensache für den Richter, eine einmal begonnene Untersuchung durch eine Verurteilung zu krönen? Sind die Menschen nicht geneigter zum Verurtheilen als zum Lossprechen? Hat nicht die Überführung eines Angeschuldigten, sobald der Fall zu den schwierigeren gehört, denselben Reiz, wie die Enthüllung eines Geheimnisses? Man lese nur Untersuchungsakten; der Vorliebe für die Ausmittelung der Unschuld wird man die Untersuchungsrichter selten oder nie bezichtigen können."
517 Zachariae: 40 Bücher, 21.Buch, S.75ff
518 Vgl zur Entwicklung der freien Beweiswürdigung: Schwinge: Der Kampf um die Schwurgerichte, S.74ff. Demnach wurde der Streit zwischen Beweistheorie und freier Beweiswürdigung vorzüglich zwischen den Anhängern und Gegnern des Schwurgerichtes geführt.
519 Rüping: Grundriß der Strafrechtsgeschichte, S.45f
520 Preuschen: Abhandlung über die Öffentlichkeit des gerichtlichen Verfahrens, 1774, S.24ff
521 Rüping: Grundriß der Strafrechtsgeschichte, S.66ff, 82ff. Vgl zu den einzelnen prozessualen Forderungen: Heinrich Albert Zachariae: Die Gebrechen und die Reform des deutschen Strafverfahrens. "Das Inquisitionsverfahren entspricht einer unbeschränkten Monarchie, in der nur die Persönlichkeit des Regenten Schutz gegen Unrecht verbürgt. Der Rechtsstaat fordert dagegen die Verrechtlichung der Beziehung, die Anerkennung des Betroffenen als Subjekt und einen Anklageprozeß, in dem er seine Rechte selbständig geltend machen kann." A.a.O., S.139

chen Verfahren mit Geschworenen zu verurteilen, bei dem ein öffentlicher Ankläger selbständig die Anklage vertrat, wobei der Beschuldigte bei nicht ausreichendem Beweis für Unschuldig zu gelten hatte.[522] Aus den Abhandlungen zugunsten der Geschworenengerichte sprach, wie auch bei Zachariae, das tiefe Mißtrauen der Zeit gegen die alles bevormundende Beamtenkaste und die Furcht vor Richterwillkür und Kabinettsjustiz. Keine Geringere als Kant, Kleinschrod und Klüber sprachen sich ebenfalls für das Schwurgericht aus.[523] So war auch schon bei Kant das Geschworenengericht ebenso wie bei Zachariae, Ausdruck der Partizipation des Volkes an der Strafrechtspflege.[524] Dennoch darf nicht verkannt werden, daß das Schwurgericht auch namhafte Gegner wie Savigny, Stahl, Wächter und H. A. Zachariae hatte, ja man fast sagen kann, daß die deutsche Rechtswissenschaft bis 1847 doch überwiegend das Schwurgericht ablehnte.[525]

Durch das richterliche Endurteil wird der Rechtsstreit zwischen den Parteien beendet und dem in Gewißheit gesetzten Recht die Eigenschaft der Vollziehbarkeit erteilt, "mit andern Worten, das Urtheil, das der Richter spricht ist rechtskräftig".[526] Die Urteile der Gerichte sind nach Zachariae aber nicht deswegen rechtskräftig, weil sie gerecht sind, denn auch die Richter können als Menschen dem Irrtum unterworfen sein, "sondern sie sind nur, - kraft eines Nothstandes oder ex praesumtione juris et de jure, - als gerecht zu betrachten, weil es sonst an einem allgemeingültigen Maßstabe für Recht und Unrecht gänzlich gebrechen würde."[527] Zachariae räumt deshalb den Parteien das Recht mehrerer Instanzen ein, wobei die Abänderung nur zu Gunsten der Partei erfolgen kann, die das Rechtsmittel eingelegt hat.[528]

Ein funktionierendes Gerichtswesen bedarf nach Zachariae auch einer sog. gerichtlichen Polizei, wobei er entsprechend der bürgerlichen und Strafgerichtsbarkeit zwischen zivilrechtlicher und strafrechtlicher Polizei unterscheidet. Die Verwaltung der gerichtlichen Polizei ist dabei nicht den Gerichten, sondern eigenen Beamten zu übertragen, da die Gerichte auch über die Rechtmäßigkeit der Handlungen dieser Polizei zu wachen haben. Erstere umfaßt die Beamten des bürgerlichen Standes (Standesbeamte), Notare oder Staatsschreiber sowie die zur Führung von Grund- und Hypothekenbüchern bestellten Be-

---

522 Rüping: Grundriß der Strafrechtsgeschichte, S.66, 82ff

523 Schwinge: Der Kampf um die Schwurgerichte, S.71

524 Kant: Metaphysische Anfangsgründe der Rechtslehre, §49, S.201f; Mittermaier: Die Mündlichkeit, das Anklageprinzip, die Öffentlichkeit und das Geschwornengericht, S.248ff; vgl auch Schwinge: Der Kampf um die Schwurgerichte, S.67. Zur Entwicklung der Schwurgerichte vgl: Böttges: Die Laienbeteiligung an der Strafrechtspflege, S.21ff ; Hahn: Die Entwicklung der Laiengerichtsbarkeit im Großherzogtum Baden, S.29ff

525 So Schwinge: Der Kampf um die Schwurgerichte, S.71ff unter Aufzählung der Gegner und Befürworter der Schwurgerichte.

526 Zachariae: 40 Bücher, 21.Buch, S.70ff. Zachariae kennt auch die Rechtsregel in Strafsachen "ne bis in idem". Ausführlich dazu A.a.O., 25.Buch, S.366

527 Zachariae: 40 Bücher, 21.Buch, S.73

528 Zachariae: 40 Bücher, 21.Buch, S.74, siehe dazu bereits 19.Buch, S.274ff

amten.[529] Zu letzterer gehören die Beamten, deren Aufgabe es ist, Beweise zur Beschuldigung und Entschuldigung der Verdächtigen zu sammeln sowie die Angeschuldigten gegebenenfalls zu inhaftieren, wobei an der Spitze dieser Polizei ein öffentlicher Ankläger steht. Die Anzahl der Beamten dieser strafrechtlichen Polizei kann dabei nach seiner Ansicht nicht groß genug sein.[530]
Bei jedem Gericht ist nach Zachariae auch ein Anwalt der Krone zu bestellen, dessen Aufgabe er darin sieht, die Regierung, wenn sie entweder als Partei oder überhaupt wegen dem Interesse der Vollziehung der Gesetze an der Gerechtigkeitspflege beteiligt ist, zu vertreten.[531] Die Sachwalter sind dagegen diejenigen Staatsdiener, deren Beruf es ist, die Rechte der Parteien vor Gericht zu verteidigen.[532]

2.4.3. Gewährleistungen für die Fortdauer der konstitutionellen Monarchie

2.4.3.1. Gewährleistungen allgemeiner Art

Die Fortdauer einer Verfassung ist nach Zachariaes Auffassung "bedingt durch die Vorteile, welche die Verfassung den Machthabern zusichert, - die Hemmnisse, welche sie dem Mißbrauche der Gewalt in den Weg legt, - endlich, (im bestimmten Falle,) durch die Furcht vor dem Widerstande, welchen Eingriffe in die Verfassung hervorrufen könnten".[533]
Trotz der Vorteile, die die konstitutionelle Monarchie dem Fürsten für seine Person gewähren - die Heiligkeit und Unverletzlichkeit der Person des Monarchen durch die Ministerverantwortlichkeit; eine Regierung, die, wenn sie mit und nach dieser Verfassung zu regieren versteht, mächtiger ist als selbst der unbeschränkteste Monarch, da das Volk mehr zu Opfern bereit ist, wenn es sich diese selbst auferlegt oder sich selbst auferlegt zu haben glaubt; sowie die Besetzung der Ministerstellen durch Männer, die das Vertrauen des Volkes besitzen -, würde man sich nach Zachariae irren, wenn man der Gefahr, daß der demokratische Bestandteil der Verfassung dem monarchischen erliegen könnte, keine Beachtung schenken würde. Denn das Regieren stellt eben für die meisten Menschen mehr eine Lust als eine Last dar, und insbesondere der Besitz einer Gewalt reizt zur Erweiterung derselben.[534]
Dagegen hängt die Gefahr, die dieser Verfassung durch das Volk droht, nach seiner Ansicht von dem Zustand der bürgerlichen Gesellschaft ab. Dabei hat diese Verfassung die untersten Volksklassen am meisten zu fürchten, wogegen er in dem wohlhabenden Bürgerstand die Stütze derselben sieht. Der Fürst, als

529 Zachariae: 40 Bücher, 19.Buch, S.282ff
530 Zachariae: 40 Bücher, 19.Buch, S.284
531 Zachariae: 40 Bücher, 19.Buch, S.284f
532 Zachariae: 40 Bücher, 19.Buch, S.285ff. Diese sind jedoch nicht zu verwechseln mit den Anwälten.
533 Zachariae: 40 Bücher, 19.Buch, S.287
534 Zachariae: 40 Bücher, 19.Buch, S.287ff

Oberbefehlshaber des Heeres, hat die Macht, gewaltsame Angriffe auf die Verfassung abzuwehren. Zachariae betrachtet das stehende Heer[535] als einen Grundpfeiler dieser Verfassung, wenngleich dieses eben durch diese Macht zum gefährlichsten Feind der Verfassung werden kann. Deshalb tritt er für das Konskriptionssystem ein, weil die Regierung bei diesem zu fürchten hat, daß das Heer nicht in allen Fällen gehorchen werde.[536]

Nach Zachariae sind Staatsschulden die "vollkommenste Bürgschaft für die Fortdauer der konstitutionellen Monarchie in Beziehung auf die Gefahr, welche ihr von Seiten der Regierung drohen könnte. Denn wie sich die Verhältnisse in Europa gestellt haben, kann kein Europäischer Staat des Kredits, und mithin des Zutrauns der Kapitalisten zur Rechtlichkeit der Regierung, entbehren. So gewiß nun einerseits dieses Zutraun durch einen Gewaltstreich der Regierung erschüttert werden würde, und so gewiß andererseits vorzugsweise die konstitutionelle Monarchie den Staatskredit hält und hebt, eben so gewiß hat besonders in dieser Verfassung die Regierung das Interesse, sich eines jeden gewaltsamen Angriffs auf die Rechte und Freiheiten des Volkes zu enthalten."[537] Der beste Rat an die Kammern könne deshalb nur der sein, um jeden Preis Schulden zu machen.

2.4.3.2. Gewährleistungen besonderer Art: Grundrechte

Durch die Aufnahme von Grundrechten in die Verfassungsurkunde - Zachariae bezeichnet sie als durch die Verfassungsurkunde den Mitgliedern der II. Kammer erteilten "Dienstanweisung (Instruktion)", welche die den Bürgern durch die Verfassung zu gewährenden Rechte im allgemeinen aufzuzählen haben[538] - können die Verfassungen der konstitutionellen Monarchien der Gefahr vorbeugen, daß sich die II. Kammer der Herrschaft der öffentlichen Meinung entzieht, und die ihr vom Volk erteilten Vollmachten mißdeuten.[539]

Im einzelnen haben die Verfassungsurkunden der konstitutionellen Monarchien nach seiner Auffassung folgende Grundrechte zu gewährleisten:[540] 1. Sie haben die "Gleichheit aller vor dem Gesetze auszusprechen, übrigens mit dem

---

535 Siehe dazu Rotteck: Über stehende Heere und Nationalmiliz, Freiburg 1814

536 Zachariae: 40 Bücher, 19.Buch, S.291ff

537 Zachariae: 40 Bücher, 19.Buch, S.294f. An sich aber ist nach Zachariae der Parteikampf die eigentliche Lebensquelle dieser Verfassung, "indem er die öffentliche Sache den Bürgern zu einer Ehrensache macht und, die öffentlichen und besondern Verhältnisse des Bürgers mit einander auf das genaueste verflechtend, die einen durch die andern hebt und belebt." 1.Aufl., 18.Buch, S.369

538 Zachariae: 40 Bücher, 19.Buch, S.296. In der 1.Aufl., 17.Buch, S.349, 350 spricht er von Grundgesetzen.

539 Zachariae: 40 Bücher, 19.Buch, S.296. Als solche nennt er die englischen Bill of rights, die Erklärung der Menschen- und Bürgerrechte der Verfassungsurkunde der Union und der ersten Konstitution Frankreichs, sowie die Instruktionen, die sich in allen neueren Verfassungsurkunden der konstitutionellen Monarchien befinden.

540 Zachariae: 40 Bücher, 19.Buch, S.296ff. In der 1.Aufl., 17.Buch, S.358 nennt er noch das Petitionsrecht

Vorbehalt der Ausnahmen, welche diese Urkunde selbst etwa enthält". So ist insbesondere das weibliche Geschlecht dem männlichen nur in Beziehung auf das Natur- und bürgerliche Recht, nicht aber bezüglich des Verfassungsrechts, d.h., nicht bezüglich der unmittelbaren oder mittelbaren Teilnahme an der Verwaltung der öffentlichen Angelegenheiten gleichgestellt. "Denn das Staatsbürgerrecht ist seinem Wesen nach ein bedingtes Recht d.i. nur diejenigen können auf dieses Recht Anspruch machen, welche das physische Vermögen haben, den Pflichten eines Staatsbürgers Genüge zu leisten, also nur diejenigen, welche dem Gemeinwesen mit Rath und Tath zu dienen im Stande sind." Diese Eigenschaften spricht er zeitüblich dem weiblichen Geschlecht ab, und betrachtet eine Teilnahme desselben als mit den ihm kraft Naturbestimmung obliegenden Pflichten unvereinbar.[541] 2. Die Verfassung hat den Grundsatz "der Glaubens und Religionsfreiheit" zu gewährleisten, d.h., nicht nur, daß es jedem freistehen muß, sich zu einem Glauben zu bekennen, sondern jegliche politischen und bürgerlichen Rechte haben den Untertanen unabhängig von ihrem Glaubensbekenntnis zuzustehen. 3. In der Verfassungsurkunde ist die "persönliche Freiheit der Untertanen" zu garantieren - als Vorbild verweist er dabei auf die Habeas-Corpus-Akte der Engländer[542] -, wenngleich die nähere Ausführung, die Art und Weise betreffend, der Gesetzgebung überlassen bleiben muß. Zu dem Recht der persönlichen Freiheit gehört nach seiner Auffassung auch das Recht der Auswanderung - "wo ein jeder berechtigt ist, den Wanderstab in einem jeden Augenblicke zu ergreifen, da kann sich die Regierung gegen einen jeden auf die Zufriedenheit berufen, welche er, indem er von jener Freiheit nicht Gebrauch machte, mit der Verfassung und Verwaltung des Staates bezeigt hat" -, weswegegen er die Nachsteuer und die Bedingung der Genügeleistung der Konskription als widerrechtlich einstuft. 4. Die Verfassung hat auch die "Freiheit des Eigentums überhaupt" zu verbürgen, wobei sich diese Vorschrift gewöhnlich aus praktikablen Gründen - eine allgemeine Gewährung dieser Freiheit würde oft Mißverständnisse verursachen - darauf zu beschränken habe, daß niemandem sein Eigentum ohne vorläufige und genügende Entschädigung genommen werden dürfe. 5. Schließlich hat die Verfassung auch die "Freiheit des geistigen Verkehrs oder der gegenseitigen Gedankenmittheilung" zu gewährleisten, worunter neben dem Recht der intellektuellen, moralischen und politischen Vereinigungsfreiheit als wichtigstes Recht die Freiheit der Presse[543] fällt. Nach Zachariae ist mit der Pressefreiheit und der Verfassung der konstitutionellen Monarchie jegliche Zensur unvereinbar. Denn es stellt denjenigen, dem die Zensur obliegt, über die öffentliche Meinung, anstatt "daß in der konstitutionellen Monarchie die öffentliche Meinung, gleich als ein höheres Wesen, über Alle und Alles" gebietet. Jedoch Zensur-

541 Zachariae: 40 Bücher, 11.Buch, S.140ff; 23.Buch, S.118f

542 Zachariae: 40 Bücher, 19.Buch, S.297 FN2. Blackstone bezeichnete sie als die zweite Magna Charta der Engländer, Blackstone: Commentaries on the law of England, I, 1

543 Vgl. dazu: Krug: Entwurf zur Deutung und Darstellung der englischen Gesetzgebung über die Pressefreiheit, Leipzig 1818, sowie sein Entwurf zu einer allgemeinen Gesetzgebung über die Preßfreiheit in Deutschland, Leipzig 1816. Hoffmann, L: Censur- und Preß- Freiheit, 1.Teil, Berlin 1818

freiheit bedeutet nach seiner Ansicht noch lange nicht Pressefreiheit.[544] Wahre Pressefreiheit bestehe nämlich nur dort, wo der Schriftsteller oder dessen Verleger wegen des Inhalts der Druckschrift, wenn sie sich gegen den Staat als solchen richtet, wie in den Vereinigten Staaten, nicht zur Verantwortung gezogen werden kann.[545] Die Pressefreiheit betrachtet er dabei nicht nur als ein Mittel, die Regierung zu kontrollieren und der öffentlichen Meinung Einfluß auf diese zu verschaffen, sondern auch als ein Mittel, durch welches die Wähler von den Meinungen und dem Abstimmverhalten der von ihnen gewählten Volksabgeordneten unterrichtet werden, die Volksabgeordneten wiederum von der Meinung des Volkes bezüglich ihren Handlungen erfahren könne, "mithin als die Bedingung, unter welcher allein die öffentliche Meinung über die Mitglieder der II. Kammer, (welche nur zu leicht vergessen, daß sie nicht Herrn sondern die Diener des Publikums sind,) gebiethen kann".[546]

Die Grundrechte stellen bei Zachariae, der Verfassungswirklichkeit entsprechend, lediglich Bürgerrechte dar.[547] Auch Zachariae vermeidet, wie die zeitgenössische Literatur[548], die Verwendung des Begriffes Menschenrechte, und spricht vielmehr immer nur von Rechten der Untertanen oder Staatsbürgern.

Eine Bindung des Gesetzgebers an die Grundrechte allgemein kann bei Zachariae nicht gefunden werden, und wäre auch ganz zeituntypisch.[549] Wenn nun nach Zachariaes Auffassung die Verfassung die "Gleichheit aller vor dem Gesetze" aussprechen soll, so läßt sich daraus allein noch keine Bindung des Gesetzgebers an den Gleichheitssatz entnehmen. In der Staatslehre des frühen 19. Jhdts wurde der allgemeine Gleichheitssatz nicht als Garantie der Rechtsgleichheit, sondern als Garantie der Rechtsanwendungsgleichheit verstanden. Gestützt wurde diese Differenzierung dabei auf den Wortunterschied zwischen der Gleichheit "vor dem Gesetz" und der Gleichheit "des Gesetzes".[550] Wenn

---

544 So äußert er sich in der 1.Aufl., 17.Buch S.352 belustigend: "Man darf lächeln, wenn ein Censurgesetz wegen der Achtung gepriesen wird, die es für die Freyheit des geistigen Verkehrs an den Tag lege."

545 Zachariae: 40 Bücher, 19.Buch, S.299, 300

546 Zachariae: 40 Bücher, 19.Buch, S.299. Dasselbe gilt nach seiner Auffassung in ähnlicher Weise für die Mitglieder der I. Kammer. A.a.O. S.299 FN2

547 Vgl zu der Entwicklung von Grund- und Menschenrechte: Gerd Kleinheyer: Grundrechte - zur Geschichte eines Begriffes, für die Zeit des deutschen Frühkonstitutionalismus S. 17ff; ders. in: Geschichtliche Grundbegriffe, Band 2, S.1047ff. Vgl zu den einzelnen Verfassungen: Huber: Dokumente zur deutschen Verfassungsgeschichte, Band 1

548 Die "Bibliotheca iuridica" für 1750 bis 1876 von Enslin/Engelmann/Wuttig/Rossberg verzeichnet bis 1848 keine Monographie über Menschenrechte. Selbst Brockhaus enthält bis zur 9.Aufl.(1844) kein Stichwort "Menschenrechte". Bei Rotteck/Welcker erscheint der Begriff Menschenrechte erstmals im Suppl. zur 1.Aufl. 1847

549 Vgl. zu der Verfassungslage in den einzelnen Ländern: Kleinheyer in Geschichtliche Grundbegriffe, Band 2: Grundrechte, Menschen- und Bürgerrechte, Volksrechte, S.1070ff

550 Vgl. zur herrschenden Verfassungsinterpretation von Art 4 S.1 der preußischen Verfassung in Huber: Deutsche Verfassungsgeschichte, Band 3, S.102. So bekannte sich die bayerische Verfassung mit der berühmten Doppelformel: "Gleichheit der Gesetze und vor dem Gesetze", zitiert aus Huber: Deutsche Verfassungsgeschichte, Band 1, S.352. Vgl die bayerische Verfassung vom 26. Mai 1818, in: Huber: Dokumente zur deutschen Verfassungsgeschichte, Band 1, S.156

von "Gleichheit vor dem Gesetz" die Rede war, so war damit nicht die Gleichheit des Gesetzesinhaltes, sondern nur die Gleichheit der Gesetzesanwendung gemeint.[551] Bei Zachariae mögen zwar über das zeitgenössische Verständnis hinausgehende Ansätze einer Bindung des Gesetzgebers an den Gleichheitssatz zu erkennen sein. So nennt er etwa als Grundsatz der Gesetzgebung den "Grundsatz der rechtlichen Gleichheit, der Gleichheit Aller vor dem Gesetze" und lehnt Ausnahmegesetze und Privilegien als widerrechtlich und gegen den Grundsatz der rechtlichen Gleichheit verstoßend ab.[552] Ob damit, entgegen dem zeitgenössischen Verständnis, wirklich eine Bindung des Gesetzgebers an den Gleichheitssatz im modernen Sinne zu sehen ist, kann jedoch nicht mit letzter Gewißheit gesagt werden, zumal er diese Grundsätze nicht im Rahmen der Grundrechte, sondern im Rahmen der Gesetzgebung erstellt.

3. Die Polizeigewalt des Staates[553]

3.1. Begriff der Polizeigewalt

Mit der Verwerfung der Wohlfahrt und der Glückseligkeit als Staatszweck geriet unwillkürlich auch der damit verbundene Begriff der "guten Policey" in Mißkredit und wurde als Gefährdung der Freiheit empfunden. Folglich wurde dem Staat die Tätigkeit insbesondere auf den Gebieten untersagt, die bisher das Hauptaugenmerk seiner "guten Policey" waren. Mit der Beschränkung des Staates auf eine "Sicherheitsanstalt" begann der moderne Polizeibegriff, der sich ankündigte in der Forderung, der Herrscher könne zwar die Mittel zur Vervollkommnung seiner Mitglieder zur Verfügung stellen, nicht aber den einzelnen zur Teilnahme daran zwingen.[554] So wies z.B. Fichte in Fortführung Kants der Polizei zwei große Zentralbereiche zu, nämlich zum einen die allgemeine Gefahrenabwehr sowie die Sicherheits- und Schutzfunktion und zum anderen die Überwachung und Einhaltung der Gesetze.[555] Damit war aus geistesgeschichtlicher Betrachtungsweise die Glückseligkeit letztlich eliminiert.

---

551 Huber: Deutsche Verfassungsgeschichte, Band 3, S.102. Die Aussage in Huber: Deutsche Verfassungsgeschichte, Band 1, S.352, daß schon im Frühkonstitutionalismus der Gleichheitssatz richtig verstanden nicht nur die Exekutive und die Justiz, sondern auch die gesetzgebende Gewalt verpflichte, geht wohl zu weit.

552 Zachariae: 40 Bücher, 20.Buch, S.9ff. Vgl. dazu ausführlich unter ***IV. Die Gesetze 1. Begriff und Wesen des Gesetzes***

553 Zachariae behandelt im 23. und 25.Buch auch noch ausführlichst die Zivil- und Strafgewalt des Staates. Ersteres gehört aber in den Bereich des Zivilrechts, letzteres dagegen in den des Strafrechts.

554 Bahrdt: Rechte und Obliegenheiten der Regenten und Unterthanen in Beziehung auf Staat und Religion, S.76. Zur Verengung des Polizeibegriffs am Ende des 18. Jhdt auf Ordnungsbewahrung und Gefahrenabwehr vgl auch: Schmelzeisen: Polizeiordnung und Privatrecht, S.11; Maier: Die ältere deutsche Staats- und Verwaltungslehre, S.197f, 240ff; Knemeyer in: Geschichtliche Grundbegriffe, Band 4, S.875ff

555 Fichte: Grundlage des Naturrechts nach Principien der Wissenschaftslehre, 1.Abt., Band 4, S.85, 91

Die klarste Begrenzung, ausgehend von Pütters erstem Ansatz zur Eliminierung des Wohlfahrtstaates in seiner 1770 erschienenen Schrift "Institutiones juris publici Germanici", brachte schließlich Sonnenfels in seinen "Grundsätzen der Policey", in denen es heißt: "Die Wissenschaft, die innere Sicherheit des Staates zu gründen und handzuhaben: das ist die Polizeiwissenschaft."[556]

Nach der Theorie Zachariaes obliegt der Polizeigewalt die Pflicht, "die Grundsätze der schützenden Gerechtigkeit in Vollziehung zu setzen, mithin das Gemeinwesen und die einzelnen Unterthanen, nötigenfalls, gegen die Gefahren in Schutz zu nehmen, von welchen sie in ihren Rechten bedroht seyn könnten." Die Polizeigewalt besteht dabei aber nur in der Anwendung der drei Grundgewalten des Staates auf den besonderen Zweck der Polizei, und stellt nicht etwa eine vierte, von den drei Grundgewalten gesonderte Gewalt dar.[557]

Vermöge dieser Polizeigewalt ist der Staat nach Zachariae im Stande, den Untertanen die Pflicht zu gegenseitigem Beistand gegen physische Gefahren aufzuerlegen, von Mitteln Gebrauch zu machen, um rechtswidrige Handlungen zu verhindern, dieselben mit Strafe zu bedrohen sowie bei Verletzung der Gesetze diese Strafe auch zu vollziehen.

Dagegen ist die Sicherung der Wohlfahrt und des Wohlstandes nach der Theorie Zachariaes gerade nicht deren Zweck, da die Polizei nur gewisse Gefahren von dem Gemeinwesen und seinen Mitgliedern abzuwehren hat, der Zweck der Polizeigewalt folglich nur ein negativer ist. Der Grundsatz der Polizeiwissenschaft beruht nach Zachariae seinem Wesen nach dabei auf einem Notstand, weshalb für die Polizeigewalt nach seiner Auffassung die Regeln des Notrechtes zu gelten haben.[558]

Zachariaes Ausführungen über den Begriff der Polizeigewalt des Staates liegt der engere, auf Johann Stephan Pütter[559] zurückgehende Polizeibegriff zugrunde, nach dem die Aufgabe der Polizei primär in der Abwendung von Störungen der öffentlichen Ordnung liegt, weshalb Zachariae auch ausdrücklich die Wohlfahrt als deren Aufgabe verwirft.

3.2. Die Aufgaben der Polizei

Zachariae teilt die Polizei bezüglich ihrer verschiedenen Aufgaben in präventive, repressive und reparative ein.[560] Als Aufgabe der präventiven Polizei betrachtet er Störungen, "von welchen die öffentliche Sicherheit oder die Sicherheit der einzelnen Bürger bedroht ist, physisch unmöglich zu machen," worunter er nicht nur die Vorkehrung gegen Wasser- und Feuergefahr, Seuchen etc, sondern auch die Abwendung moralischen Übels versteht.[561] Die repressive Polizei ist berufen, "Handlungen, welche an sich oder wegen der von

556 Sonnenfels: Grundsätze der Policey, Handlung und Finanz, S.51
557 Zachariae: 40 Bücher, 24.Buch, S.287, 300
558 Zachariae: 40 Bücher, 24.Buch, S.291. Zum Notrecht vgl. A.a.O., 1.Buch, S.35ff
559 Pütter: Institutiones juris publici Germanici §331
560 Zachariae: 40 Bücher, 24.Buch, S.293
561 Zachariae: 40 Bücher, 24.Buch, S.293

ihnen zu besorgenden Folgen widerrechtlich sind, moralisch oder psychologisch unmöglich zu machen, d.i. die Handlungen dieser Art mit Strafe zu bedrohen und, wenn die Srafdrohung nicht gefruchtet hat, die durch eine den Gesetzen nach strafbare That verwirkte Strafe, - übrigens unbeschadet der Pflichten und Rechte der richterlichen Gewalt, - in Vollziehung zu setzen." [562]
Bleiben die Maßnahmen der präventiven und repressiven Polizei fruchtlos, so beginnt nach Zachariaes Ansicht der Aufgabenbereich der reparativen Polizei. Dies ist aber nicht dahingehend zu verstehen, daß der Staat eine allgemeine Versicherungsanstalt gegen durch Unglücksfälle oder durch Vergehen verursachte Schäden sein soll, sondern lediglich so, daß er kraft seiner ihm zustehenden Polizeigewalt die schnellstmöglichste und sicherste Durchsetzung der Gläubigerrechte mittels staatlicher Hilfe zu gewährleisten hat. Selbstverständlich hat der Staat aber auch nach Zachariae für Schäden durch Amtspflichtverletzungen seitens seiner Beamten zu haften, da die Untertanen den Beamten, soweit deren Amtsgewalt reicht, zu Gehorsam verpflichtet sind, wobei die Grundlage aber nicht im Polizeirecht liege. [563]

Andererseits betrachtet Zachariae die Polizei aber auch als geborenen Feind der individuellen Freiheit. [564] Denn für die Sicherheit, die sie zu gewährleisten hat, haben andere oder gar die zu schützenden Personen selbst, peinliche Opfer zu bringen. So kann die Polizeigesetzgebung nach seiner Auffassung leicht dazu neigen, auf einzelne Vorfälle bleibende Vorschriften zu gründen. Insbesondere trage auch die geheime Polizei zur Verschlechterung des Nationalcharakters bei, weil sie diejenigen, gegen die sie gerichtet ist, veranlaßt, ihr Gleiches mit Gleichem zu vergelten. Letztlich kann eine sich in alles mischende Polizei auch den Geistesmut und die Tatkraft eines Volkes zerstören.

Die Verschiedenheit der Gesetze und Einrichtungen auf dem Gebiet der Polizei in den einzelnen Staaten beruht nach der Theorie Zachariaes auf den verschiedenen Verfassungsformen, auf den unterschiedlichsten Gefahren - je nach Volkscharakter, Lebensart, Spaltung in Reich und Arm etc -, denen die verschiedenen Staaten unterliegen, oder den Zeitumständen. [565]

4. Das Recht des Staates, Verdienste zu belohnen

Zachariae geht auf das Belohnungsrecht des Staates im 26.Buch ausführlich ein, da er die bisherige Bearbeitung dieser Aufgabe für spärlich und nicht ausreichend erachtet. [566]

Unter Belohnung versteht er den "Ausdruck der öffentlichen Achtung für ein Verdienst, welches sich Jemand um den Staat erworben hat, durch die ver-

---

562 Zachariae: 40 Bücher, 24.Buch, S.293f
563 Zachariae: 40 Bücher, 24.Buch, S.294ff
564 Zachariae: 40 Bücher, 24.Buch, S.296ff. Zur Gefährlichkeit der Polizei verweist er auf Schwarz: System einer unvernünftigen Polizei, Leipzig 1796
565 Zachariae: 40 Bücher, 24.Buch, S.300ff
566 Vgl. Jerem. Bentham: Théorie des peines et des recompenses. Redigeé en Francais d'après les manuscrits de l'auteur par Et. Dumont

fassungsmäßige Staatsbehörde. Verdienstlich ist eine Handlung oder eine Handlungsweise, welche, pflichtmäßig, entweder nicht von dem Gesetze, (nicht durch eine Rechtspflicht,) geboten war, oder welche, von dem Gesetze geboten, diesem mehr als Genüge geleistet hat."[567] Die Belohnung ist dabei abzugrenzen von dem Lohn auf Grund erbrachter Dienstleistungen, Ehrenpreis und Prämien, wenngleich letztere zwei auch Anlaß zur Belohnug sein können.

Das Recht zur Belohnung ergibt sich nach seiner Auffassung für eine weltliche Herrschaft aus dem Vorteil, den die Ausübung dieses Rechtes auf das Gemeinwesen bewirkt. "Die Regierung eines solchen Staats darf und soll das Verdienst belohnen, weil Belohnungen, die sie ertheilt, ein mächtiger Hebel sind, die Thatkraft der Einzelnen auf eine dem öffentlichen Interesse entsprechende Weise in Bewegung zu setzen; weil diese Belohnungen einen mehrfachen wohlthätigen Einfluß auf den Volkscharakter haben; weil der Staat, je mehr er auf das Belohnen des Verdienstes Bedacht nimmt, desto milder in der Bestrafung der Schuld seyn kann."[568] Unvereinbar ist dieses Recht allerdings nach seiner Ansicht mit der Verfassung einer Erbaristokratie, da es dem Wesen dieser Verfassung widerspricht, einzelne, vielleicht sogar andere als die Aristokraten selbst, äußerlich zu ehren.[569] Im einzelnen hängt nach Zachariae insbesondere die Art und Weise der Belohnung und die Gefahr des Mißbrauches von der Verschiedenheit der Staatsverfassungen ab. So entsprechen z.B. bleibende äußere Auszeichnungen dem Interesse der Monarchie, nicht aber dem der Demokratie.[570] Auch hält er eine öffentliche Belohnung seitens einer Vereinigung von Bürgern, wie Ehrengeschenke an Volksabgeordnete, Denkmalsetzung etc, für möglich, wenngleich nicht jede Staatsverfassung der öffentlichen Meinung diese Verfahrensweise gestatten könne.[571]

Abgesehen davon, daß überhaupt nur verdienstliche Handlungen zu belohnen sind, ist nach Zachariae die Gewährung eines dem Staat darüber hinausgehenden Vorteils erforderlich, um ihn zur Erteilung von Belohnungen zu berechtigen. "Denn so unsicher ist das Urtheil über die innere Verdienstlichkeit der Handlung Anderer, daß sich der Staat billig an das unzweydeutigere Merkmal hält."[572] Die Belohnung hat sich dabei auf jedes nur mögliche Verdienst zu erstrecken und auch Ausländern zu widerfahren.[573] Der Grad der Belohnung hat nach Zachariae primär von dem dem Staat entstandenen Vorteil abzuhängen, wobei aber auch die innere Verdienstlichkeit oder Sittlichkeit der verdienstlichen Handlungen zu berücksichtigen ist. So steht ein Volk nach Zachariaes Auffassung auf einer um so höheren Stufe der Kultur und Zivilisation, um so

567 Zachariae: 40 Bücher, 26.Buch, S.375. Zachariae: 40 Bücher, 1.Aufl., 26.Buch, S.333: "Belohnt wird das Verdienst, wird der, welcher auch die Pflichten erfüllt, welche er ungestraft verletzen konnte."

568 Zachariae: 40 Bücher, 26.Buch, S.376f. In einer geistlichen Herrschaft ergebe sich dieses Recht aus ihrem Wesen, kraft des Grundsatzes der belohnenden Gerechtigkeit.

569 Zachariae: 40 Bücher, 26.Buch, S.378

570 Zachariae: 40 Bücher, 26.Buch, S.279ff

571 Zachariae: 40 Bücher, 26.Buch, S.381f

572 Zachariae: 40 Bücher, 1.Aufl., 26.Buch, S.340f

573 Zachariae: 40 Bücher, 26.Buch, S.383

mehr sich die vom Staat erteilten Belohnungen auch auf andere Bereiche als auf den Kriegsdienst, erstrecken.[574] Die Belohnung kann nach seiner Theorie entweder in Geld und Gut oder in Ehrenbezeichnungen beliebiger Art bestehen, wobei aber nur die letztere Art dem Wesen der verdienstlichen Handlung und ihrem moralischen Zweck entsprechen. Natürlich lassen sich auch Belohnungen in Geld rechtfertigen, insbesondere, wenn man den Verdienst den Nachkommen zugute kommen lassen will.[575]

5. Die Dienstgewalt des Staates

5.1. Von den Staatsdiensten

Nach Zachariaes Auffassung wird das gesamte Staatsleben durch kein anderes Recht der Staatsgewalt nachhaltiger berührt als durch die Dienstgewalt des Staates überhaupt.[576] Die Dienste, die der Staat kraft seiner ihm zustehenden Dienstgewalt zu fordern berechtigt ist, können nach Zachariae entweder unmittelbare oder mittelbare Dienste darstellen. Die unmittelbaren Dienste unterteilt er dabei weiter in Staatsdienste in der engeren Bedeutung und Privatdienste.[577] Zu ersteren zählt er die Staatsdienste, die nur dem Staate geleistet werden können, die also die Besorgung der Staatsgeschäfte unmittelbar bezwecken, wie die Staatsdienste in der "engsten Bedeutung" - z.B. Richter, Geschworene, Verwaltungsbeamte - oder die "gemeinen Dienste" - Dienste, die von den Dienern der Staatsbehörden, der Gerichte, der Verwaltungsstellen etc oder im Heer durch die "Gemeinen" geleistet werden -.[578] Zu letzteren sind diejenigen Dienste zu zählen, die der Staat zum Gebäude-, Sraßen-, und Flußbau sowie deren Unterhaltung oder zur Bewirtschaftung seiner Güter bedarf, wobei er Zwangs- und Frohndienste verwirft und sich für freiwillige, entlohnte Dienste ausspricht.[579]

Der eingehenderen Untersuchung unterzieht er im folgenden aber lediglich die Staatsämter, bezüglich deren Besetzung er zu folgendem Schluß kommt: "Wenn auch die Leistung der Dienste, deren der Staat bedarf, von Rechtswegen die Pflicht und das Recht eines jeden (dienstfähigen) Mitgliedes des Staats-

574 Zachariae: 40 Bücher, 26.Buch, S.385ff
575 Zachariae: 40 Bücher, 26.Buch, S.387f
576 Zachariae: 40 Bücher, 34.Buch, S.116ff. "Wo es einen zahlreichen Beamtenstand giebt, ... , wo dieser Stand von dem Geiste beseelt ist, daß er sich in seinen Rechten für verletzt hält, wenn er in der Erfüllung seiner Amtspflicht gestört wird, da hat das Volk an diesem Stande ein Art von Volksvertretung oder wegen dieses Standes eine Art von Repräsentativverfassung." A.a.O., S.120, 121
577 Zachariae: 40 Bücher, 34.Buch, S.122f. Seinen weiteren Untersuchungen legt er nur die unmittelbaren Dienste zu Grunde, da die dort gefundenen Grundsätze auch für die mittelbaren Dienste gelten sollen.
578 Zachariae: 40 Bücher, 34.Buch, S.123, 124ff
579 Zachariae: 40 Bücher, 34.Buch, S.123, 124

vereines ist, so ist doch auch der Fall möglich und so kommt doch auch der Fall nicht selten in der Erfahrung vor, daß diese Pflicht und beziehungsweise dieses Recht durch die Verfassungsgesetze eines Staates auf einen bestimmten Theil des Volkes beschränkt ist, auf einen Theil des Volkes, welchen sich der Staat gleich als Eigenthum ein für allemal und auf Dauer für diese Dienste vorbehalten hat oder welchen, (in wie fern man die Dienstpflichtigen zugleich als Berechtigte betrachten kann,) das Recht, in die Dienste des Staates zu treten, als ein erbliches Vorrecht zusteht."[580] So ist nach Zachariae insbesondere in einem eroberten Land die Verwaltung und Besetzung der Staatsämter - zweckmäßigerweise - das Vorrecht des erobernden Landes, wie dieses Recht in der Kastenverfassung nur den oder der obersten Kaste(n) oder jenes Vorrecht auch nur einem Erbadel zustehen kann.[581] Die Kastenverfassungen beruhen nach Zachariaes Theorie insgesamt auf dem "Principe der Vertheilung der Arbeiten nach der Verschiedenheit der Gegenstände der Arbeit...", wogegen dem Erbadel die Idee zugrunde liegt, "daß eine einzelne Arbeit wegen ihrer besonderen Wichtigkeit und Schwierigkeit, - nähmlich die Verwaltung der Staatsangelegenheit, - von allen übrigen Arbeiten, ..., auszuscheiden und einem gewissen Stande (oder auch zwei Ständen) erblich zu übertragen sey, auf daß diese Arbeit von den Geschicktesten und Würdigsten, und mithin auf das vollkommenste, verrichtet werde." Die Entstehung dieses Vorrechtes ist nach seiner Ansicht bei allen diesen Fällen vor allem der den Bevorrechtigten zu Gebote stehenden Macht zuzuschreiben.[582] Beide Formen verstoßen aber nach seiner Ansicht gegen den Grundsatz der rechtlichen Gleichheit, und beschränken die Regierung in der Freiheit, die Ämter nach Gefallen zu vergeben.[583]

5.2.Wer darf zur Verwaltung eines Staatsamtes berufen werden

Nach der Theorie Zachariaes gibt es kaum ein anderes Hoheitsrecht, auf dessen Ausübung die Verschiedenheit der Staatsverfassungen einen größeren Einfluß haben, als auf die Dienstgewalt des Staates.[584] So kann z.B. die Erbmonarchie nach Zachariae "kaum in einer kläglicheren Gestalt erscheinen, als wenn sie den Grundsatz der Erblichkeit der Krone auch auf die Ämter, durch welche der Fürst seine Hoheitsrechte ausübt, oder auch nur auf die wichtigeren und wichtigsten Ämter erstreckt."[585] Auch die Antwort auf die Frage, auf

---

580 Zachariae: 40 Bücher, 34.Buch, S.127f

581 Zachariae: 40 Bücher, 34.Buch, S.128ff. Bei einer Eroberung kann es aber ratsam sein, bei der Besetzung der Ämter des gemeinen Dienstes, die Staatsbürger des eroberten Landes zu berücksichtigen. Auch ist eine Partei zu beachten, welcher der Eroberer die Eroberung des Landes dieser Partei mitverdankt. A.a.O., S.130

582 Zachariae: 40 Bücher, 34.Buch, S.128f. "Denn überhaupt entstehen Vorrechte so, daß, wer einen Vorzug vor Andern hat, diesen, wenn es in seiner Macht steht, sich durch ein Vorrecht und, wenn sich seine Macht auch so weit erstreckt, noch überdies seinen Nachkommen durch Erblichkeit dieses Vorrechts zu sichern sucht."

583 Zachariae: 40 Bücher, 34.Buch, S.150, 153

584 Zachariae: 40 Bücher, 35.Buch, S.180ff mit Beispielen

585 Zachariae: 40 Bücher, 35.Buch, S.183

welche Ämter sich das Recht des Souveräns, die Beamten unmittelbar zu ernennen, erstrecken soll und kann, hängt nach der Theorie Zachariaes von der Verschiedenheit der einzelnen Staatsverfassungen ab.[586] Auf keinen Fall aber darf der Souverän das Recht der Besetzung der Staatsämter, gleich welcher Art die Staatsverfassung ist, gänzlich anderen überlassen. Der Souverän ist nach Zachariae nämlich in dem Grade Souverän, in welchem ihm die Verfassung die Ausübung dieses Rechts gestattet. So seien insbesondere in Großbritannien der königlichen Gewalt so enge Grenzen gesetzt, weil der König, mit Ausnahme der Wahl der Minister, kaum Anteil an der Ernennung der Beamten habe.[587]

Als Grundsatz hat bei der Besetzung eines Amtes nach seiner Auffassung zu gelten, daß das Amt dem "vergleichungsweise Tauglichsten und Würdigsten zu verleihn" ist.[588] Die Frage, wie und durch wen der Tüchtigste zu erkennen sei, hat dabei das Verfassungsrecht zu bestimmen.[589] Die Gefahr des Mißbrauches, daß ein Amt durch eine bloße Laune oder aufgrund fremder oder widerstreitender Rücksichten jemandem verliehen wird, ohne daß dieser die entsprechenden Qualifikationen aufweist, kann man nach Zachariae im Wege der Gesetzgebung beseitigen oder zumindest mindern. Gleich, ob das Recht der Amtsverleihung dem Souverän selbst zusteht, oder ob es von einem seiner Beamten in seinem Auftrag ausgeführt wird, ist die Ausübung der Dienstgewalt durch Gesetz an gewisse konstitutionelle Formen zu binden.[590] Wird dieses Recht von Beamten ausgeübt, so steht zur Verhinderung von Mißbrauch der Dienstgewalt als weiteres Mittel das Strafrecht zur Verfügung. Das sich dabei für Zachariae stellende Problem, daß die Verletzung des obigen Grundsatzes einerseits deshalb nicht von den positiven Gesetzen bestraft werden kann, weil dieser Grundsatz sich nicht zur richterlichen Beurteilung eignet, der richterlichen Willkür mithin Tor und Tür geöffnet wäre, andererseits aber eine jede an sich strafbare Tat auch von den positiven Gesetzen mit einer Strafe belegt werden soll[591], löst er dergestalt, daß er "jenes Vergehn, da es nicht direkt erweislich ist, indirekt erweislich" macht, also diejenigen nach seiner Theorie mit Strafe zu bedrohen sind, die für die Verleihung des Amtes Geschenke in Geld oder Gut angenommen haben. Darin nämlich liege die Vermutung, daß das Amt nicht dem Tüchtigsten verliehen wurde.[592] Eine weitere Gewähr, dem Mißbrauch vorzubeugen, wenn nicht sogar die wirksamste überhaupt, ist für Zachariae die Publizität der der Ausübung der Dienstgewalt zugrunde lie-

---

586 Zachariae: 40 Bücher, 35.Buch, S.185
587 Zachariae: 40 Bücher, 35.Buch, S.182f; 34.Buch, S.117
588 Zachariae: 40 Bücher, 35.Buch, S.187
589 Zachariae: 40 Bücher, 35.Buch, S.208f
590 Zachariae: 40 Bücher, 35.Buch, S.190f
591 Ein Beamter, der die ihm übertragenen Befugnisse mißbraucht, handelt nach Zacha riae deswegen und auch nur deswegen widerrechtlich, weil seine Handlungsweise die Rechte anderer - des Gemeinwesens und derjenigen, die einen besser begründeten Anspruch auf das Amt hatten - beeinträchtigt, was immer ihn auch zu dieser Handlungsweise bestimmen mochte. Zachariae: 40 Bücher, 35.Buch, S.196
592 Zachariae: 40 Bücher, 35.Buch, S.198f

genden Tatsachen.[593] Als Eigenschaften der positiven Tüchtigkeit nennt er die Sittlichkeit, den Charakter, intellektuelle Eigenschaften sowie Talent und Geschick für das Geschäftsleben.[594] Als Zeichen der Immoralität wertet er dagegen die Verschwendung, Spielsucht, Trunksucht sowie despotische Führung des Hausregiments.

Nach Zachariaes Theorie stellt die Annahme und Verwaltung eines Staatsamtes eine Rechtspflicht der Untertanen dar. "Das Recht des Staates, Dienste von seinen Unterthanen zu fordern, muß sich so weit erstrecken, als der Grund, auf welchem dieses Recht beruht, und mithin als der Dienstbedarf des Staates." Er verwirft namentlich Klübers Auffassung[595] als Vertragstheorie bezeichnend, die das Verhältnis zwischen Staat und Beamten als Vertragsverhältnis wertet und eine dahingehende Rechtspflicht somit ablehnt.[596] Zachariaes Theorie des Dienstzwanges ist jedoch nicht dahingehend zu verstehen, daß der Staat von seiner Dienstgewalt einen jeden ihm beliebigen Gebrauch machen dürfte, sondern diese ist, wenn auch ihrem Wesen nach ein unbeschränktes Recht, "in der Ausübung mit der äußeren Freiheit der Einzelnen möglichst d.i. in so fern in Übereinstimmung zu setzen, als dieser Zweck unbeschadet des Interesses des Staates, und insbesondere unbeschadet des Interesses des Staatsdienstes, erreichbar ist." Die äußere Freiheit der einzelnen hat auch nach Zachariae die Regel, der Dienstzwang die Ausnahme zu sein, wobei die Bürgschaft dafür nur die Verfassung selbst liefern kann.[597] Der Staat kann zwar seine Untertanen durch Strafe zur Annahme und Beibehaltung eines Staatsamtes rechtmäßigerweise zwingen, doch soll er nach Zachariae, um des gehörigen Diensteifers sicher zu sein, seinen Untertanen die Annahme und Beibehaltung solcher Ämter freistellen.[598]

Grundsätzlich steht dem Staat auch das Recht zu, seine Beamten nach Belieben in jedem Augenblick zu entlassen. Dieses Recht ist nach Zachariae aber mit Mäßigung auszuüben, weswegen er sich für die Regelung des Verfassungsrechts der konstitutionellen Monarchie ausspricht, die zwischen Richtern und Beamten der vollziehenden Gewalt unterscheidet und der Regierung grundsätz-

593 Zachariae: 40 Bücher, 35.Buch, S.200f

594 Zachariae: 40 Bücher, 35.Buch, S.222

595 Klüber: Öffentliches Recht des teutschen Bundes, Band 2: "Zwingen kann der Staat seine Bürger zu intellektuellen Staatsämtern in der Regel nicht" §404. "Die wechselseitigen Rechte zwischen dem Staate und dem Staatsbeamten, sind zuvörderst zu beurtheilen aus den Stipulationen des Dienstvertrages; dann, aus den, die Stelle einer Übereinkunft vertretenden Staatsgesetzen; zuletzt aus der Natur des gegenseitigen Verhältnisses." §406

596 Zachariae: 40 Bücher, 35.Buch, S.201f.

597 Zachariae: 40 Bücher, 35.Buch, S.204. "Die Dienstgewalt ist so auszuüben, wie sie, wenn das Verhältnis zwischen dem Staate und seinen Dienern auf einem Vertrage beruhte, auszuüben seyn würde. Aber diese Regel ist nur ein Grundsatz des Verfassungsrechts, ... , und nicht eine Folgerung aus den Rechten, welche den einzelnen Bürgern in Beziehung auf den Staatsdienst zuständen." A.a.O., S.207f

598 Zachariae: 40 Bücher, 35.Buch, S.204ff. Der Staat muß nach Zachariae eher in Freistaaten, als in einer Monarchie, zum Zwang greifen, da bei ersteren die Staatsämter, anstatt einträglich zu sein, häufig Geldopfer fordern.

lich versagt, erstere beliebig zu entlassen. Entsprechendes gilt auch für die Versetzung von Beamten.[599] Auch nach Zachariaes Theorie ist die Anstellung eines Beamten mittels Vertrag, der die dem Beamten als solchen zustehenden Rechte regelt, möglich, wenngleich dieser Vertrag nicht derart verpflichtend sein soll, daß er seinem Wortlaut nach zu erfüllen ist, sondern, daß der Beamte im Falle der Beeinträchtigung oder Nichterfüllung der ihm durch den Dienstvertrag zugesicherten Rechte zu entschädigen ist.[600]

Ein Staatsamt ist nach Zachariae aber nicht eher zu vergeben, als bis es erledigt worden ist, wobei es keine Anwartschaft auf Ämter geben darf.[601] Ämter sind unentgeltlich und nicht als Eigentum[602], sondern zur Treue zu verleihen.

Den Staatsdienern gebührt nach der Theorie Zachariaes als Entschädigung für ihren Aufwand an Zeit und Arbeit zugunsten des Gemeinwesens im allgemeinen eine Besoldung - was auch dem Interesse des Staatsdienstes entspreche - und der Zuerkennung besonderer Ehren.[603] Das Einkommen kann dabei entweder in einer ständigen Besoldung oder in den Gebühren (Sporteln) bestehen, die der Beamte für seine Amtsverrichtung zu erheben hat, wobei sich Zachariae für einen Mittelweg ausspricht. Die Beamten sollen zwar eine ständige Besoldung erhalten, damit sie nicht zur Mehrung ihres Einkommens grundlos Kosten verursachen oder Gebühren ansetzen, die das gesetzliche Maß überschreiten, zugleich ist ihnen aber auch ein bestimmter Anteil der Sporteln zu überlassen, um sie zur Amtsverrichtung anzuspornen.[604] Die Höhe der Besoldung hängt von der Art der Ämter ab, jedoch hat sie so zu sein, daß "sich nicht die besseren Köpfe von dem Staatsdienste ab - und anderen einträglicheren Beschäftigungen zuwenden."[605] So lobt er insbesondere auch die Gesetzgebungen, die eine Alters-, Witwen- und Waisenvorsorge treffen.

Dem Amtseifer und der Amtstreue kann sich der Staat nach der Theorie Zachariaes am besten dadurch versichern, daß er Bedacht auf die Moralität seiner Beamten nimmt.[606] Dies kann der Staat erreichen, indem er alles unterläßt oder beseitigt, was die Beamten zu einer pflichtwidrigen Verwaltung ihres Amtes verleiten könnte, und er Einrichtungen trifft, die die Beamten zur gehö-

599 Zachariae: 40 Bücher, 35.Buch, S.205f. "Daß eine Monarchie eine Zwingherrschaft sey, kann man an keinem Zeichen so sicher erkennen, als wenn dem Monarchen freisteht, einen jeden seiner Beamten nach Gefallen zu entlassen."
600 Zachariae: 40 Bücher, 35.Buch, S.208
601 Zachariae: 40 Bücher, 35.Buch, S.231f. Grundsätzlich so auch Klüber: Öffentliches Recht des Teutschen Bundes, Band 2, §404
602 Zachariae: 40 Bücher, 35.Buch, S.233ff. Als Beispiel nennt er die grundherrliche oder Patrimonialgerichtsbarkeit sowie diverse Beispiele der franz. Gesetzgebung aus neuerer Zeit. Diese wurde ganz in bestehender Tradition oftmals als heilsame Beschränkung der königlichen Gewalt verstanden, vgl. Richelieu: Testament politique.
603 Zachariae: 40 Bücher, 35.Buch, S.249ff, 255ff
604 Zachariae: 40 Bücher, 35.Buch, S.252f
605 Zachariae: 40 Bücher, 35.Buch, S.254f, 4.Buch, S.144. Aber auch der Reiz der Macht, über andere zu gebieten, läßt die Menschen in Staatsdienste treten. A.a.O., 4.Buch, S.142
606 Zachariae: 40 Bücher, 35.Buch, S.260

rigen Verwaltung ihres Amtes veranlassen und auffordern können. Dazu gehört die Besetzung der Ämter und das Aufrücken im Staatsdienst nach Dienstalter, Versetzung des Beamten in eine höhere Stelle, Gehaltszulagen, öffentliche Belobungen, Gewährung eines Entscheidungsermessens etc. Insbesondere letzteres ist nicht zu unterschätzen, denn je größer das ihm geschenkte Vertrauen sei, desto würdiger würde er sich erweisen.[607] Ferner kann der Staat die Beamten beaufsichtigen - was nach Zachariae aber keinesfall in ein förmliches Spitzelsystem ausarten darf - und er hat seine Beamten nötigenfalls auch wegen einer Amtspflichtverletzung zu bestrafen.[608]

5.3. Das Staatsbürgerrecht als Voraussetzung zum Staatsamt

Voraussetzung zur Innehabung und Ausübung eines Staatsamtes oder der Mitgliedschaft einer (mit-) herrschenden Körperschaft ist nach Zachariae das Staatsbürgerrecht. Die Innehabung und Ausübung eines Staatsamtes, von dem weiter nur die Rede sein soll, bezieht sich auf die Verwaltung des Staates, das andere, nur in Freistaaten oder gemischten Verfassungen vorkommend, dagegen auf die Beherrschungsform.[609]

Nach Zachariae können folglich nur Inländer, das Bürgerrecht besitzende, und dem bürgerlichen Rechte nach keiner Gewalt oder Vormundschaft unterworfene, zu Staatsdiensten bestellt werden. Sofern Ausländer - was möglich sein muß, um besondere Talente und Kentnisse zu nutzen - zu solchen Ämtern bestellt werden, muß dieses zugleich mit der Verleihung des Bürgerrechts einhergehen.[610] Von einem Staatsamt, zur Geistesarbeit verrichtend, sind weiter die Unmündigen, die an Geistes- oder Gemütskrankheit und die an einem körperlichen Gebrechen Leidenden sowie Frauen ausgeschlossen.[611] Letztere, weil dieses Recht nach Zachariae mit der weltbürgerlichen oder kosmopolitischen Bestimmung der Frauen unvereinbar wäre.[612]

Die Verwirkung des Staatsbürgerrechts kann nach seiner Auffassung zwar einerseits nicht durch Gesetz als Strafe für bestimmte Verbrechen angedroht werden, andererseits kann der Verlust jedoch die Folge der Verurteilung zu gewissen Strafen sein; "... der Verlust des Staatsbürgerrechts ist unter einer jeden Vorausseztung nur eine Folge von der Regel des Civilrechts, daß der, welchem ein Recht nur bedingungsweise ... zusteht, dieses Recht verliert, sobald die Bedingung wegfällt, von welcher das Recht abhängt. Das Staatsbürgerrecht aber ist ein bedingtes Recht; die Bedingung ist, allgemein ausgedrückt, daß

607 Zachariae: 40 Bücher, 35.Buch, S.261ff, 264ff; 4.Buch, S.145
608 Zachariae: 40 Bücher, 35.Buch, S.266ff. Als negatives Beispiel nennt er die Staatsinquisitoren des Freistaates von Venedig, die nicht weniger als 6000 Spione im Dienst hatten. Er verweist dazu auf die Schrift von le Bret, Vorlesungen über die Statistik, 1.Teil , Venedig, Stuttgart 1783
609 Zachariae: 40 Bücher, 35.Buch, S.210
610 Zachariae: 40 Bücher, 35.Buch, S.211f
611 Zachariae: 40 Bücher, 35.Buch, S.211ff
612 Zachariae: 40 Bücher, 35.Buch, S.215

man sich zu dem Berechtigten der gesetzmäßigen Ausübung seines Rechtes versehen kann."[613]

5.4. Die Pflichten der Staatsbeamten

Zachariae meint damit nur die allen Beamten obliegenden Pflichten, gleich welche Ämter diesen im einzelnen übertragen sind. Dazu zählt er die Diensttreue und den Diensteifer, wenngleich der Beamte seine Amtstätigkeit nicht über die Grenzen seiner Amtsgewalt hinaus erstrecken darf. Notwendig ist auch der unbedingte Gehorsam gegenüber seinen Vorgesetzten. "Eine Beamtenhierarchie, in welcher die niedrigen Beamten den höheren nicht gehorchen, gleicht einem Kriegsheere ohne Subordination. Wie ein solches Heer den Staat nicht gegen seine äußeren Feinde zu vertheidigen vermag, so kann ihn ein solcher Beamtenstaat nicht gegen die Angriffe seiner inneren Feinde schützen." Den Beamten obliegt ferner die absolute Pflicht der Unparteilichkeit, Humanität sowie die Beobachtung eines der Würde des Amtes entsprechenden Anstandes. Auch sind sie in bestimmten Fällen, wenn durch die Publizität der Zweck verfehlt würde, wie z.B. bei Untersuchungen eines Verbrechens etc, zur Verschwiegenheit verpflichtet.[614]

Für die Lösung der Frage, ob es zulässig ist, daß eine Person mehrere Ämter in sich vereinigt, kann nach Zachariae keine allgemeingültige Regel aufgestellt werden, sondern es sind die besonderen Umstände jedes einzelnen Falles zu berücksichtigen. In der konstitutionellen Monarchie betrachtet er z.B. das Staatsamt als rechtlich mit den Interessen eines Volksabgeordneten vereinbar. Für die Wählbarkeit der Staatsbeamten sprechen nach seiner Auffassung sogar besondere Gründe. Die Staatsbeamten seien nämlich vorzugsweise den Geschäften der II. Kammer gewachsen, und man würde insbesondere die Regierung eines Hauptmittels berauben, ihren Geschäftsgang mit der Meinung der Majorität der II. Kammer in Einklang zu setzen und zu halten.[615] Die Gegenmeinung ließe sich nur unter der schlechthin irrigen Auffassung vertreten, daß die II. Kammer in ständiger Opposition zur Regierung zu stehen habe. Ausnahmen von dieser grundsätzlichen Wählbarkeit der Staatsbeamten sind nur unter den für Kollisionsfälle geltenden Grundsätzen zulässig und können nur insofern verteidigt werden, "als sie entweder auf dem Interesse der Staatsverfassung oder auf dem des Staatsdienstes beruhn."[616]

---

613 Zachariae: 40 Bücher, 35.Buch, S.219ff
614 Zachariae: 40 Bücher, 35.Buch, S.238ff
615 Er kennt noch nicht die Inkompatibilität, die sich bei unserer heutigen Verfassung aus dem Rechtsstaatsprinzip ableitet. Siehe Maunz/Zippelius: Deutsches Staatsrecht, § 12 III 1
616 Zachariae: 40 Bücher, 35.Buch, S.247f

5.5. Der Kriegsdienst

Zachariae spricht sich für die in vielen europäischen Staaten vollzogene Trennung der Kriegsmannschaft in die zur Bekämpfung der inneren Feinde, der "Gensd'armerie", und die zur Bekämpfung äußerer Feinde, das Kriegsheer, aus. Die Vollmacht der ersteren erstreckt sich dabei so weit, wie das Gebiet der Polizeigewalt überhaupt reicht, weshalb diese, im Interesse der individuellen Freiheit, einer besonders strengen Aufsicht zu unterwerfen ist. Ihre Aufgabe hat lediglich darin zu bestehen, den Gesetzen Geltung zu verschaffen und nicht ihre Feinde, die zugleich ihre Mitbürger sind, zu besiegen.[617]

Das Kriegsheer kann sich weiter in eine Kriegsflotte und ein Landheer untergliedern, wobei Zachariae seinen weiteren Untersuchungen nur den Kriegdienst im Landheer zugrunde legt, der sich seinerseits wiederum in verschiedene Waffenarten unterteilt, was letztlich über die Länge des Kriegsdienstes entscheidet.[618] Der Kriegsdienst kann dabei wie der allgemeine Staatsdienst, entweder Staatsdienst in der engsten Bedeutung, Dienst der Kriegsobersten bzw der Offiziere, oder gemeiner Dienst, Dienst der Gemeinen, sein.[619] Der Verbindlichkeit zur Leistung des Kriegsdienste, als die Art von Dienst, die der Staat nie entbehren kann, gebührt nach Zachariae unter den Untertanenpflichten die oberste Stelle und die Erfüllung derselben stellt für ihn zugleich eine Ehrensache dar. Von diesem Dienst befreit sind lediglich diejenigen, denen es an der physischen Fähigkeit zur Ausübung des Kriegsdienstes fehlt. Dazu zählt er Kinder, Greise, kranke und gebrechliche Personen sowie Frauen.[620]

Durch die Leistung dieses Dienstes wird nach Zachariae ein Recht auf die Teilnahme an bürgerlichen und staatsbürgerlichen Rechten begründet, weshalb folglich auch Fremde und diejenigen vom Kriegsdienst ausgeschlossen sind, die dieses Recht z.B. aufgrund eines Verbrechens verwirkt haben.[621] Abgesehen von diesen Ausnahmen stellt der Kriegsdienst nach der Theorie Zachariaes eine unbedingte und allgemeine Bürgerpflicht dar, von der auch der Staat, mit Ausnahme von Notfällen, keine Befreiung bewilligen bzw den Kriegsdienst nicht nur gewissen Ständen auferlegen darf, wenngleich sich die Praxis der Staatenwelt häufig derart darstellt, daß nur einem Teil der Staatsbürger der Kriegsdienst obliegt, oder das Heer völlig aus Fremdlingen besteht.[622]

Zachariae spricht sich, was die Art und Weise sowie die Ergänzung des Heeres betrifft, grundsätzlich für das aus Frankreich stammende sog. Konskripti-

---

617 Zachariae: 40 Bücher, 35.Buch, S.274

618 Zachariae: 40 Bücher, 35.Buch, S.275f. Der Dienst zu Pferd kann z.B. nicht so schnell erlernt werden, wie der zu Fuß

619 Zachariae: 40 Bücher, 35.Buch, S.276. Zur Einteilung der Staatsdienste siehe bereits A.a.O. 34.Buch, S.123

620 Zachariae: 40 Bücher, 35.Buch, S.276f

621 Zachariae: 40 Bücher, 35.Buch, S.278

622 Zachariae: 40 Bücher, 35.Buch, S.279

onssystem[623] - ein System allgemeiner Wehrpflicht, mit der Möglichkeit des Loskaufens oder der Stellvertretung - aus. "Ein Heer, welches nach diesem Systeme ergänzt wird, ist ein wahres Nationalheer, ist ein Heer, in welchem, weil es alle Stände des Staates und der bürgerlichen Gesellschaft in sich vereinigt, die Kultur der Gebildeteren auch den Übrigen zu statten kommt, die Einen dieses die Anderen ein anderes Privatinteresse bestimmt, den Kampf für das Vaterland zugleich als ihre Privatangelegenheit zu betrachten, ist ein Heer, in welchem sich das Volk, aus dem es hervorgegangen ist, gleichsam wiederholt."[624] Als Grundgebrechen dieses Systems kritisiert er aber zugleich den Verstoß gegen die rechtliche Gleichheit, der darin besteht, daß nicht alle einberufen werden, sondern die Entscheidung durch Los gefällt wird, daß also die Last, die von Rechts wegen allen wehrfähigen Männern obliegt, nur einigen aufgebürdet wird. An dieser Ungerechtigkeit ändert nach seiner Ansicht auch die Tatsache nichts, daß sie auf einer Losentscheidung und nicht auf der Entscheidung einer Behörde beruht.[625] Mildern ließe sich diese Ungerechtigkeit nach seiner Auffassung aber durch eine frühe Einberufung und eine kurze Dienstzeit, sowie die Möglichkeit einen Ersatzmann zu stellen. Dem Grundsatz der rechtlichen Gleichheit allein gerecht wird nach der Theorie Zachariaes aber lediglich das Konskriptionssystem Preußens, nach dem alle waffenfähigen Männer eine Zeit lang im stehenden Heer wirklich dienen müssen und nach Ablauf dieser Zeit in die Landwehr eintreten.[626]

Dem im Heer Dienstleistenden ist nach Zachariae dabei ein standesmäßiger Sold zu zahlen. Ferner ist eine Spaltung des Heeres durch Stellung einer gegenüber dem übrigen Heer bevorrechtigten Leibwache zu vermeiden. Die Tugenden des Heeres haben Gehorsam und Tüchtigkeit zum Kampfe zu sein, was Körperkraft und Tapferkeit voraussetzt.[627] Positiv wirkt sich der Einfluß des Heeres nach Zachariae auch auf die Kultur und Zivilisation eines Staates aus. Den Dienst im Heer betrachtet er als Einübung gewisser Tugenden, wie Achtung für die Vorgesetzten, Ordnungsliebe, Pünklichkeit etc. Darüberhinaus kann der Dienst auch zur Vermittlung gemeinnütziger Kenntnisse, wie Lesen, Schreiben, Rechnen etc, genutzt werden. Wenngleich diese Eigenschaften auch ihre Schattenseite - der zwangsläufig entstehende Stolz - hervorbringt, so wirken sie doch der Alleinherrschaft entgegen, " zu welcher sonst in unserem der Industrie verfallenen Zeitalter die Sucht, Geld zu machen, (to make money,) leicht gelangen könnte."[628]

---

623 Ochs: Betrachtungen über die neuere Kriegskunst, über ihre Fortschritte und Veränderungen und über die wahrscheinlichen Folgen, welche für die Zukunft daraus entstehen werden
624 Zachariae: 40 Bücher, 35.Buch, S.283
625 Zachariae: 40 Bücher, 35.Buch, S.283. Ähnlich, aber noch deutlicher bringt dies Rotteck zum Ausdruck, der dieses System, "ungeachtet das ihm scheinbar zu Grunde liegenden Prinzips der Rechts-Gleichheit", als unbedingt verwerflich betrachtet. Er kritisiert besonders die durch die Möglichkeit der Stellung eines Vertreters bedingte soziale Ungerechtigkeit und zeigt Wege zur Milderung auf, die im Ergebnis mit denen Zachariaes übereinstimmen. Vgl. Rotteck: Lehrbuch des Vernunftrechts, Band 4, S.431-442
626 Zachariae: 40 Bücher, 35.Buch, S.284f
627 Zachariae: 40 Bücher, 35.Buch, S.285ff
628 Zachariae: 40 Bücher, 35.Buch, S.291f

IV. Die Gesetze

1. Begriff und Wesen des Gesetzes

Nach der Theorie Zachariaes sind Gesetze Willenserklärungen des Souveräns.[629] Dieser würde sogar die Eigenschaft eines Souveräns verlieren, wenn er die Ausübung der gesetzgebenden Gewalt gänzlich anderen überließe. Daraus folgt aber zugleich, daß nicht jede Rechtsquelle oder allgemeingültige Entscheidungsnorm ein Gesetz im verfassungsrechtlichen Sinn darstellt. So ist z.B. der Richter an den Gerichtsgebrauch oder das Vernunftrecht gebunden, wenngleich diese nicht Ausfluß der gesetzgebenden Gewalt sind.[630]

Gesetze sind nach Zachariae Vorschriften allgemeinen Inhalts[631] und als solche von anderen Regierungshandlungen wie Befehle der Regierung oder richterliche Entscheidungen zu unterscheiden.[632] "Gesetze sind und sollen an sich dem Staate das seyn, was Grundsätze dem Menschen sind und seyn sollen."[633] Obwohl grundsätzlich allgemeinen Inhalts, können Gesetze bezüglich des Geltungsgebietes (Ortsrechte, Nationalrechte) sowie bezüglich des zu regelnden Gegenstandes (z.B. Gesetze über die einzelnen Arten der Verträge) besondere Gesetze sein. Nicht zu verwechseln mit letzterem sind aber die Ausnahmegesetze und Privilegien, die Gesetzesregeln für gewisse Personen und Sachen ohne genügenden Rechtsgrund einschränken oder aufheben, und die er deshalb für widerrechtlich, als gegen den Grundsatz der rechtlichen Gleichheit verstoßend, betrachtet.[634]
In der Idee sollen die Gesetze bleibende, ewige Vorschriften sein. Insbesondere sei es ein Fehler, die Gesetze allein auf die Bedürfnisse des Augenblickes zu berechnen. In den wirklichen Staaten sind die Gesetze aber nach seiner Auffassung gleichwohl von Zeit zu Zeit zu ändern, wobei der Grundsatz "lex posterior derogat legi priori" gilt.[635] Allerdings sollte man, der Achtung des Gesetzes wegen, nicht dem Fehler verfallen, zuviel der Gesetzgebung zu tun, also heute ändern, was gestern erst gesetzt wurde. Stets ist nach Zachariaes Auffassung bei einer Gesetzesänderung zu fragen, ob man etwas Besseres, den

629 Zachariae: 40 Bücher, 20.Buch, S.1
630 Zachariae: 40 Bücher, 20.Buch, S.1
631 In seiner 1.Aufl. 22.Buch, S.13f bezieht er die Allgemeinheit der Gesetze hauptsächlich auf die Wortfassung und nicht etwa auf Allgemeinheit im inhaltlichen, auf das Wesentliche und Grundlegende bezogene. Gesetze sollten danach nicht auf Einzelheiten oder Folgesätze eingehen und ferner auch keine Ausnahmen zulassen. Freilich muß diesem Gesetzesbegriff notwendigerweise auch ein inhaltlicher Allgemeinheitsbegriff zu Grunde liegen, um dem bleibenden, grundsatzartigen Charakter gerecht zu werden. Vgl. Böckenförde: Gesetz und gesetzgebende Gewalt, S.116f
632 Zachariae: 40 Bücher, 20.Buch, S.9.
633 Zachariae: 40 Bücher, 1.Aufl., 21.Buch, S.11
634 Zachariae: 40 Bücher, 20.Buch, S.9ff
635 Zachariae: 40 Bücher, 20.Buch, S.12; 1.Aufl., 21.Buch, S.12. Als Beleg führt er Montesquieu: Esprit des loisBuch 29, Kap.7 an.

Bedürfnissen der Zeit mehr als die bisherige Gesetzgebung entsprechendes liefern könne.[636] Auch sollen sich neue Gesetze möglichst an die Vergangenheit anschließen und sich nicht die Darstellung eines Ideals zum Ziel setzen.

Nach Zachariaes Theorie ist ein Gesetz eine Vorschrift, die für alle Untertanen verbindende Kraft hat. Voraussetzung ist allerdings, daß die Willenserklärung des Gesetzgebers, um die Eigenschaft eines Gesetzes zu erhalten, dem Volk gehörig bekannt gegeben wurde, wobei, so unvollkommen diese auch sein mag, sich kein Untertan auf die Unkenntnis des Gesetzes berufen kann. Ferner muß für den Fall der Nichtbefolgung oder Verletzung des Gesetzes mit einer Sanktion gedroht werden. Die sog."leges imperfectae d.i. die Gesetze ohne Sanktion sind überall nicht Gesetze. Wünschen und Hoffen ist nicht Sache des Gesetzgebers."[637]

Zachariae folgt mit seinem Gesetzesbegriff nicht etwa der auf Locke[638] zurückgehenden und im Vernunftrecht des späten 18. und frühen 19. Jhdts herrschenden Vorstellung, Gesetze seien nur solche Vorschriften, die in Freiheit oder Eigentum der Bürger eingreifen.[639] Zachariae entwickelt vielmehr einen eigenen, weiteren Gesetzesbegriff. "Allgemeinheit" bedeutet bei Zachariae Dauerhaftigkeit, zudem begriffliche Allgemeinheit, insbesondere Vermeidung von Kasuistik, auch Substantialität und nicht zuletzt Ausnahmslosigkeit und Unverbrüchlichkeit, d.h. Unzulässigkeit von Privilegien und Dispensationen.[640] Dagegen kennzeichnete die "Allgemeinheit der Gesetze" um die Jahrhundertwende nur einen bestimmten Typus. Sie definiert nicht das Gesetz schlechthin, sondern grenzt das "besondere Gesetz" sowie das nicht Freiheit und Eigentum betreffende Gesetz aus.[641]

Zu den Grundsätzen der Gesetzgebung zählt er den "Grundsatz der rechtlichen Gleichheit, der Gleichheit Aller vor dem Gesetze". "Nicht so ist dieser Grundsatz zu deuten, als ob ein Gesetz schon deswegen gerecht wäre, weil es alle Unterthanen in gleichem Grade belastete. Sonst könnte man auch schlechthin ungerechte Gesetze mit ihrer Allgemeingültigkeit vertheidigen, ... Sondern der Sinn des vorliegenden Grundsatzes ist der, daß ein Gesetz nicht ein gerechtes Gesetz seyn kann, wenn es nicht alle Unterthanen in gleichem Grade schlechthin oder verhältnismäßig belastet oder begünstiget."[642] Zacha-

---

636 Zachariae: 40 Bücher, 20.Buch, S.12ff. Diese Gefahr sieht er vor allem in der Demokratie und der konstitutionellen Monarchie.

637 Zachariae: 40 Bücher, 20.Buch, S.17ff

638 Vgl Locke: The Second Treatise of Civil Government, 7, 87; 9, 135; 15, 135. Locke bezeichnet als Zweck des staatlichen Gesetzes die Sicherung des vorstaatlichen Eigenbereichs jedes Menschen, d.h. der Leben, Freiheit und Eigentum umfassenden "property".

639 Vgl. zum Gesetzesbegriff: Böckenförde: Gesetz und gesetzgebende Gewalt

640 Böckenförde: Gesetz und gesetzgebende Gewalt, S.116. Zachariae: 40 Bücher, 1.Aufl., 21.Buch, S.12: Da nicht alle Gegenstände einer bleibenden Regel unterworfen werden können, und nicht alle, die es können, sollen, sei es ratsam, manche Gegenstände der vollziehenden Gewalt schlechthin zu überlassen, und über andere nur einzelne Gesetze, kein Gesetzbuch zu geben.

641 Grawert, in: Geschichtliche Grundbegriffe, Band 2, S.903ff

642 Zachariae: 40 Bücher, 20.Buch, S.23ff

riae kommt dann auch zu folgendem Schluß: "Wie der einzelne Mensch rechtlich verpflichtet ist, sein Interesse dem Interesse Anderer nöthigenfalls zum Opfer zu bringen, so kann sich auch eine Aufgabe der Gesetzgebung so stellen, daß es dem Gesetzgeber genügen darf und genügen muß, wenn sein Gesetz in Beziehung auf die Mehrzahl der unter demselben enthaltenen Fälle gerecht ist."[643]

Als weiterer Grundsatz hat nach Zachariae zu gelten: "Nur, was der einzelne Mensch über sich zu beschließen befugt und rechtlich verpflichtet ist, darf und soll das Gesetz über das Volk beschließen."[644]

Dagegen unterliegen nach Zachariaes Auffassung alle Staatsbürgerrechte der Mitglieder des Staatsvereins der gesetzgebenden Gewalt schlechthin, denn bezüglich dieser Rechte ist der Gesetzgeber nach Zachariae nicht bloß "Ausleger, sondern Urheber des Rechts", wogegen die den einzelnen Mitgliedern schon dem Naturrecht nach zustehenden Rechte wie das Eigentumsrecht, Vertragsrecht etc nur bedingungsweise der gesetzgebenden Gewalt unterworfen sind.[645]

Die Maxime des Gesetzgebers hat nach seiner Ansicht wie folgt zu lauten: Der Gesetzgeber hat sich vor dem Erlaß eines Gesetzes zwei Fragen zu stellen. Er hat zu prüfen, wie die Wissenschaft zu der zu lösenden Aufgabe steht, und wie die Aufgabe von den Gesetzgebungen derjenigen Völker, die auf gleicher kultureller und zivilisatorischer Stufe stehen, gelöst wurde.[646] Vor allen Dingen, so Zachariae, "tut einer Gesetzgebung Einheit noth". Die heutigen Staaten Europas sind nach seiner Ansicht dadurch, daß sie dem Volk durch die Verfassung eine Stimme bei der Gesetzgebung einräumen, der Gefahr eines Zwiespaltes unter den Gesetzen ausgesetzt, der aber dadurch begegnet werden könne, daß jedes das alte Recht ändernde Gesetz, die Vorschriften in sich aufzunehmen hat, die es fortbestehen läßt, wie auch bei einer ganz neuen Verfassung die gesamte bisherige Gesetzgebung der Revision bedarf. Gesetze, die einem einzelnen Vorfall, Zachariae nennt als Beispiel einen Aufstand, ihre Entstehung verdanken, bezeichnet er als selten gut, weshalb diese, sofern sie notwendigerweise erlassen werden müssen, auf eine bestimmte Zeit zu beschränken sind.

Dabei hat nach seiner Auffassung "die gesetzgebende Gewalt ... überhaupt und mithin in einem jeden Staate keine andern Grenzen, als diese." Fordere der Gesetzgeber etwas Unmögliches, so ist nach Zachariae diese Grenze überschritten. Auf diesem Grundsatz beruht nach Zachariae die Rechtsregel, daß Gesetzen keine rückwirkende Kraft beigelegt werden darf, denn es fordert von den Untertanen, daß ihnen ein Gesetz hätte bekannt sein sollen, das ihnen nicht bekannt sein konnte.[647]

643 Zachariae: 40 Bücher, 20.Buch, S.29ff. Auch von Gesetzen gelte der Spruch: An ihren Früchten sollt ihr sie erkennen. A.a.O. S.32
644 Zachariae: 40 Bücher, 20.Buch, S.31
645 Zachariae: 40 Bücher, 20.Buch, S.25ff
646 Zachariae: 40 Bücher, 20.Buch, S.28f
647 Zachariae: 40 Bücher, 20.Buch, S.20ff

Die Gesetze sind nach seiner Auffassung in der Landessprache, in einer dem Volk verständlichen Art und Weise abzufassen. Die Wortfassung kann dabei nicht deutlich und bestimmt genug sein, damit es durch die Auslegung durch Rechtsgelehrte nicht zu durch das Gesetz nicht beabsichtigten Ungerechtigkeiten kommt.[648]

Den vielleicht zu erwartenden Schluß, nach Behandlung der physischen Anthropologie, entsprechend der "Klimalehre" Bodins, eine reformunfreudige Gesetzgebung zu vertreten, die die Gesetze möglichst den vorgegebenen Bedingungen anpassen will, zieht Zachariae nicht. Diese auf Bodin zurückgehende "Klimatheorie"[649] spielte im deutschen Staatsrecht nach 1620 keine größere Rolle mehr. Zwar verleugneten auch die Naturrechtler des frühen 18. Jhdt[650] den "genius populi" nicht und vertraten nach wie vor eine gesetzgebungsfeindliche Haltung, andererseits begann mit Christian Wolff[651] eine neue Richtung in der Staatslehre, die im späteren 18. Jhdt herrschend wurde. Die alte Auffassung Bodins, man solle unpassende Gesetze "durch Nachsehen in Abnahme kommen lassen", wurde von Wolff ausdrücklich verworfen; vielmehr solle man sie aufheben. Im Grunde ist bei Zachariae, als Vernunftrechtler, für solche Vorstellungen alter Art auch überhaupt kein Raum.

2. Die Gesetzesauslegung

Unter Gesetzesauslegung[652] versteht Zachariae "seinen Sinn, (oder, was der Gesetzgeber sagen wollte,) entweder nach den Worten (grammatische Auslegung) oder nach dem Grunde des Gesetzes (logische Auslegung) bestimmen," wobei im letzteren Falle der Grund des Gesetzes zur Erklärung, Beschränkung oder Ausdehnung des Wortlautes des Gesetzes dienen kann.[653] Zachariae legt bei seiner Untersuchung die Gesetzesauslegung durch den Richter und die Trennung der richterlichen von den beiden anderen Gewalten zu Grunde. Danach hat der Richter das Recht, "die Gesetze auszulegen, in dem Umfange, in welchem er ermächtiget und verpflichtet ist, in den zu seiner Kompetenz gehö-

648 Zachariae. 40 Bücher, 20.Buch, S.33ff. Einer Priesterherrschaft nützt dagegen eine in einer fremden oder veralteten Sprache abgefaßte Verfassung, da sie dem Volk eine "Geheimlehre" ist.
649 Vgl. dazu Schröder: Zur Vorgeschichte der Volksgeistlehre. Gesetzgebungs- und Rechtsquellentheorie im 17. und 18. Jhdt, S.1ff
650 Pufendorf: De iure naturae et gentium libri octo, S.1076f; Thomasius: Fundamenta iuris naturae et gentium, §56. So hielt insbesondere Thomasius eine Veränderung und Verbesserung des Nationalcharakters durch Gesetze für ausgeschlossen und warnt vor allzu großer gesetzgeberischer Aktivität.
651 Wolff: Vernünftige Gedancken von dem gesellschaftlichen Leben der Menschen und insbesonder vom gemeinen Wesen, §410, S.426. Auch vermeidet Wolff die Verwendung des Ausdruck "genius populi"
652 Zur Entwicklung der Gesetzesauslegung ausführlich: Schröder: Gesetzesauslegung und Gesetzesumgehung
653 Zachariae: 40 Bücher, 20.Buch, S.36

renden Rechtssachen ein Erkenntnis zu fällen."[654] In bürgerlichen Rechtssachen steht den Gerichten nach Zachariae das Recht der Gesetzesauslegung umfassend zu, weshalb die Gesetze diesbezüglich Vorschriften enthalten sollten, die schon ihrem Wortlaut nach zur Entscheidung jedes einzelnen Falles genügen, wenngleich auch bei der besten bürgerlichen Gesetzgebung dieses Recht den Gerichten zustehen muß, um die bürgerliche Gesetzgebung auf eine noch höhere Stufe der Vollkommenheit zu stellen.[655] Bei der Auslegung der Strafgesetze darf der Richter dagegen nicht über den Wortverstand hinausgehen, denn sonst würde dem Angeklagten eine Strafe zuerkannt, die im Gesetz nicht angedroht war. "Er würde vergessen, daß im Staate nicht eine jede sträfliche Handlung deswegen auch strafbar sey, sondern daß erst die Bedrohung mit einer Strafe Handlungen zu Vergehen stemple."[656] Ausgangspunkt für diese Differenzierung bei Zachariae ist die im späten 18. und frühen 19. Jhdt übliche enge Bindung des Richters an den Gesetzeswortlaut der Strafgesetze, die der gefürchteten Willkür und Despotie der Justiz einen Riegel vorschieben sollte. Dagegen war schon Anfang des 19. Jhdt ein Übergang zu einem großzügigeren Interpretationsrecht des Zivilrichters erkennbar.[657]

Diese Auslegung der Gesetze durch die Richter führt schließlich über kurz oder lang in jedem Staat zu einem Gerichtsgebrauch, der zwar weder mit der verbindenden Kraft der Gesetze noch des Gewohnheitsrechts gleichzustellen ist, gleichwohl aber rechtliche Sanktionen nach sich zieht.[658] Die Richter treten bei der Gesetzesauslegung an die Stelle des Gesetzgebers, so daß sie, wie "der Gesetzgeber seine Gesetze nicht leichtfertig, wohl aber, wenn er sich von der Nothwendigkeit einer Neuerung vergewissert hat, abändern darf und soll, eben so ... der Richter von den Meinungen, nach welchen er bisher Recht gesprochen hat, nicht leichtfertig, wohl aber, wenn er sich von seinem Irrthume überzeugt hat," abweichen darf.[659] Dem Übel, daß es in einem Land mit mehreren obersten Gerichtshöfen verschiedene Gerichtsgebräuche gibt, kann durch die Bestellung eines Gerichtshofes, der über die Gesetzesauslegung endgültig zu entscheiden hat, entgegnet werden.[660]

---

654 Zachariae: 40 Bücher, 20.Buch, S.37. In seinem Buch "Versuch einer allgemeinen Hermeneutik des Rechts" von 1805 hatte Zachariae noch einen weniger liberalen Standpunkt vertreten. Danach sollten zur Gesetzesauslegung nur die gesetzgebenden Behörden befugt sein. "Denn da die Auslegung der Gesetze allemal eine Art der Gesetzgebung ist, so kann dieses Geschäft nicht einem jeden Beamten, sondern nur derjenigen Behörde übertragen werden, für welche die Abfassung der Gesetze selbst gehört." A.a.O., S.162. So auch noch im 21. Buch, S.24 seiner 1. Aufl. von den 40 Büchern des Staates, wo er noch ausdrücklich auf dieses Buch verweist.

655 Zachariae: 40 Bücher, 20.Buch, S.37ff

656 Zachariae: 40 Bücher, 20.Buch, S.39

657 Vgl. Schröder: Gesetzesauslegung und Gesetzesumgehung, S. 77f

658 Zachariae: 40 Bücher, 20.Buch, S.40ff

659 Zachariae: 40 Bücher, 20.Buch, S.41. Den Gerichtsgebrauch betrachtet er als mit dem Gewohnheitsrecht dahingehend verwandt, weil jenes, wie dieses auf der Autonomie des Volkes, auf der autonomie der Gerichte beruhe.

660 Zachariae: 40 Bücher, 20.Buch, S.43. In Frankreich übt der Kassationsgerichtshof diese Eigenschaft aus.

3. Das Gewohnheitsrecht

Unter Gewohnheitsrecht versteht Zachariae eine Rechtsregel, die, "weil sie, als eine Rechtsregel, von einzelnen Bürgern in Anwendung gebracht worden ist, für alle verbindene Kraft hat. Eine Rechtsgewohnheit ist also nicht eine (die Unterthanen verpflichtende) Willenserklärung des verfassungsmäßigen Souveräns, nicht ein Gesetz, sondern sie geht vom Volke aus." [661]

Zachariae wirft dabei die Frage auf, wie diesem Gewohnheitsrecht verbindende Kraft gleich oder neben dem Gesetz beigelegt werden kann. Durch Zustimmung oder Bekräftigung seitens des verfassungsmäßigen Gesetzgebers, sei es, daß dem Gewohnheitsrecht nur insofern, als es ausdrücklich vom Gesetzgeber bestätigt wurde, verbindende Kraft beizulegen sei, oder daß man diese aus dem Stillschweigen des Gesetzgebers abzuleiten glaubt, kann dieses Problem für ihn jedoch nicht zufriedenstellend gelöst werden.[662] "Sondern der Beweis, daß das Gewohnheitsrecht verbindende Kraft habe, ..., muß den Satz begründen, daß es im Staate, eine Verfassung sey übrigens welche sie wolle, außer dem verfassungsmäßigen d.i. durch die Verfassungsform bestimmten Gesetzgeber noch einen andern, das Volk, gebe, und daß das Volk, in dieser seiner Eigenschaft, seinen Willen durch die Handlungsweise einzelner Gemeindeglieder auf eine rechtsbeständige Weise erklären könne."[663]

Die Frage ist nach Zachariae deshalb letzlich nur die, "ob die verbindende Kraft des Gewohnheitsrechts - oder die gesetzgebende Gewalt des Volks - mit dem Grundsatze vereinbar sey, daß diese Gewalt dem verfassungsmäßigen Herrscher, dem Monarchen, der Volksversammlung u.s.w. ausschließlich zustehe, oder ob man zwei Gesetzgebungen und zwei Gesetzgeber neben einander stelle und mithin die Einheit des Staates aufhebe, indem man das Ansehn des Gewohnheitsrechts auf jenen Rechtsgrund stützt."[664] Die Antwort auf diese Frage liegt nach Zachariae darin, das Gewohnheitsrecht nicht als eine neben dem Gesetz bestehende, sondern als eine dem Gesetz untergeordnete Rechtsquelle zu betrachten. Denn unter dieser Voraussetzung wird durch die verbindende Kraft des Gewohnheitsrechts das ausschließliche Recht des verfassungsmäßigen Gesetzgebers nicht beeinträchtigt, da diesem jederzeit die Möglichkeit verbleibt, dem Gewohnheitsrecht seine verbindende Kraft zu entziehen, es abzuändern oder gar aufzuheben.[665]

Daseins- und Gültigkeitsvoraussetzung des Gewohnheitsrechts ist nach seiner Theorie, daß die Handlungen einzelner Mitglieder, auf denen das Gewohnheits-

661 Zachariae: 40 Bücher, 20 Buch, S.2. Selbst in einer autokratischen Demokratie ist nach Zachariae das Gewohnheitsrecht nicht eine Willenserklärung des Volkes und damit des Souveräns, da es nicht in der durch die Verfassung vorgeschriebene Art und Weise zustande komme.

662 Zachariae: 40 Bücher, 20.Buch, S.2f. So aber die Lehre im späten 17. und frühen 18. Jhdt, bei der der Herrscher als Schöpfer des Gewohnheitsrechts an die Stelle des Volkes oder doch jedenfalls neben das Volk tritt. Vgl. dazu Schröder: Zur Vorgeschichte der Volksgeistlehre. Gesetzgebungs- und Rechtsquellentheorie im 17. und 18. Jhdt., S.38ff

663 Zachariae: 40 Bücher, 20.Buch, S.3f. Beide, Gewohnheitsrecht und Gesetz, sind verpflichtend, weil sie den Willen der Mehrheit aussprechen.

664 Zachariae: 40 Bücher, 20.Buch, S.4

665 Zachariae: 40 Bücher, 20.Buch, S.4

recht beruhe, von dem Rechtsempfinden der Mehrheit getragen werde, daß es nach dem Ermessen eines Richters mit dem Recht des Staates und seinen Interessen nicht in Widerspruch stehe und auch nicht ausdrücklich vom Gesetzgeber verworfen wurde. Letzterem Satz ist aber nicht die Bedeutung beizulegen, daß ein Gesetz durch den Nichtgebrauch (per non usum) außer Kraft gesetzt werde.[666]

Der Vorteil des Gewohnheitsrechts vor dem geschriebenen Recht liegt nach seiner Auffassung darin, daß ersteres "unmittelbar ein Kind des Bedürfnisses" ist, und auch die Art seiner Entstehung in der Regel die Recht- und Zweckmäßigkeit seines Inhalts garantiere, da anderenfalls die zuerst von einem einzelnen angewendete Rechtsregel nicht den Beifall der Allgemeinheit gefunden hätte.[667] Zugleich liegt aber nach Zachariae in den Vorzügen des Gewohnheitsrechts die Ursache seiner Unvollkommenheit. Dem Gewohnheitsrecht den Charakter der Unveränderlichkeit beimessend, genügt dieses nach seiner Ansicht einem in der Kultur und Zivilisation fortschreitenden Volk nicht, ist gar dem Aufstreben eines Volkes hinderlich.[668] Durch den Gerichtsgebrauch ausgebildet wird es immer undurchsichtiger, so daß bei jedem Volk, dessen gesellschaftliche Verhältnisse sich immer mannigfaltiger entwickeln, das Verlangen nach einem einfacheren Recht, nach Gesetzbüchern, erwacht und das Gewohnheitsrecht dem geschriebenen Recht weichen muß.[669]

Zachariae bewegte sich mit seiner Auffassung über das Gewohnheitsrecht ganz in den Bahnen der Rechtslehre des späten 18. Jhdt, die zu der noch im frühen 17. Jhdt[670] fast allgemein vertretenen Ansicht zurückkehrte, daß allein das Volk die gewohnheitsrechtserzeugende Kraft ist[671], nachdem im späten 17. und frühen 18. Jhdt[672] das Gewohnheitrecht dem Gesetzgeber unterstellt, und dessen spezieller, wenn auch konkludent erteilter Konsens zur Entstehung verlangt wurde. Anders als die Lehre des frühen 17. Jhdt, nach der das Gewohnheitsrecht dem Gesetz gleichwertig war und dieses auch aufheben konnte, wurde nun im späten 18. Jhdt jedoch gesetzesaufhebendes Gewohnheitsrecht

666 Zachariae. 40 Bücher, 20.Buch, S.5f.
667 Zachariae: 40 Bücher, 20.Buch, S.6f. Er zitiert dabei Möser, Osnabrücker Geschichte, Theil I, §19, der sagt: "Die Deutschen duldeten nicht geschriebene Gesetze, und überall, wo dergleichen eingeführt wurden, geschah es von Obrigkeiten, welche die gesetzgebende Gewalt des Volkes untergraben wollten. Denn sobald der Richter die Rechtsanweisung in einem Buche hatte, so fragte er nicht das Volk, sondern sein Buch, und zuletzt fremde Ausleger und Rechte."
668 Zachariae: 40 Bücher, 20.Buch, S.8. Deshalb hätten einige Staaten besondere Einrichtungen getroffen, um sich eine zeitgemäße Fortbildung des Gewohnheitsrechts zu sichern. Bsp.: Amtsgewalt der römischen Prätoren, die Vollmacht der englischen Gerichtshöfe der Billigkeit.
669 Zachariae: 40 Bücher, 20.Buch, S.8f. Auch in England wurden zu dieser Zeit Stimmen für die Abfassung von Gesetzbüchern laut. Vgl. J. Bentham: Papers relative to Codification, London 1817
670 Statt vieler: Wesenbeck: In Pandects juris civilis et codicis, S.53f
671 Schröder: Zur Vorgeschichte der Volksgeistlehre. Gesetzgebungs- und Rechtsquellentheorie im 17. und 18. Jhdt, S.42ff, 44
672 Hahn: Observata theoretico - practica ad Matthaci Wcsenbccii in L libros Digcstorum commentarios, I, S.136; Struve: Syntagma juris civilis, Exerc. II, S.53f

meistens ausgeschlossen. Damit wurde das geschriebene Gesetz zur Grenze für das Gewohnheitsrecht.[673] Erst später im 19. Jhdt wurde dem Gewohnheitsrecht durch Puchta und Windscheid[674] wieder gesetzesaufhebende Kraft beigemessen. "Ist aber ein Gewohnheitsrecht wirklich vorhanden, so hat auf die Beurtheilung seiner Kollision mit gesetzlichem Recht seine Eigenschaft als Gewohnheitsrecht keinen Einfluß, diese Kollision ist vielmehr ganz ebenso anzusehen, wie wenn sie zwischen Rechtssätzen derselben Quelle einträte."[675]

673 Schröder: Zur Vorgeschichte der Volksgeistlehre. Gesetzgebungs- und Rechtsquellentheorie im 17. und 18. Jhdt, S.46
674 Windscheid: Lehrbuch des Pandektenrechts, Band 1, §18, der unmißverständlich zum Ausdruck bringt, daß Gewohnheitsrecht Gesetze aufheben kann.
675 Puchta: Das Gewohnheitsrecht, 2.Teil, S.203ff, 215

V. Volkswirtschafts- und Staatshaushaltslehre

1. Das System der Erwerbsfreiheit in Abgrenzung zum System der Erwerbsvormundschaft

Wie eine jede Person ein Vermögen hat, so hat nach der Theorie Zachariaes auch ein Volk ein solches Vermögen. Zu diesem ist alles zu zählen, was das Volk besitzt oder erwirbt. Die Besonderheit besteht nun darin, "daß es nicht das Vermögen einer physischen Person oder des Menschen, sondern das einer moralischen Person oder eines künstlichen zusammengesetzten Menschen ist, welches wieder so viele Fälle eines Vermögens unter sich begreift, als ein Staatsverein Mitglieder zählt. .... Gleichwohl ist, dem Staatsrechte nach, diese Einheit wieder aufzuheben und das Vermögen der Einzelnen als ein selbständiges d.i. als ein von dem Vermögen der Nation verschiedenes und gesondertes Vermögen zu betrachten."[676]

Die Frage, die sich für Zachariae dabei stellt, ist, wie der Staat dieses Nationalvermögen zu bewirtschaften hat. Nach seiner Theorie hat man zur Lösung dieser Frage zwischen dem System der Erwerbsfreiheit und dem der Erwerbsvormundschaft zu unterscheiden.

Die Grundlage des Systems der Erwerbsfreiheit ist nach Zachariae die persönliche Freiheit der einzelnen Bürger. Damit unvereinbar ist jede Art der persönlichen Dienstbarkeit, die Einschränkung des Rechts der Aus- und Einwanderung sowie das Verbot, jedes beliebige Gewerbe zu betreiben und von einem in ein anderes Gewerbe zu wechseln, wie überhaupt jegliche Vorrechte, die sich auf den Erwerb beziehen, mit Ausnahme des Patentrechtes.[677] So sind insbesondere Zünfte und Innungen sowie Prüfungen als Fähigkeitsnachweis zur Ausübung eines bestimmten Berufes - außer es stehen Leben und Gesundheit bei der Ausübung auf dem Spiel wie z.B. bei Apothekern etc - nach dem System der Erwerbsfreiheit zu verwerfen. Ferner ist der freie Warenverkehr im Inland und mit dem Ausland zu gewährleisten, unbeschadet des Rechts, im Interesse des Staatshaushaltes Zölle zu erheben, denen aber nicht die Eigenschaft von Schutzzöllen zukommen darf. Auch muß alles, was nach Naturgesetzen erworben werden kann, von jedem zu vollem Eigentum erworben werden können und es darf grundsätzlich niemand gezwungen werden, sein Eigentum an den Staat abzutreten. Lediglich eine Enteigung "zum öffentlichen Wohl" soll nach seiner Ansicht möglich sein, wobei dann aber eine angemessene Entschädigung seitens des Staates zu entrichten ist.[678] Unvereinbar ist somit auch das Sondereigentum des Staates, sofern er es nicht zur Erfüllung seiner

676 Zachariae: 40 Bücher, 37.Buch, S.77f
677 Zachariae: 40 Bücher, 37.Buch, S.79. In der 1.Aufl., 39.Buch, S.321 nennt er noch die Gleichheit der In- und Ausländer in Beziehung auf das bürgerliche Recht.
678 Zachariae: 40 Bücher, S.80f

Pflichten bedarf, Familienfideikommisse, Gülten und Frohne. Geldabgaben sind nach diesem System den Naturalabgaben vorzuziehen. Auch darf dem Staat nicht die Eigenschaft einer allgemeinen Versicherungsanstalt zukommen.[679] Der Staat hat sich nach der Theorie Zachariaes dabei auch grundsätzlich darauf zu beschränken, die den Menschen nach diesem System zustehenden Rechte unter seinen Schutz zu nehmen und ihnen die Vorsorge für ihren Wohlstand selbst zu überlassen. Möglich ist es dem Staat jedoch, kraft seines Rechts der Volkserziehung, für Anstalten zu sorgen, in denen auch die Ärmeren die für den Erwerb erforderlichen Kenntnisse und Fähigkeiten erlangen können. Er kann und soll auch für den Bau von Wasser- und Landstraßen sowie öffentlichen Einrichtungen wie Bibliotheken, Kunstsammlungen u.ä. Sorge tragen.[680]

Das System der Erwerbsvormundschaft kann nach Zachariae, ausgehend von dem Grundsatz, daß der Staat für den Wohlstand der Nation positiv Sorge zu tragen hat, in den verschiedensten Modifikationen auftreten und von der bloßen Beschränkung der Erwerbsfreiheit bis hin zu der Forderung nach einer allgemeinen Gemeinschaft der Güter bzw. nach einer gemeinschaftlichen Bewirtschaftung des Nationalvermögens reichen. Gegen letztere Modifikation spricht nach der Auffassung Zachariaes aber die Tatsache, daß, wenn man das Sondereigentum mit seinen Folgen aus der menschlichen Gesellschaft wegdenke, ein jeder auf Kosten des anderen werde leben wollen.[681] Die Vertreter dieses Systems, die lediglich für Beschränkung der Erwerbsfreiheit eintreten, können nach Zachariae wiederum in drei Klassen unterteilt werden. "Sie vertheidigen entweder das System der Verschließung des Landes gegen den auswärtigen Handel überhaupt oder gegen die Waareneinfuhr insbesondere; - oder aber das System der Schutzzölle; - oder endlich das System der Retorsionszölle."[682] Die Verteidiger der ersten Variante sprechen sich nicht nur für Schutzzölle, sondern für Einfuhrverbote für alles, was selbst produziert und hergestellt werden kann, schlechthin aus, wobei die Warenausfuhr frei bleiben soll. Zwar steht diese Variante mit der Erwerbsfreiheit im Inneren des Landes nicht grundsätzlich im Widerspruch. "Aber nicht zu gedenken, daß eine Beschränkung der Freiheit immer zu einer anderen führt, so muß auch die Anwendung dieses Systemes Arbeit und Kapital in Kanäle leiten, welche sie sonst nicht aufgesucht haben würden."[683] Die zweite Variante verwirft den Grundsatz der Erwerbsfreiheit nicht unbedingt, sondern nur unter bestimmten, in der Erfahrung gegebenen Verhältnissen. Es will und soll die Wareneinfuhr

679 Zachariae: 40 Bücher, 37.Buch, S.79ff. In der 1.Aufl., 39.Buch, S.332f führt er aus, daß der Staat lediglich zum Ersatz des Schadens verhelfen soll, der einem seitens eines anderen zugefügt wurde, wie er auch für durch ihn selbst verursachte Schäden aufzukommen hat.

680 Zachariae: 40 Bücher, 37.Buch, S.78, 83ff

681 Zachariae: 40 Bücher, 37.Buch, S.78, 86ff, 88. In seiner 1.Aufl., 39.Buch, S.303, 314ff behandelt er die Erwerbsgemeinschaft noch als ein eigenständiges, neben den Systemen der Erwerbsfreiheit und der Erwerbsvormundschaft stehendes System, und nicht bloß als eine Variante des Systems der Erwerbsvormundschaft.

682 Zachariae: 40 Bücher, 37.Buch, S.88f

683 Zachariae: 40 Bücher, 37.Buch, S.89ff

nicht gänzlich unterbinden, sondern es zielt nur darauf ab, die durch die Verschiedenheit der Nationen und Länder bedingte Ungleichheit der Warenpreise wieder herzustellen.[684] Letzte Variante stellt eine Erwiderung einer Unbilligkeit dar, deren sich eine Regierung gegen ein anderes Volk schuldig gemacht hat. Grundlage dieser Variante ist aber entweder das System der Erwerbsfreiheit, so daß die Retorsionsmaßregeln lediglich eine Ausnahme von dieser ist, oder das der Erwerbsvormundschaft.[685]

Nach der Theorie Zachariaes gebührt aber nur dem System der Erwerbsfreiheit der Name eines Rechtssystems. "Denn es erweckt und es nährt die friedliche Stimmung, welche der Handelsverkehr unter den Völkern zur Folge haben soll. Das System der Erwerbsvormundschaft ist dagegen, so wie im Innern der Staaten, so auch in ihren auswärtigen Verhältnissen, überall die Mutter der Zwietracht und des Erwerbsneides." Das letztere System kann nach seiner Auffassung aber dann den Vorzug genießen, wenn die Selbständigkeit der Nation, z.B. in Zeiten des Krieges, gefährdet ist. Auch kann die Verfassung eines Landes, z.B. China, dieses System erfordern, oder der Staatshaushalt die Erhebung von Schutzzöllen notwendig machen.[686]

2. Wie und von was soll der Staat seine Ausgaben bestreiten?

Der Staat hat nach der Theorie Zachariaes kraft seines Obereigentums zwei Möglichkeiten, wie er sich die Mittel zur Bestreitung seiner Aufgaben verschaffen kann. Er kann entweder einen Teil des Nationalvermögens zu seinem Gebrauch aussondern, um aus dem Ertrag seine Bedürfnisse zu decken, oder er kann Abgaben erheben.[687] Gleich aber wie der Staat sich seine für die Führung des Staatshaushaltes erforderlichen Mittel besorgt, kann er das Vermögen der Nation nach der Theorie Zachariaes entweder nach dem System der Erwerbsvormundschaft oder dem der Erwerbsfreiheit bewirtschaften, wobei das System der Erwerbsvormundschaft eher zur Entwicklung eines Systems führt, bei dem der Staat die öffentlichen Bedürfnisse aus seinem eigenen Vermögen bestreitet. So betrachtet er insbesondere dieses System doch nur als eine Folgerung aus dem System der Erwerbsvormundschaft. "Denn es entzieht das Krongut dem Erwerbe, ein jedes Gewerbe, welches regalisirt ist, dem Betriebe des Einzelnen. ... . Endlich, wer den Staat, wie sein Hauswesen verwaltet, muß schon deswegen geneigt seyn, auch das Volk, gleich als seine Hausgenossenschaft, zu behandeln."[688]
Im ersteren Fall, der Aussonderung eines Teiles des Nationalvermögens, ist das Staatsvermögen, da es sich wie ein Privatvermögen zusammensetzt, auch

684 Zachariae: 40 Bücher, 37.Buch, S.91ff
685 Zachariae: 40 Bücher, 37.Buch, S.94f
686 Zachariae: 40 Bücher, 38.Buch, S.96ff, 104ff.
687 Zachariae: 40 Bücher, 39.Buch, S.111f
688 Zachariae: 40 Bücher, 39.Buch, S.119f

ganz entsprechend dem eines Privatvermögens zu bewirtschaften. Allerdings spreche in diesem Fall die Vermutung für eine schlechte Verwaltung des Vermögens durch die Gemeinheit, da es dem Verwalter des Staatsvermögens an dem Grund gebreche, welcher den Privatmann anspornt, das seinige gehörig zu verwalten.[689] Es klinge zwar, so Zachariae, schön, wenn die Untertanen keine oder nur wenige Abgaben und Steuern zu entrichten hätten, aber "die Abgaben, die der Unterthan zu entrichten hat, sind zugleich eine Bürgschaft für den Werth der von der Regierung zu übernehmenden Gegenleistungen." Das System des eigenen Staatsvermögens führe auch zu Kollisionen zwischen dem Staatsvermögen und dem der Untertanen, welche den Staat zum Erlaß unbilliger Gesetze verleiten oder ihn sonst das Recht zu seinen Gunsten beugen lassen könnte. Lediglich zur Stärkung der Macht des Souveräns kann es nach seiner Auffassung ratsam sein, dem Staat ein eigenes Vermögen zu geben.[690]
Im weiteren legt Zachariae deshalb seinen Untersuchungen nur noch das von ihm für richtig erachtete System der Abgabenerhebung zugrunde, was aber nicht zu heißen hat, daß der Staat, "wenn er kein eigenes Vermögen besitzt, seine Bedürfnisse an Geld und Gut nach Rechtsgrundsätzen nur durch Steuern bestreiten dürfte, also das Besteuerungssystem der Gegensatz des ersten Systemes wäre. Sondern, weil unter derselben Voraussetzung Steuern das Hauptmittel sind, die öffentlichen Ausgaben zu decken."[691] So steht es dem Staat insbesondere frei, sein Einkommen durch Erwerbungsarten des bürgerlichen Rechts, z.B. Schenkungen, Vermächtnisse etc, sowie durch die Ausübung anderer Hoheitsrechte[692], die bestimmte Abgaben zur Folge haben, z.B. Geldstrafen, Vergütungen für gewisse polizeiliche Erlaubnisse etc, zu mehren.

Der Staat hat sich nach Zachariae dabei aber stets die Frage zu stellen, welche Ausgaben notwendig sind. "Mit anderen Worten: Die Staatseinnahme hat sich, so weit das nur immer nach den Geldkräften der Nation möglich ist, nach den Ausgaben des Staates zu richten,..."[693] Dies darf aber nicht dahingehend verstanden werden, als ob der Staat seine Einnahmen nach Belieben ehöhen könnte, sondern gemeint ist damit, daß eine Ausgabe, sofern sie notwendig ist, durch Einnahmen gedeckt werden muß.[694] Die Verbindlichkeit zur Abgabenentrichtung besteht dabei nach der Theorie Zachariaes grundsätzlich unabhägig davon, ob die zu entrichtende Abgabe dem einzelnen Pflichtigen vorteilhaft ist und zugute kommt oder nicht. Möglich ist nach seiner Auffassung aber

689 Zachariae: 40 Bücher, 39.Buch, S.115f
690 Zachariae: 40 Bücher, 39.Buch, S.120f
691 Zachariae: 40 Bücher, 40.Buch, S.122ff
692 Zachariae: 40 Bücher, 1.Aufl., 40.Buch, S.397: "Ein Hoheitsrecht, das nicht unter dem Staatsobereigenthume begriffen ist, darf von dem Staate nicht zu dem Zwecke ausgeübt werden, daß es ihm eine Einnahme gewähre; sondern eine Einnahme, welche der Staat kraft eines solchen Hoheitsrechtes bezieht, ist nur in so fern eine rechtmäßige Einnahme, als sie sich, ihrem Grunde und ihrem Betrage nach, durch den eigenthümlichen Zweck desjenigen Hoheitsrechtes vertheidigen läßt, kraft dessen sie bezogen wird."
693 Zachariae: 40 Bücher, 40.Buch, S.126ff
694 Zachariae: 40 Bücher, 40.Buch, S.127

auch, daß gewisse Staatsausgaben nur von einzelnen zu tragen sind, wie z.B. Kosten der Strafverfolgung, Kosten, die aufgrund der Erteilung einer Vergünstigung entstehen etc, wenn diese nämlich wie im ersteren Fall von den einzelnen verschuldet oder wie im letzteren Fall einzelnen zugute kommen.[695]

3. Von den Steuern und der Art ihrer Erhebung

Steuern können nach Zachariae entweder in Form von direkten, z.B. Grundsteuer, oder indirekten Steuern, z.B. Zölle, Mehlabgabe, erhoben werden. Es kann sich dabei um allgemeine oder auch um örtliche Steuern handeln, was davon abhängt, ob das ganze Staatsgebiet oder nur ein Teil, z.B. Gemeindesteuern, betroffen ist. Zu unterscheiden ist auch zwischen ordentlichen und außerordentlichen Steuern, je nachdem sie entweder in dem gewöhnlichen Lauf der Dinge oder nur aufgrund besonderer Veranlassung - z.B. in Kriegszeiten oder zum Bau einer Eisenbahn - erhoben werden. Letztlich differenziert er auch noch zwischen gezwungenen Steuern, zu deren Entrichtung der Staat zum Zwang greifen muß, und sog. gutwilligen Steuern, die auf dem guten Willen der Untertanen beruhen, wie z.B. herkömmliche Geschenke, Lotterieeinsätze etc.[696]

Nach der Auffassung Zachariaes stellt dabei jedoch die Einkommensteuer die alleinig rechtmäßige Steuer dar. "Diese Steuer trifft allein den Gegenstand, auf welchen Steuern überhaupt fallen sollen, unmittelbar", und scheint ihm insbesondere auch mit der Erwerbsfreiheit vereinbar, wie sich ihr auch niemand entziehen oder über die Ungleichheit der Last beschweren könne.[697]

Zachariaes Eintritt für die Einkommenssteuer ist insofern bemerkenswert, als diese Art der Besteuerung erstmals 1798 durch den englischen Premierminister William Pitt - als "eine unmittelbare Folge des gewaltigen Kampfes" zwischen Großbritanien und Frankreich während der Napoleonischen Kriege - eingeführt wurde[698] und damit eine kurze Vergangenheit aufwies. In Deutschland wurde die erste wirkliche Einkommenssteuer durch Preußen, auf Betreiben von Karl Freiherr vom Stein, durch Gesetz vom 24. Mai 1812 geschaffen, und stieß auf die Opposition des Adels, der um seine Steuerprivile-

695 Zachariae: 40 Bücher, 40.Buch, S.129ff
696 Zachariae: 40 Bücher, 40.Buch, S.132ff
697 Zachariae: 40 Bücher, 40.Buch, S.140ff
698 Seligman: The Income Tax, S.57; Großfeld: Die Einkommenssteuer, S.10. Einer früheren Einführung stand die Autorität von Adam Smith entgegen, der diese Art der Besteuerung für "gänzlich willkürlich und unbestimmt" hielt. Vgl Adam Smith: The Wealth of Nation, Book V, Chap.II, Part II, Art.IV, deutsche Übersetzung von Rechtenwald: Der Wohlstand der Nation. Eine Untersuchung seiner Natur und Sache.

gien bangte.[699] Richtig etablieren konnte sich die Einkommenssteuer in Deutschland jedoch erst gegen Ende des 19. Jhdt.[700]

Die Steuern sind nach Zachariae von allen zu erheben, deren Sachen und Güter der Gewalt des Staates unterworfen sind, also auch von den im Inland Güter besitzenden Ausländern und den Einkommen von Inländern, welches sie aus dem Ausland beziehen. Als widerrechtlich betrachtet er aber die Besteuerung der Besoldung seiner Beamten, ebenso wie ein Steuerabzug von Zinsen aus Staatsanleihen.[701] Die Steuern sind dabei nicht aus dem Bruttoertrag, sondern aus den reinen Einnahmen, also nach Abzug aller Auslagen, zu erheben, wobei der Besteuerung der Grundsatz der Steuergleichheit zugrunde zu liegen hat, worunter aber nicht eine sog. Kopfsteuer zu verstehen ist, nach der einer so viel wie der andere zu entrichten verpflichtet ist.[702]

Mittels Budgetgesetz sind nach der Theorie Zachariaes die Einnahmen und Ausgaben des Staates als ein Ganzes aufgrund einer Wahrscheinlichkeitsrechnung für eine bestimmte Periode festzusetzen.[703] Die Einhaltung des Budgets ist sodann Aufgabe der Staatsverfassung, und kann mittels Bestellung einer Oberrechnungskammer oder seitens der Kontrolle durch Stände oder der Volksabgeordneten erfolgen.[704]

4. Das Schuldenwesen des Staates

Zachariae betrachtet den verschuldeten Zustand der Staaten Europas als eine der "merkwürdigsten Erscheinungen an dem politischen Himmel von Europa".[705] Nach seiner Theorie sind Staatsschulden Steuern, die der Staat der Nachwelt in der Gestalt eines "Anlehns" auferlegt und die deshalb auch nach den Grundsätzen des Steuerrechts zu beurteilen sind. Der zugrundeliegende Darlehensvertrag stelle nur das Gewand dar, in welches die Steuern sich ver-

699 Großfeld: Die Einkommenssteuer, S.32. Bereits 1808 wurde die Einkommenssteuer für die preußischen Provinzen Ostpreußen und Litauen als vorläufiger Versuch, ebenfalls auf Betreiben von Freiherr vom Stein, eingeführt. Vgl. dazu Grätzer: Zur Geschichte der Preußischen Einkommens- und Klassensteuer, S.11

700 Vgl Metzger/Weingarten: Die Einkommenssteuer und Einkommenssteuerverwaltung in Deutschland, S.8f. So wurde z.B. erst 1848 in Nassau, 1869 in Hessen, 1874 in Sachsen und 1889 in Baden eine Einkommenssteuer eingeführt. Die erste moderne Einkommenssteuer war das preußische Einkommenssteuergesetz von 1891.

701 Zachariae: 40 Bücher, 40.Buch, S.136f

702 Diese Kopfsteuer bezeichnet er als die verwerflichste Steuer von allen. Genauer in der 1.Aufl., 40.Buch, S.409: "Die Steuerlast ist so zu vertheilen, daß sie die sämtlichen Staatsgenossen und einen jeden einzelnen Steuerpflichtigen, nach dem Verhältnisse seines Einkommens treffe."

703 Zachariae: 40 Bücher, 40.Buch, S.147ff

704 Zachariae: 40 Bücher, 40.Buch, S.149

705 Zachariae: 40 Bücher, 40.Buch, S.150. Vgl. zum Schuldenwesen auch seine Schrift: Über das Schuldenwesen der Staaten des heutigen Europas

hüllen. Der Verpflichtungsgrund dieses Vertrages ist nach Zachariae einzig und allein das Besteuerungsrecht.[706]

Dem Staat steht dabei das Recht, Schulden zu machen, nur kraft eines Notrechtes zu, "d.i. nur dann dürfte der Staat befugt seyn, Schulden zu machen, wenn das Volk für jetzt nicht im Stande ist, die Ausgaben, welche der Aufwand des Anlehens verursacht, selbst zu bestreiten."[707] Dem Mißbrauch dieses Rechts soll mittels durch die Staatsverfassung einzuhaltenden Formen und Bedingungen vorgebeugt werden. Die Staatsanleihen sind nach Zachariaes Auffassung grundsätzlich nur gegen Rente, also nur so aufzunehmen, daß zwar das geliehene Kapital jährlich verzinst, die Kündigung aber nur seitens des Staates erfolgen kann.[708] Die Attraktivität dieser Staatspapiere liegt nach seiner Auffassung, ungeachtet der Tatsache, daß sie in der Praxis durch den Staat gar nicht oder nur in geringen Summen eingelöst werden, in der Möglichkeit des Handels.[709]

706 Zachariae: 40 Bücher, 40.Buch, S.156
707 Zachariae: 40 Bücher, 40.Buch, S.158
708 Zachariae: 40 Bücher, 40.Buch, S.162
709 Zachariae: 40 Bücher, 40.Buch, S.165

VI. Schlußbetrachtung

Zachariae war ein Mann, der sich selbst mit Machiavelli und Montesquieu verglichen hat, und der für die Deutschen sein wollte, was jener für die Italiener und dieser für die Franzosen war, dessen Geisteshaltung und Ansichten durch die letzten Jahre des untergegangenen Reiches, der napoleonischen Rheinbundzeit und des Deutschen Bundes geprägt wurden. Enzyklopädisches Wissen, Scharfsinn und Originalität waren nicht zu leugnen; ebenso aber politische Schwankungen und einander widersprechende Eigenschaften, so daß er wohl die ungewöhnlichste und schillerndste Figur seiner Zeit war. Jellinek[710] charakterisiert ihn treffend als "von fast beispiellosem Wissen, geistreich und oft paradox, tiefdringend und kritisch und daneben auch oberflächlich und nichtssagend, beweglich und eitel, das Blendende oft dem Wahren vorziehend, auch der schlechten Sache zu Anwaltsdiensten bereit, Verfasser von Meisterwerken und Schülerarbeiten, im Privat- und öffentlichen Recht gleichmäßig hervorragend."

Hinter dem äußerlich wenig bewegten und ruhigen Gelehrtenleben stehen Beharrlichkeit und Zähe in allen Dingen. Er suchte Zeit seines Lebens mit unermüdlicher Wißbegierde Kenntnisse der verschiedensten Art zu erwerben. Weder menschliche Gewalt noch eigene Schwäche brachten ihn von der Verfolgung eines einmal von ihm gefaßten Planes ab. Er tat nichts übereilt, nahm aber auch nie einen Schritt zurück. Er war ein vorzüglicher Redner, und seine glänzende und scharfe Dialektik konnte alles beweisen was sie wollte. Sein Lebensziel beschreibt er selbst wie folgt: "Nicht das Alter, nicht die Erfahrung ist der Maßstab für den Werth eines akademischen Lehrers. Nicht durch sein Amt, nur durch sich selbst hat er Gewicht. In jedem Augenblicke kann er einen neuen Mitbewerber erhalten. Sein Ziel steht, wie das der Wissenschaften, in unerreichbarer Ferne. Daher ist billig das: Aut Caesar, aut nihil - sein Wahlspruch".[711]

Die Unfruchtbarkeit der vernunftrechtlichen Staatsrechtslehre für die Lösung konkreter verfassungsrechtlicher Fragen, wie sie sich in der konsequenten Anwendung der vernunftrechtlichen Methode z.B. durch Rotteck offenbarte[712], führte schließlich dazu, daß auch dort, wo man sich weiterhin in ihren Bahnen bewegte, mit der Zeit eine auf das Konkrete und die Sachprobleme des staatlichen Lebens ausgerichtete Betrachtungsweise durchsetzte. Viele Staatsrechtslehrer, die zwar wie Zachariae noch vom vernunftrechtlichen Denken getragen und geprägt wurden, bringen daneben zugleich sachbezogene und politische Erwägungen zur Geltung. Zachariae hat nun zwar nicht in dem

710 Jellinek: Ausgewählte Schriften und Reden, Band 1, S.321

711 Biographischer und juristischer Nachlaß von C. S. Zachariae von Lingenthal, S.31,32

712 Böckenförde: Gesetz und gesetzgebende Gewalt, S.84, 94, 112. Vgl. auch Wieacker: Privatrechtsgeschichte der Neuzeit, §14, S.137ff mit guter Einführung in Grundlagen, Entstehung und Methode des vernunftrechtlichen Denkens.

Sinne Epoche in der Wissenschaft gemacht, daß er selbst eine neue Ära derselben eröffnet hätte, gleichwohl treibt er aber die Erörterung an zahlreichen Stellen zu eigentlichen staatsrechtlichen Fragen und Problemen voran.

In der Theorie Zachariaes finden sich sowohl aufgeklärtes liberales, demokratisches wie aber auch vereinzeltes konservatives Gedankengut. Liberal ist seine Vorstellung von der Beschränkung der Macht der Regierung, demokratisch seine Forderung nach voller Gewerbefreiheit sowie der Mündlichkeit und Öffentlichkeit des Gerichtsverfahrens, konservativ dagegen seine Auffassung von der Unteilbarkeit der Machtvollkommenheit.

Die Literatur und insbesondere seine Zeitgenossen sind zwar dazu geneigt, ihn wegen seiner parlamentarischen Tätigkeit, insbesondere in der I. Kammer, eher als konservativ einzuordnen, seine staatswissenschaftlichen Arbeiten weisen ihn jedoch ohne Zweifel als liberalen konstitutionellen Denker aus. Zachariae gehört eben nicht zu den Männern, die, von festen Grundsätzen und politischen Idealen geprägt, eine einheitliche Auffassung vom politischen Leben vertreten und damit problemlos einer bestimmten politischen Richtung zugeordnet werden können. Gerade sein politisches Engagement einerseits - wo er insbesondere die Beschneidung der Rechte der II. Kammer für gut heißt und sich durch "gewinnbringende Gutachtertätigkeiten"[713] fürstlichen Häusern verpflichtet - und sein Wirken als Staatsrechtler andererseits - wo er sich als konstitutioneller Denker und brillanter Stilist auszeichnet, und sich gegen den monarchischen Mehrheitsliberalismus für eine parteienstaatliche Repräsentativverfassung ausspricht - machen eine gerechte Beurteilung Zachariaes so überaus schwer. Die ihm entgegengebrachte Kritik scheint ihm aber durchaus bewußt geworden zu sein, worauf sein Versuch einer Rechtfertigung in seinem Nachlaß schließen läßt: "Freilich begegnete es mir ... nicht selten, daß ich von den Freunden oder Partheimännern einer frühern oder spätern Periode der Untreue, der Unbeständigkeit beschuldigt wurde. Aber bei Urtheilen dieser Art sollte man doch nicht vergessen, was der Mensch seinen Amtsverhältnissen schuldig ist, nie, daß unser ganzes Leben ein Lernen ist und seyn soll. Nur wenigen Menschen (am wenigsten den lebhafteren) ist es gegeben, schon frühzeitig mit sich selbst einig zu werden, noch wenigern, die Begebenheiten oder auch nur das eigene Schicksal zu beherrschen. Ich kann mir wenigstens das Zeugnis geben, daß ich, wie auch die Verhältnisse wechselten, zu stolz war, um Gunst, Ehrenbezeigungen oder Geld zu buhlen. Bene vixit, qui bene latuit!".[714]

Wenngleich seine Auffassungen einerseits auf dem Venunftrecht beruhen, so ist andererseits nicht zu übersehen, daß er ebenfalls stark von dem zeitüblichen Englandbild beeinflußt wurde. Auch liebt er es sehr, zur Veranschaulichung vieler staats- und verfassungsrechtlicher Probleme auf die Geschichte der alten Griechen, Römer, Germanen und der alten amerikanischen und asiatischen Hochkulturen zurückzugreifen. Zachariae läßt sich durch diese methodische Vorgehensweise nicht einfach in die Kategorie des vernunftrechtlichen oder

---

713 Schnabel, Dt. Gesch., Band 2, S.208
714 Biographischer und juristischer Nachlaß, S.34f

historisch-organischen Liberalismus einordnen, weshalb man ihn als Außenseiter bezeichnen muß und dies auch zurecht getan hat.[715] Denn insbesondere sein Parteienpostulat, wie auch seine Forderung nach politischer Ministerverantwortlichkeit und seine besonders scharfe Trennung von ständischer und Repräsentativverfassung widersprechen dem landläufigen Liberalismus. Vor allem kann seine Theorie zur Stellung und Aufgabe der Parteien nicht deutlich genug hervorgehoben werden, wonach in dem Parteienkampf das eigentliche Geheimnis der konstitutionellen Monarchie liege, zumal auch in fortschrittlichen Kreisen des Vormärz der Gedanke parteimäßiger Gruppierungen immer wieder auf Ablehnung gestoßen ist, da ihnen eine Spaltung der II. Kammer als eine gefährliche Schwächung der Opposition erschien.[716] Kennzeichned ist diese Auffassung besonders für den badischen Frühliberalismus, da zwar in Baden die Anfänge parlamentarischer Parteibildung zu suchen sind, diese Konsequenz und Charakterisierung aber von den Wortführern der liberalen Opposition wie namentlich Rotteck, Welcker und Itzstein, obwohl sie wirklich bestand und man sie auch als solche bezeichnete, abgelehnt wurde.[717] Bei Zachariae scheint sich somit anzukündigen, was in der Realität und auch in den Forderungen vieler Zeitgenossen noch weitgehend fehlte, die Parlamentarisierung der Regierung. Zachariae aber als ersten Propagandisten eines Parlamentarismus in Deutschland zu bezeichnen, ist dennoch nicht unproblematisch. Denn einerseits wagt er nicht den letzten Schritt, den Kammern das Recht des Mißtrauensvotums gegen Minister mit der Folge des Rücktritts derselben einzuräumen, andererseits spricht er sich für die Möglichkeit der Wahlbeeinflussung seitens der Regierung als den monarchischen Bestandteil der Verfassung fördernd aus. Das Dilemma Zachariaes besteht darin, daß sich einerseits die Regierung an die Mehrheitspartei der II. Kammer anschließen soll, andererseits er aber doch letztlich - wenn er es auch selbst nicht so sieht - an jener dualistischen Konstruktion, die den Landtag das Volk und die Minister den Monarchen gegeneinander vertreten läßt, festhält.[718] Trotz seiner scharfen Absage an eine in den meisten Staaten de facto bestehende ständisch-repräsentative Mischform, hält sich Zachariae dennoch mit der Kritik daran zurück. Es finden sich nur vereinzelte Bemerkungen über die Verkennung des Wesens der konstitutionellen Monarchie oder vorsichtiges Befremden über konkrete Verfassungsbestimmungen.[719] Erst Robert von Mohl hat erkannt, daß die durch den im Staatsdenken vorherrschenden Dualismus verursachten verfassungsrechtlichen Konflikte in der konstitutionellen Monarchie nur durch die Über-

715 So Boldt, a.a.O., S.195 und Brandt, a.a.O., S.235. Stolleis, a.a.O., S.170 stellt ihn in die Nähe der vernunftrechtlich geprägten Liberalen, was aber mangels Ausführlichkeit seiner Ausführungen meiner Ansicht nach kein besonderes Gewicht hat.
716 Gall: Das Problem der Oppositon, S.158f, 165ff. Conze: Staat und Gesellschaft im deutschen Vormärz, S.228ff. Der vorherrschenden Abneigung gegen Parteibildung entsprach das Mittel des Losens um die Plätze, wogegen sich aber Zachariae ausdrücklich verwahrte.
717 Conze: A.a.O., S.229f
718 Vgl. Zachariae: 40 Bücher, 19.Buch, S.242: "Das Volk wird von der Versammlung seiner Abgeordneten, der Fürst wird von seinem Ministerio vertreten."
719 Zachariae: 40 Bücher, 19.Buch, S.228, 229, 231 FN*

nahme des parlamentarischen Systems überwunden werden könne.[720] Der erste Theoretiker, der in Deutschland die Unterschiede zwischen der parlamentarischen und der konstitutionellen Monarchie deutlich hervorhob, war Friedrich Julius Stahl, der sich aber im Gegensatz zu Mohl für das konstitutionelle System als das spezifisch deutsche entschied, und die Übertragung des von ihm für England als historisch gewachsen und folglich berechtigt anerkannten parlamentarischen Systems der Regierungsbildung aus den Führern der Majoritätspartei auf das deutsche Staatsleben ablehnte.[721]

Auch wenn Zachariae somit noch keine wirkliche theoretische Durchdringung der in der konstitutionellen Monarchie liegenden Problematik geleistet hat, so hat er aber dennoch durch seine unkonventionelle Behandlung der Frage und sein Bekenntnis zur "parlamentarischen" Regierungsbildung den Boden für weitere Diskussionen geebnet, und es kann mit Recht behauptet werden, daß sein Problembewußtsein weit über das seiner Zeitgenossen hinausragte. So zeigt sich seine geschärfte politische Sehweise z.B. am Anfang seines Aufsatzes "Über die erbliche Einherrschaft mit einer Volksvertretung", wo er die Verfassungsproblematik der deutschen Einzelstaaten in ihren internationalen Zusammenhang stellt und insbesondere die mangelnde homogene Grundlage des deutschen Staatenbundes, der in Einherrschaften mit und ohne Volksvertretungen zerfällt, kritisiert, und er deshalb eine süddeutsche Föderation zwischen den vier größeren Verfassungsstaaten Bayern, Württemberg, Baden und Darmstadt als vielleicht für die Zukunft allein ratsam in Betracht zieht.[722]

Hervorzuheben in diesem Zusammenhang ist auch, daß Zachariae entgegen der im späten 18. und frühen 19. Jhdt, trotz Montesquieu, üblichen Zweiteilung bereits eine Dreiteilung der Gewalten annimmt und damit für die Unabhängigkeit der richterlichen Gewalt eintritt. Trotz dieser Dreiteilung hält er jedoch an der Unteilbarkeit der Machtvollkommenheit fest, womit seine Dreiteilung letztendlich lediglich eine Trennung der Organe darstellt.[723] Zu einem sicheren Verständnis der Gewaltenteilung hätte sicherlich die besonders

720 Vgl. dazu vor allem Mohl: Über die verschiedenen Auffassungen des repräsentativen Systems in England, Frankreich und Deutschland, abgedr. in Robert v. Mohl: Politische Schriften, S.47ff; sowie Mohl: Das Repräsentativsystem, seine Mängel und Heilmittel. Ausführlich zu Mohl, Angermann: Robert v. Mohl. Leben und Werk eines altliberalen Staatsgelehrten.

721 Stahl: Das monarchische Prinzip. Stahl führt diese Gedanken unter dem Eindruck des Jahres 1848 weiter aus in Stahl: Die Revolution und die konstitutionelle Monarchie, eine Reihe ineinandergreifender Abhandlungen, Berlin 1948; Huber: Dt Verf. Gesch., Band 2, S.335ff

722 Zachariae: Erbl. Einherrschaft, S.210ff, 212. Vgl. dazu die zeitgenössische Idee des Trialismus im Manuskript aus Süddeutschland von 1820 in Huber: Deutsche Verfassungsgeschichte, Band 1, S.755

723 In diesem Sinne auch Zöpfl: Grundsätze des allgemeinen und des constitutionell-monarchischen Staatsrechts, S.102: Die Gewaltenteilung widerspreche dem Wesen der Souveränität; denkbar sei nur eine "Trennung der Organe". So betont auch Aretin, daß es weniger auf die Trennung als vielmehr auf die Vereinigung und Beschränkung der Gewalten ankäme. Vgl Aretin: Staatsrecht, Band 1, S.107. Auch Bluntschli betont, der Staat fordere wohl "die Sonderung, aber erträgt nicht die Trennung der Gewalten. Bluntschli: Allgemeines Staatsrecht, S.260

von Friedrich Ancillon[724] und dann von Karl Heinrich Ludwig Pölitz[725] vertretene terminologische Unterscheidung zwischen "Teilung" und "Trennung" beitragen können. Eine solche begrifflich klare Unterscheidung ist bei Zachariae jedoch nicht zu finden.

Mit seiner Theorie des Systems der Erwerbsfreiheit geht Zachariae über die Forderungen der meisten vernunftrechtlichen Liberalen hinaus, deren Ansichten zumeist noch ganz an der alten Gesellschaftsordnung orientiert sind. Rotteck z.B. tritt zwar ebenfalls für eine staatliche Garantie der Gewerbefreiheit ein, hält aber deren unbeschränkte Gewährung für gefährlich. Da die Zünfte nicht nur für die Zunftgenossen, sondern auch für die Konsumenten aller Klassen und auch für den Staat vorteilhaft seien, sollte man sie zwar reformieren, aber ruhig fortbestehen lassen.[726] Auch die Kennzeichnung der Einkommenssteuer als die allein rechtmäßige Steuer weist Zachariae als denkenden Kopf mit Weitsicht für die praktische Staatskunst aus.

Die ihm nicht zu Unrecht vorgeworfene Eigentümlichkeit und Skurrilität bei mancher seiner Ansichten findet am deutlichsten in seinen Ausführungen über den Staatszweck und über die Entstehung des Staates ihren Ausdruck. Bei der Frage nach dem Staatszweck kann er es nicht dabei belassen, den Zweck des Staates - bei ihm der praktische Zweck der Staaten - in der Sanktion des Rechtsgesetzes zu sehen, sondern er setzt diesem einen sog. Naturzweck gegenüber, der Aufschluß darüber geben soll, in welchem Verhältnis der Staat zu der Bestimmung des Menschen in dessen irdischem Dasein steht, und aus dem er das Recht der Erziehung seitens des Staates herleitet. Auch was die Frage der Entstehung der Staaten anbelangt, geht er seinen eigenen Weg, indem er alle gängigen Theorien ablehnt und stattdessen die Entstehung des Staates als Rechtspflicht begreift, kraft deren die Menschen verpflichtet sind, Staatsvereine abzuschließen und in diesen zu leben.

Zu vermissen aber ist bei Zachariae leider oftmals eine klare und eindeutige Stellungnahme zu angesprochenen Problemen. Seine Meinung läßt sich vielfach nur aus dem Gesamtzusammenhang erschließen und kann auch dann manchmal nicht zweifelsfrei bestimmt werden. So bleibt er öfters eine klare Stellungnahme zugunsten von unverfänglichen Formulierungen und Umschreibungen schuldig.[727] Vielleicht auch deshalb waren und sind Zachariaes "Vierzig Bücher vom Staate" in ihrem Wert nicht völlig unbestritten. Landsberg[728] urteilt wie folgt: "Dieses eigentliche Lebenswerk Zachariaes mag ja manche treffende Bemerkung und manche für ihre Zeit förderliche Betrachtung enthalten, es

724 Ancillon verstand unter "Trennung" die völlige Unabhängigkeit, während "Teilung" ihm Sonderung und gleichzeitige Verbindung bedeutete. Vgl Ancillon: Über Souveränität und Staatsverfassung, S.38

725 Pölitz: Grundriß für encyklopädische Vorträge über die gesammten Staatswissenschaften

726 Vgl. Rotteck: Lehrbuch des Vernunftrechts, Band 4, §36ff, S.170ff, 174

727 Als Beispiele seien nur genannt, die Frage des Gerichtshofes für die Ministeranklage, das Wahlverfahren zur II. Kammer etc.

728 Landsberg, a.a.O., S.109

mag von mannigfachen Kenntnissen und Gedanken Zeugnis ablegen: aber es wimmelt im ganzen von Widersprüchen und im einzelnen von Kleinlichkeiten... . Namentlich aber entbehrt es jeder ehrlichen Grundüberzeugung und vermag deshalb auch beim Leser keine solche hervorzurufen. Das muß einmal gesagt werden, um mit dem alten Banne zu brechen, denken wird es ohnehin jeder, der sich durch die geistreiche Gespreiztheit und öde Fülle dieser Bände heute noch hindurchliest." Auch Mohl[729] vermißt eine "einheitliche gesinnungsvolle Auffassung", sieht aber in den "Vierzig Büchern vom Staate" den vollkommensten Ausdruck der Persönlichkeit Zachariaes, die wunderbare Verbindung von seinen kleinen und großen Eigenschaften. Nach Fischer[730] ist Zachariaes Anschauung "bald pantheistisch, bald theistisch, bald mittelalterlich, bald modern, bald absolutistisch, bald aristokratisch, bald demokratisch. So steht er fast als eine geistreiche Sphinx vor uns und daraus, wie aus dem Umstande, daß sein Staatsideal die repräsentative Erbmonarchie mit einigen aristokratischen und absolutistischen Zuthaten und einigen demokratischen Abstrichen zugleich das politische Ideal seiner gährenden Zeit war, erklärt sich auch der große Erfolg des noch heute lesenswerthen merkwürdigen Werkes bei allen Parteien, deren keiner er in ausgesprochenem Maße huldigt, und bei den Systematikern des Staatsrechts, für die es eine wahre Fundgrube anregender Gedanken ist." Leser[731] meint dazu, daß sich das Werk durch zwei Eigentümlichkeiten charakterisieren lasse: "durch milde Beurtheilung fremder, selbst extremer Meinungen und durch die geringe Wärme, mit der die eigenen Überzeugungen des Schriftstellers vorgetragen und vertheidigt sind". Am besten läßt es sich wohl in den Worten Mohls[732] beschreiben: "Man möchte sagen, es sei das gebotene keine gesunde Kost für die unterrichtsbedürftigen und lernbegierige Menge; sondern eine hochgewürzte, aus seltenen Bestandtheilen gebraute und dadurch aufs neue reizende Speise für bereits Satte." Sie sind kein richtiges Spiegelbild des staatlichen Wissens und Denkens zu einer bestimmten Zeit, dennoch eine Fundgrube von Gedanken, die um so höher eingeschätzt werden, je gebildeter der Leser selbst ist.

Zachariae war, wie Mohl treffend bemerkte, "unzweifelhaft ... eine höchst begabte Natur; geistreich und folgerichtig schliessend zugleich; scharf eindringend in die Gedanken anderer, und eigentümlich in seinen Eigenen ..."[733] Man kann wohl mit Recht behaupten, daß er zu der Reihe der älteren, der Ge-

729 Mohl: Staatswissenschaften, Band 2, S.528
730 Fischer: ADB, S.652
731 Leser, in Weech, a.a.O., S.531
732 Mohl: Staatswissenschaften, Band 2, S.528; Mohl: Staatswissenschaften, Band 1, S.134
733 Mohl: Staatswissenschaften, Band 2, S.528: "Wenn von jemand gesagt werden kann, daß er ein Denkender Kopf gewesen, so passt dies von ihm". "Er hat Wenige seines Gleichen; es ist aber schwer zu sagen, ob man dies Bedauern oder mit Zufriedenheit sagen soll." Keinesfalls kann ich übrigens dem abfälligen Urteil Landsbergs in seiner Geschichte der deutschen Rechtswissenschaft, S. 109 über die "40 Bücher vom Staate" folgen, der von "geistreicher Gespreiztheit und öder Fülle" spricht.

genwart fast unverständlich gewordenen Gelehrten gehört, die in der Forschung mehr ein angenehmes Spiel des Geistes als eine Bemühung im Dienste der Mitmenschen erblickten. Es fehlt ihm oftmals, wenn er Gegenstände behandelt, die das Wohl und Wehe von Millionen berühren, das lebendige Bewußtsein von der Größe seiner Aufgabe, und so kann er die höchsten politischen Probleme und die gleichgültigsten Fragen wissenschaftlicher Systematik mit demselben ruhigen Skeptizismus in Erwägung ziehen.[734] So urteilt Brocher[735] über Zachariae wie folgt: "Nur etwas fehlte ihm nach unserer Meinung um wirklich groß zu sein: Die Wärme des Gefühls."

---

734 Bluntschli, a.a.O., S.653: "In der Rüstkammer Zachariaes wird, wie man sieht, jede Partei für jede Meinung gut gearbeitete Waffen holen können. Ob dieselben sich damit wechselseitig verwunden, kümmert ihn so wenig, als die alten Römer, wie sich die mancherlei Götter im Pantheon vertragen."
735 Brocher: Revue historique, XIV, S.466

Quellen- und Literaturverzeichnis

I. Werke von C.S. Zachariae:

Bücher:

1791
1. Dissertatio de officiis perfectis, Leipzig 1791

1795
2. Grundlinien einer wissenschaftlichen juristischen Encyclopädie. Zur Ankündigung seiner von Ostern bis Michael 1795 auf der Universität Wittenberg zu haltenden Vorlesungen, Leipzig 1795
3. Origines comitiorum, quae Sacro Romano- Germanico celebrantur, Diss. inauguralis, Wittenberg 1795
4. Über die wissenschaftliche Behandlung des Römischen Privatrechts, Wittenberg 1795

1796
5. Handbuch des chursächsischen Lehnrechts, Leipzig 1796

1797
6. Diss. de libertate Romana civitatibus Germaniae olim concessa, Wittenberg 1797
7. Die Einheit des Staates und der Kirche. Mit Rücksicht auf die deutsche Reichsverfassung, 1797 (ohne Angabe des Verfassers und Druckortes)[736]
8. Juris publici Germanici in artis formam redacti delineatio.Eruditorum examini subjecit, de jure a populis condito in artis formam redigendo praefatus, Leipzig 1797
9. Liber feudorum quatenus sit fons juris feudalis Germanici communis, Wittenberg 1797
10. Quatenus infamia a feudo sive acquirendo sive retinendo prohibeat? Observationes IV, Wittenberg 1797

1798
11. De divisione Saxoniae Electoralis in circulos, Wittenberg 1798
12. Historiae feudorum nobilium, quae sunt in dominio Principis Electoris Saxoniae, Wittenberg 1798
13. Über die evangelische Brüdergemeinde. Ein Nachtrag zu dem Werke: Die Einheit des Saates und der Kirche mit Rücksicht auf die deutsche Reichsverfassung, 1798 (ohne Namen des Verfassers und Angabe des Druckortes)

1799
14. De dominio, quod est auctori in libris a se conscriptis, Wittenberg 1799
15. Rechtliche Bemerkungen über die durch Überschwemmung ab- oder fortgerissenen Sachen, Wittenberg 1799

---

736 Landsberg, Geschichte der Deutschen Rechtswissenschaft, dritte Abteilung, zweiter Halbband, Note 56 Nr.13: "doch steht die Verfasserschaft Zachariaes zweifellos fest"

16. Quomodo JCti Romani de delictis eorumque poenis philosophati sint? Wittenberg 1799

1800

17. Geist der deutschen Territorialverfasung, Leipzig 1800

18. Origines Oeconomiae civilis in territoriis Imperii Germanici receptae, Wittenberg 1800

19. Über die vollkommenste Staatsverfassung, Leipzig 1800

1801

20. Christian Gottlob Gläser, Wittenberg 1801

1802

21. De conjunctione, quae inter institutum feudale et hierarchiam ecclesiae catholicae medio aevo intercessit, Wittenberg 1802

22. De Jurisprudentia Lutheri, Wittenberg 1802

23. Janus, Leipzig 1802

24. Über die Erziehung des Menschengeschlechts durch den Staat, Leipzig 1802

1804

25. Anfangsgründe des philosophischen Privatrechts. Nebst einer Einleitung in die philosophische Rechtswissenschaft überhaupt. (Motto: Dii immortales! quam tu longe juris principa reperis! Cic. de leg. I, 10), Leipzig 1804

26. Illustratur Pax Imperii Novissima, quatenus ad statum ecclesiae Germanicae externum pertinent. Commentationes IV, Wittenberg 1804

1805

27. Anfangsgründe des philosophischen Criminal- Rechtes. Mit einem Anhange über die juristische Verteidigungskunst, Leipzig 1805

28. Gegen das ausschliessende Sitz- und Stimmrecht des alten Adels auf den chursächsischen Landes- Versamlungen, Leipzig 1805

29. Liber quaestionum, Wittenberg 1805

30. Opuscula academica, I, Leipzig 1805

31. Versuch einer allgemeinen Hermeneutik des Rechts, Meissen 1805

1806

32. Die enzyklopädisch- juristische Literatur, Leipzig und Züllichau 1806

33. Die Wissenschaft der Gesetzgebung. Als Einleitung zu einem allgemeinen Gesetzbuche, Leipzig 1806

1807

34. Jus publicum civitatum, quae Foederi Rhenano adscriptae sunt, Heidelberg 1807

1808

35. Handbuch des französischen Civilrechts, 2 Bände, Heidelberg 1808

36. Handbuch des französischen Civilrechts, zweite gänzlich umgearbeitete Auflage, 3 Bände, Heidelberg 1811

37. Handbuch des französischen Civilrechts, zweite gänzlich umgearbeitete Auflage, Band 4, Heidelberg 1812

38. Handbuch des französischen Civilrechts, dritte, vermehrte und verbesserte Auflage, 3 Bände, Heidelberg 1827

39. Handbuch des französischen Civilrechts, dritte, vermehrte und verbesserte Auflage, Band 4, Heidelberg 1828
40. Handbuch des französischen Civilrechts, vierte, verbesserte und bedeutend vermehrte Auflage, 4 Bände, Heidelberg 1837

1809

41. Zusätze und Veränderungen, die der Code Napoleon, als Landesrecht für das Großherzogthum Baden, erhalten hat. Ein Nachtrag zu dem Handbuche des französischen Civilrechts, Heidelberg 1809

1810

42. Anleitung zur gerichtlichen Beredsamkeit, Heidelberg 1810
43. Das Staatsrecht der Rheinischen Bundesstaaten und das Rheinische Bundesrecht erläutert in einer Reihe von Abhandlungen, Heidelberg 1810

1814

44. Entwurf zu dem Grundvertrage des durch den Pariser Frieden vom 30.Mai 1814 verhiesenen Deutschen Staatenbundes, Heidelberg 1814

1816

45. Über die Verpflichtung zur Aufrechterhaltung der Handlungen der Regierung des Königreichs Westphalen. Nebst einer Abhandlung von der Rechtsbeständigkeit der Regierungshandlungen des Eroberers in Beziehung auf das rechtmäßige Staatsoberhaupt, welches durch die Gewalt der Waffen wieder zur Ausübung seiner Herrscherrechte gelangt ist, Heidelberg 1816

1817

46. De originibus juris Romani ex jure Germanico repetendis, Heidelberg 1817
47. Für die Erhaltung der Universität Heidelberg. Im Namen der Lehrer der Universität ausgearbeitet, Heidelberg 1817

1818

48. De jure succedendi in Ducatum Bullonii mortuo Jacobo Leopoldo Carolo Duce stirpis suae ultimo. Ex sententia Ordinis JCtorum Heidelbergensium. Adjecta est versio Gallica, Heidelberg 1818

1819

49. Denkschrift über die Entschädigungsansprüche des Freiherrn von Malchus wegen des an ihn von der westphälischen Regierung verkauften und von der königlich großbritannisch- hannoverschen Regierung wieder eingezogenen Gutes Marienrode, Heidelberg 1819
50. Memoriam Divi Caroli Magni Badarum etc. etc. in Aula academica majori die XVII. mens. Jan. MDCCCXIX rite pio gratoque animo recolendam indicit Academia Ruperto- Carolina interprete C.S. Zachariae Acad. h. t. Ex-Prorectore, Heidelberg 1819

1820

51. Vierzig Bücher vom Staate, Band I: Einleitung in die Staatswissenschaft, 1.- 14. Buch, Stuttgart und Tübingen 1820
52. Vierzig Bücher vom Staate, Band II: Die Lehre von der Verfassung des Staates, 15.- 20. Buch, Stuttgart und Tübingen 1820

53. Vierzig Bücher vom Staate, Band III: Regierungslehre, 1.Band, 21.- 27. Buch, Heidelberg 1826
54. Vierzig Bücher vom Staate, Band IV: Regierungslehre, 2. Band, 1. Abteilung, 28.- 30. Buch, Heidelberg 1829
55. Vierzig Bücher vom Staate, Band IV: Regierungslehre, 2. Band, 2. Abteilung, 31.- 35. Buch, Heidelberg 1830
56. Vierzig Bücher vom Staate, Band V: Regierungslehre, 3. Band, Staatswirtschaftslehre, 1. Abteilung, 36.- 38. Buch, Heidelberg 1832
57. Vierzig Bücher vom Staate, Band V: Regierungslehre, 3. Band, Staatswirtschaftslehre, 2. Abteilung, 39.- 40. Buch, Heidelberg 1832

1822

58. Rede über den Beschluß der zweiten Kammer wegen eines der Kasse der Universität Heidelberg zu bewiligenden Zuschusses. Gesprochen in der ersten Kammer den 3. Nov. 1822, Karlsruhe 1822
59. Über die wegen Cönens Ermordung gegen Peter Anton Fonk gerichtete Anklage, abgedruckt aus den Heidelberger Jahrbüchern der Literatur, Heidelberg 1822

1823

60. Staatswissenschaftliche Betrachtungen über Cicero`s wiedergefundenes Werk vom Staate, Heidelberg 1823
61. Über die Ordnung der Regierungsnachfolge in das Herzogthum Sachsen Gotha, aus den Heidelberger Jahrbüchern der Literatur, Heidelberg 1823

1826

62. Strafgesetzbuch. Entwurf. Mit einer Darstellung der Grundlage des Entwurfs, Heidelberg 1826

1827

63. Über den das Städelsche Kunstinstitut zu Frankfurt betreffenden Rechtsstreit, aus den Heidelberger Jahrbüchern der Literatur besonders abgedruckt, Heidelberg 1827

1828

64. Über die Ansprüche Bayerns an Baden wegen der Grafschaft Sponheim, aus den Heidelberger Jahrbüchern der Literatur besonders abgedruckt, Heidelberg 1828
65. Über die Statistik der Strafgerechtigkeitspflege, aus den Heidelberger Jahrbüchern der Literatur besonders abgedruckt, Heidelberg 1828
66. Welche Rechte hat der Gläubiger einer vorbehaltenen Rente (einer Grundrente) gegen den Besitzer des Grundstückes, das mit dem Vorbehalte einer Rente veräußert worden ist? Beantwortet nach dem französischen Rechte, nach dem Rechte der ehemaligen vier französischen Departements des linken Rheinufers und nach dem Rechte der Provinz Rheinhessen, aus den Heidelberger Jahrbüchern der Literatur besonders abgedruckt, Heidelberg 1828

1830

67. Über das Schuldenwesen der Staaten des heutigen Europa, Leipzig 1830

1831
68. Die Aufhebung, Ablösung und Umwandlung der Zehnten, nach Rechtsgrundsätzen betrachtet. Mit Rücksicht auf die Verhandlungen des Badenschen Landtags vom Jahre 1831, Heidelberg 1831
69. Vollgraff`s Systeme der praktischen Politik im Abendlande, aus den Heidelberger Jahrbücher besonders abgedruckt, Heidelberg 1831
1832
70. Der Kampf des Grundeigenthumes gegen die Grundherrlichkeit, Heidelberg 1832
71. Über Europa`s Zukunft, Heidelberg 1832
1833
72. Über den gegenwärtigen politischen Zustand der Schweiz, Heidelberg 1833
1834
73. Lucius Cornelius Sulla, genannt der Glückliche, als Ordner des römischen Freistaates. In zwei Abteilungen, Heidelberg 1834
1835
74. Abhandlungen aus dem Gebiete der Staatswirtschaftslehre, Heidelberg 1835
1836
75. Die Souveränitätsrechte der Krone Würtemberg in ihrem Verhältnis zu den standesherrlichen Eigentumsrechten des fürstlichen Gesamthauses Hohenlohe, Heidelberg 1836
1838
76. Ausführliche Beurteilung der Schrift von Dieck: Die Gewissensehe, Legitimation durch nachfolgende Ehe und Missheirat, unter Berücksichtigung des reichsgräflich Bentinckschen Rechtsstreites, Halle 1838
77. Über das Recht des fürstlichen Hauses Löwenstein- Wertheim zur Nachfolge in die Wittelsbacher Stammländer kraft seiner ehelichen Abstammung von Friedrich Siegreich, Kurfürsten von der Pfalz. Zur Beurteilung der von Klüber über denselben Gegenstand herausgegebenen Schrift, aus den Heidelberger Jahrbüchern der Literatur besonders abgedruckt, Heidelberg 1838
1839
78. Vierzig Bücher vom Staate. Umarbeitung des früher unter demselben Titel herausgegebenen Werkes (2.Auflage). (Motto: An omnis moriar?) Band I: Vorschule der Staatswissenschaft, 1.- 6. Buch, Heidelberg 1839
79. Vierzig Bücher vom Staate, Umarbeitung, Band II: Allgemeine politische Naturlehre, 7.- 14. Buch, Heidelberg 1839
80. Vierzig Bücher vom Staate, Umarbeitung, Band III: Verfassungslehre, 15.- 19. Buch, Heidelberg 1839
81. Vierzig Bücher vom Staate, Umarbeitung, Band IV: Regierungslehre, 1. Teil, 20.- 26. Buch, Heidelberg 1840
82. Vierzig Bücher vom Staate, Umarbeitung, Band V: Regierungslehre, 2. Teil, 27.- 30. Buch, Heidelberg 1841
83. Vierzig Bücher vom Staate, Umarbeitung, Band VI: Regierungslehre, 3. Teil, 31.- 35. Buch, Heidelberg 1842

84. Vierzig Bücher vom Staate, Umarbeitung, Band VII: Regierungslehre, 4. Teil, 36.- 40. Buch, Heidelberg 1843

1840

85. Über den neuesten Entwurf eines Strafgesetzbuches für das Großherzogtum Baden, aus den Heidelberger Jahrbüchern besonders abgedruckt, Heidelberg 1840

1843

86. Biographischer und juristischer Nachlaß von Carl Salomo Zachariae von Lingenthal, hrsg. von Karl Eduard Zachariae von Lingenthal, Autobiographie sowie Nachtrag des Herausgebers, Stuttgart und Tübingen 1843

Abhandlungen in Zeitschriften:

Annalen der Gesetzgebung und der Rechtswissenschaft in den Ländern des Churfürsten von Sachsen (von Zachariae allein herausgegeben):
- Band I, Leipzig 1806
- Band II, Leipzig 1807

Annalen des Kirchenrechts, herausgegeben von Lippert:
- Heft 4, 1833:

Der Streit zwischen Kirche und Staat, S.95- 118

Annalen für Geschichte und Politik, herausgegeben von Weick:
- Band III, 1834:

Ein neuer Plan zur Tilgung der Staatsschulden, S.100- 120

Allgemeine politische Annalen, herausgegeben von Murhard:
- Band IX, Stuttgart, Tübingen 1823:

Über die erbliche Einherrschaft mit einer Volksvertretung, S.201- 248

Annalen der Universität Wittenberg, herausgegeben von Grohmann:
- Th.III, 1802:

Über die Methode, nach welcher die Rechtswissenschaft gegenwärtig auf der hiesigen Universität vorgetragen wird, S.125- 133

Archiv des Criminalrechts, herausgegeben von Klein, Kleinschrod und Konopack:
- Band III, 1801:

Beantwortung der Preisfrage: In wie fern läßt sich eine außerordentliche Strafe, welche nicht blos als Sicherheitsmittel, sondern als eigentliche Strafe erkannt wird, rechtfertigen? und, wenn dieses nicht möglich ist, welches Mittel kann man an deren Stelle setzen, um auf der einen Seite das gemeine Wesen gegen listige oder hartnäckige Verbrecher und auf der anderen Seite die ohne Schuld Verdächtigten gegen den Eigendünkel und Willkür des Richters schützen? St.4, S.1- 59

Archiv für die civilistische Praxis:
- Band I, 1818:
Über den Gerichtsstand der apanagierten Mitglieder der deutschen regieren den Häuser, S.96- 104:
- Band XVI, 1833:
Erstreckt sich das richterliche Entscheidungsrecht auf die Frage, ob die Regierung eine Verordnung, auf welche sich in einer Streitsache die Parteien beziehen, zu erlassen berechtigt gewesen sei? S.145- 182
- Band XVIII, 1835:
Sind in den deutschen constitutionellen Monarchien die Gerichte befugt, über Klagen zu entscheiden, welche vor ihnen wegen gesetzwidrigen Äußerungen eines Mitgliedes der I. oder der II. Kammer erhoben werden? S.173- 213
Civilistisches Magazin, von Hugo:
- Band II, 1796:
Wissenschaftliche Entwicklung der Lehre des Römischen Rechts von den dinglichen Servituten, S.328- 357
Der Rheinische Bund, herausgegeben von Winkopp:
- Jan. 1809:
Kriminalistische Fragmente; ein Beitrag zu dem Staatsrechte der Rheinischen Bundesstaaten, S.60- 70
Elvers Themis:
- Band II, 1829:
Über die Rechtsregel: Locus regit actum, S.95- 118
Germanien, von Crome und Jaup:
- Band II, St.2, Nr.10, 1809:
Versuch über die Rechtskraft eines in einer Civilsache von einem auswärtigen Gerichte gesprochenen Urteils; nach den Grundsätzen des Staatsrechts der Rheinischen Bundesstaaten
Hamburger politisches Journal:
- Jahrgang 56, Band 1, 1835:
Über den Bundestagsbeschluß vom 30. Oktober 1834, nach welchem Streitigkeiten zwischen der Regierung eines deutschen Bundesstaates und den Ständen oder Kammern durch ein Schiedsgericht entschieden werden sollen, S.197- 252
- Jahrgang 58, Band 2, 1837:
Der englische Adel und das englische Volk, S.859- 877
Heidelberger Jahrbücher:
- Jahrgang I, Abth. 2, 1808:
Ein Blick auf den Zustand der Rechtswissenschaft in den Rheinischen Bundesstaaten zu Ende des Jahres 1808, S.255- 267
Jahrbücher der Geschichte und Politik, herausgegeben von Pölitz:
- Jahrgang VI, Band 2, 1833:
Rückblick auf die Verhandlungen des teutschen Reichstages von den Jahren 1670, 1671. Auch ein Wort über die Beschlüsse des teutschen Bundestages vom 28. Juni 1832, S.1- 24

- Jahrgang VII, Band 2, 1834:
Von den Rechten, welche der Staatsgewalt in Beziehung auf Stiftungen zu gemeinnützigen Zwecken zustehen, S.1- 31
- Jahrgang X, Band 1, 1837:
Über die teutschen Zoll- und Mautvereine der neuesten Zeit, S.1- 49
- Jahrgang X, Band 2, 1837:
Über das Schuldenwesen der Staaten des heutigen Europa, S.193- 224 und S.289- 326
- Jahrgang X, Band 2, 1837:
Die Nationaleinheit der teutschen und die teutschen Universitäten, S.385- 420

Jahrbücher der Gesetzgebung und der Rechtswissenschaft des Großherzogthums Baden, von
- Brauer und Zachariae, Band I, Heidelberg 1813

Journal für Moralität, von Schmid:
- Band IV, 1794:
Über den moralischen Glauben der Jugend

Journal für Philosophie, von Zachariae und Grohmann:
- Leipzig 1797:
Abhandlungen über einige der wichtigsten philosophischen Gegenstände,

Kritische Zeitschrift für Rechtswissenschaft und Gesetzgebung des Auslandes, von Mittermaier und Zachariae:
- Band I, Heidelberg 1829:
Vorrede zu der kritischen Zeitschrift für Rechtswissenschaft und Gesetzgebung des Auslandes, herausgegeben von Mittermaier und Zachariae, S.1- 43
- Band I, Heidelberg 1829:
Eine Abhandlung über das Recht des Schrifteigentums von Robert Maugham kritisch angezeigt,Anzeige von Bentham`s Proposed constitutional Code, S.129- 138
- Band I, Heidelberg 1829:
Die Regeln der Logik über den gerichtlichen Beweis von J. Bentham kritisch dargestellt, S.252- 270
- Band I, Heidelberg 1829:
Über Criminalverbrechen in England, S.462- 475
- Band II, Heidelberg 1830:
Anzeige von Humphrey`s Bemerkungen über den dermaligen Stand der englischen Gesetze, welche das Eigentum an Liegenschaften betreffen, S.69- 77
- Band II, Heidelberg 1830:
Anzeige von C. P. Cooper`s Übersicht der wichtigsten Parlamentsverhandlungen über die Mängel in der Verwaltung der Gerechtigkeit etc, S.133- 142
- Band II, Heidelberg 1830:
Anzeige von Le Marchant`s Bericht von den Verhandlungen des Oberhauses über die Ansprüche auf die Barony Gardner; mit einem Anhange, welcher eine Sammlung von Rechtsfällen über das Recht der ehelichen Abstammung enthält, S.224- 227

- Band II, Heidelberg 1830:
Beherzigungen bei der Einführung der Pressefreiheit in der Schweiz und über gesetzliche Bestimmungen über die Presse, S.227- 233
- Band II, Heidelberg 1830:
Kurze Anzeigen einiger neuen Werke der ausländischen Jurisprudenz, S.465- 482
- Band III, Heidelberg 1831:
Anzeige von Bentham`s Proposed constitutional Code, S.88- 97
- Band III, Heidelberg 1831:
Anzeige von Reeves und von Crabb History of the English Law, S.402- 414
- Band IV, Heidelberg 1832:
Statistik der Strafrechtspflege, S.169- 184
- Band IV, Heidelberg 1832:
Über Europa`s Zukunft, S.305- 377
- Band V, Heidelberg 1833:
Anzeige von J. Austin The province of jurisprudence determined, S.199- 212
- Band V, Heidelberg 1833:
Gesetze des britischen Parliaments v. J. 1832 für die Verbesserung der Volksvertretung in England und Wales, in Schottland und Ireland, S.283- 322
- Band VI, Heidelberg 1834:
Über den gegenwärtigen politischen Zustand der Schweiz, S.1- 60
- Band VI, Heidelberg 1834:
Armenpflege in England, S.273- 328
- Band VIII, Heidelberg 1836:
Constitution der Vereinigten Staten von Nordamerika, S.1- 34
- Band X, Heidelberg 1838:
Zur Vergleichung des französischen und des englischen Rechts mit dem gemeinen deutschen Rechte in der Lehre von dem Rechte unehelicher Kinder, die Paternitäts- oder Vaterschaftsklage anzustellen, S.1- 46
- Band XI, Heidelberg 1839:
Britisches Gesetz, durch welches den im Auslande erscheinenden Druckschriften derselbe Schutz gegen Nachdruck, wie den im Inlande erscheinenden, unter gewissen Bedingungen im britischen Reiche zugesichert wird, S.194- 229
- Band XII, Heidelberg 1840:
Über das Gesetz des Staates New-York vom 18. April 1838, durch welches unter gewissen Bedingungen einem jeden Bürger dieses Staates gestattet wird, Papiergeld in Umlauf zu setzen oder eine Zettelbank zu errichten, S.361- 389
- Band XIII, Heidelberg 1841:
Anzeige von Flintoff`s Geschichte des englischen Rechts, S.61- 66
Museum für die sächsische Geschichte, von Weiße:
- Band I, St.2, 1794:
Von dem Ursprunge und den Schicksalen des Oberhofgerichts zu Leipzig, S. 1- 33
- Band II, St.2, 1795:
Historische Bemerkungen über die Steuerfreiheit der Rittergüter, S.195- 223

- Band II, St.1, 1795:
Über das ausschließende Sitz- und Stimmrecht des alten Adels, S.15- 68
- Band III, St.1, 1796:
Über den Ursprung des Kursächsischen Steuercollegii; ein Beitrag zu der Geschichte der kursächsischen Steuerverfassung
- Band III, St.1, 1796:
Über die Verleihung des Erbmarschallamtes der Kursachsen
Neue Jahrbücher der Geschichte und Politik, herausgegeben von Bülau:
- April 1839:
Über die heutige Stellung der Hierarchie der römisch- katholischen Kirche zum Staate, S.289- 320
Sächsische Provinzialblätter:
- Band I, 1802:
Hoffnung zu einem allgemeinen Gesetzbuch für Sachsen, S.3- 16
- Band I, 1802:
Nachricht von einem im vorigen Jahrhundert projectirten allgemeinen Gesetzbuch für Kursachsen, S.395
- Band II, 1802:
Über Kursachsens auswärtige politische Verhältnisse, S.89- 109
Zeitschrift für deutsches Recht, von Reyscher und Wilda:
- Band VII, Leipzig 1842:
Über den Ursprung des Lehnrechts, H.1, S.36- 49
- Band VII, Leipzig 1842:
Die Hauptstufen der Entwicklung des deutschen Rechts, H.2, S.222- 242
Zeitschrift für Geschichte und Politik, von Woltmann:
- Band II, 1802:
Politische Bemerkungen über die neueste französische Kirchenverfassung, S.246- 262
- Band II, 1802:
Politische Bemerkungen über die durch die Konstitution der italienischen Republik angeordneten Wahlcollegien, S.404- 414
- Band I, 1804:
Geist der neuen deutschen Reichsverfassung, S.34- 66
- Band II, 1804:
Zur politischen Teleologie, S.248- 251

Veröffentlichte Rechtsgutachten:

1. Abdruck eines Rechtsgutachtens in Sachen des Handelsmannes Spiro zu Frankfurt am Main gegen die Handlung Mappes et Schulz, Frankfurt a.M. 1829
2. Rechtsgutachten in der gegen den verantwortlichen Redakteur der Zeitung "der Wächter am Rhein", Franz Schlund, wegen eines im 68sten Stücke dieser

Zeitung enthaltenen Aufsatzes mit der Überschrift: "An das deutsche Volk" anhängigen Untersuchungssache, Mannheim 1832
3. Rechtsgutachten über die Ansprüche August`s von Este, ehelichen Sohnes Sr. K.H. des Herzogs von Sussex, auf den Titel, die Würden und Rechte eines Prinzen des Hauses Hannover, Heidelberg 1834
4. Rechtsgutachten über die zwischen den fürstlichen Häusern Lippe und Schaumburg-Lippe obwaltenden Streitigkeit, welche durch einen Beschluß der hohen deutschen Bundesversammlung den 5. August 1830 an das großherzogliche badensche Oberhofgericht zur austrägalgerichtlichen Entscheidung verwiesen worden sind, Heidelberg 1835
5. Prüfung der Gründe, welche den Ansprüchen August`s von Este, ehelichen Sohnes Sr. K. H. des Herzogs von Sussex, auf den Titel, die Würden und Rechte eines Prinzen des Hauses Hannover, von den Herren Eichhorn und Mohl entgegengesetzt worden sind, Heidelberg 1836
6. Rechtsgutachten über die Succession in das von dem Freiherrn Franz Ernst Hyazinth von Heeremann zu Zuydtwyck gestiftete Familienfideikommiß nach dem im Jahre 1813 erfolgten Tode des Freiherrn Theodor Joseph Ludwig Vincenz zu Zuydtwyck, des Sohnes des Stifters des Fideikommisses, auf welchen das Fideikommiß zu Folge der Stiftung übergegangen war, Heidelberg 1836
7. Nachtrag zu dem Rechtsgutachten über den die Succession in das freiherrlich von Zuydtwycksche Familien-Fideikommiß betreffenden Rechtsstreit. Prüfung eines Rechtsgrundsatzes, von welchem der königlich preußische Appelationsgerichtshof zu Köln in seinem in diesem Rechtsstreite den 30. August 1837 gesprochenen Endurteile ausgegangen ist, Heidelberg 1838
8. Rechtsgutachten über die Ansprüche der Gutsbesitzer in dem Großherzogtume Mecklenburg, welche bürgerlichen Standes sind, auf alle der mecklenburgischen Ritterschaft zustehenden Rechte, Heidelberg 1841
9. Rechtsgutachten, die Ablösung der Pfarrkompetenz betreffend, welche die fürstliche Standesherrschaft Fürstenberg von mehreren Jhr zustehenden Zehnten bisher zu entrichten gehabt hat, in den Annalen der großherzoglich badischen Gerichte, 8ter Jahrgang, S.49- 56, Karlsruhe 1840

Rezensionen:

In den Heidelberger Jahrbüchern:

24. Jahrgang, Heidelberg 1831:
- Heinroth, J. C.: Quaestio medicinae forensis de facinore aperto ad medicorum judicium non deferendo, S.223f
- Justizministerium: Übersicht der Strafrechtspflege im Großherzogtume Baden während des Jahres 1829, S.217ff
- Pölitz, Karl Heinrich Ludwig: Das konstitutionelle Leben, nach seinen Formen und bedingungen, S.227ff

- Rüder, F.A.: Genealogisch-geschichtlich-statistisches Jahrbuch für das Jahr 1831, S.225f

25. Jahrgang, Heidelberg 1832:

- Mayr, Phil. Jos.: Handbuch des gemeinen und bayrischen Lehnrechts, S.39ff

26. Jahrgang, Heidelberg 1833:

- Feuerbach, Anselm: Kleine Schriften vermischten Inhalts, erste Abtheilung, S.406f
- ders.: Kleine Schriften vermischten Inhalts, zweite Abtheilung, S.940
- Janke, J. E. Th.: Abhandlungen über einige der wichtigsten Teile der preußischen Städteordnung, Städteverwaltung und Kommunalverfassung, S.876ff
- Mohl, Robert: Die Polizeiwissenschaft nach den Grundsätzen des Rechtsstaates, S.482
- Riesser, Gabriel: Der Jude. Periodische Blätter für Religion und Gewissensfreiheit, S.865ff
- Schmitthenner, Fr.: Über den Charakter und die Aufgabe unserer Zeit in Beziehung auf Staat und Staatswissenschaft, Heft 1, S.971f
- Thilo, Lud.: Die Volkssouveränität in ihrer wahren Gestalt, S.969ff
- Wehnert: Über den Geist der Preußischen Staatsorganisation und Staatsdienerschaft, S.871ff
- Winter, Hellmuth: Systeme de la diplomatie, S.770ff
- Ziegler, Joh.: Übersetzung des zweiten und dritten Bandes von Niccolo Machiavelli`s sämmtlichen Werken, S.478ff

27. Jahrgang, Heidelberg 1834:

- Agricola: Die Interessen der Deutschen Fürsten bei dem Wiener Congresse, S.279ff
- von einem Bürgerlichen: Über Fideicommisse, S.722f
- Eichhorn, C. Fr.: Rechtsgutachten über die Verhältnisse der St. Petri Domgemeinde der freien Hansestadt Bremen zum bremischen Staate, S.723
- Graf von Drechsel: Vorträge des. als Abgeordneter, die Revision des Gemeindeedikts v. 27.Mai 1818, und den Maßstab der Lokalumlage betreffend, S.599
- Hobein, Ludwig August: Schutzschriften, S.721
- Justizministerium: Übersicht der Strafrechtspflege im Großherzogtume Baden während des Jahres 1832, S.182ff
- Lichtenhahn, K. und Schauberger, Jos.: Übersichtliche Darstellung des gegen Basel beobachteten Verfahrens, S.61ff
- Lippert, Heinrich Ludwig: Annalen des katholischen, protestantischen und jüdischen Kirchenrechts, Heft 4, S.107f
- Löw, Freiherr von: Über akademische Lehr- und Lernweise mit vorzüglicher Rücksicht auf die Rechtswissenschaften, S.593ff
- Pölitz, Karl Heinrich Ludwig: Die europäischen Verfassungen seit dem Jahre 1789 bis auf die neueste Zeit, S.179ff
- Pölitz, Karl Heinrich Ludwig: Staatswissenschaftliche Vorlesungen für die gebildeten Stände in konstitutionellen Staaten, 3.Band, S.599

- von Reden, Friedrich: Entwurf eines Gesetzes über die Verfassung und Verwaltung der Landgemeinden im Königreich Hannover, S.598
- Rengger: Über den schweizerischen Bundesverein, S.110
- Rüder, F.A.: Genealogisch-geschichtlich-statistisches Jahrbuch für das Jahr 1835, S.1138f
- Tappehorn, Fr.: Die vollkommene Association, als Vermittlerin der Einheit des Vernunftstaates und der Lehre Jesu, S.711f
- Von einem Rheinländer: Andeutungen über den Entwurf eines rheinischen Provinzialgesetzbuches, S.184ff
- Weick, Wilderich: Annalen für Geschichte und Politik, S.108
- Weiske, Julius: Handbuch der Strafgesetze des Königreichs Sachsen von 1572 bis auf die neueste Zeit, S.599
- Ziegler, Joh.: Übersetzung des vierten Bandes von Niccolo Machiavelli`s sämmtlichen Werken, S.1137f
- Zirkler, Joh. Heinrich: Das staatsrechtliche Verhältnis der deutschen konstitutionellen Staaten zum deutschen Bunde, S.109f

28. Jahrgang, Heidelberg 1835:

- Althof, J.C.: Über die Verwerflichkeit des Reinigungseides in Strafsachen, nebst erläuternden Criminalfällen, S.722f
- Annalen des Advokatenvereins zu Hannover, 4 Hefte, S.718ff
- Bewern, G. von: Die Stellung der Verwaltungsbeamten im Staate, Diss, S.1222
- Bischoff: Merkwürdige Criminalrechtsfälle, für Richter, Gerichtsärzte, Verteidiger und Psychologen, 1. und 2. Band, S.642ff
- Einladungsschrift zur Feier des Tages, an welchem vor 1300 Jahren die Institutionen und Pandekten des römischen Rechts Gesetzeskraft erhalten haben, von Dekan Dr. F. G. von Bunge: Das römische Recht in den Deutschen Ostseeprovinzen Rußlands, S.1221
- Fink, Fr. von: Alphabetisches Realrepertorium der großherzoglich badischen Gesetzgebung und Verfassung, von 1811, und, soweit sie das Landesrecht berühren, von dessen Einführung an bis auf die neuesten Zeiten, S.1220
- Jagemann, Ludwig Hugo Fr. v.: Die Öffentlichkeit des Strafverfahrens, S.721f
- Lehsten, Karl v.: Über die Aufhebung der Leibeigenschaft in Mecklenburg und deren günstige und ungünstige Folgen, nebst Vorschläge zu Ausgleichung der letzteren, S.723ff
- Minnigerode, Lud.: Beitrag zur Beantwortung der Frage: Was ist Justiz- was ist Administrativ- verfassung? S.1219f
- Reine, J. Chph.: Die Staatswissenschaften nach geschichtlicher Ansicht neu entwickelt und begründet. Eine Skizze, S.725f
- Freih. zu Rhein: Zeitschrift für Theorie und Praxis des bayrischen Civil-, Criminal- und öffentlichen Rechtes, S.1217ff
- Thaulow, F.: Vorschlag zu einem Strafgesetzbuche für das Königreich Norwegen. Auf Veranstaltung der Gesetzkommission aus dem norwegischen über-

setzt; ferner: Motive zu dem im Jahre 1832 herausgegebenen Vorschlage zu einem Strafgesetzbuche für das Königreich Norwegen, S.1170ff
- Tscharner, J. Fr. v. und de Wette, W. M. L.: Verhandlungen über die Teilungsfrage in Betreff der Universität Basel von der eidgenössischen Teilungskommission als bestelltem Schiedsgerichte; und Rede bei der öffentlichen Feier der Wiederherstellung der Universität am 1. Oktober 1835 im Chor der Münster-Kirche gehalten, S.1214ff
- Ungern-Sternberg, Reinh. de: De summi supplicii justitia et necessitate, S.1222
- Wiesand, Ge. Fr.: Von Aufrechthaltung der öffentlichen Sicherheit, Ruhe und gesetzlichen Ordnung zu Verhütung von Tumult und Aufruhr; insbesondere Erörterung der Rechtsfrage: Ist eine Gemeinde verbunden, den einem Mitgliede derselben von Tumultuanten verursachten Schaden zu ersetzen? S.727f

29. Jahrgang, Heidelberg 1836:
- Haenel, Gustav: Codicis Gregoriani et Codicis Hermogeniani fragmenta, S.380ff
- Lond, M. B.: Influence of the public debt over the prosperity of the country, S.659ff
- Matthäi, Carl Chr.: Medizinisch- psychologisches Gutachten über die Verurteilung des de la Ronciere vor den Assisen in Paris im Jahre 1835, S.475ff
- Zachariae, Carl Eduard: Fragmenta versionis graecae legum Rotharis Longobardorum regis; sowie die Schrift über die Zeitabschnitte, welche insgemein einem Evstathios, Antecessor zu Konstantinopel, zugeschrieben wird, S.942ff

30. Jahrgang, Heidelberg 1837:
- Annalen des Advokatenvereins zu Hannover, Heft 5, S.510f
- Hornstedt, G.W. von: Die Verpachtung der Landgüter in ihrem ganzen Umfange, der Pachtanschlag, der Pachtcontract und die Übergabe, mit Hinweisung auf die Grundsätze des gemeinen auch preußischen Landrechts, S.511
- Löw, Freiherr von: Germanistische Rechtsfälle zum Gebrauch bei Vorlesungen und zum Privatstudium, nebst einem Repetitorium für germanistische Rechtsfälle und Abhandlungen, S.86
- Marcard, G.W.: Zur Beurteilung des Nationalwohlstandes, des Handels und der Gewerbe im Königreich Hannover, S.560
- Maurenbrecher, Romeo: Grundzüge des heutigen deutschen Staatsrechts. Systematisch entwickelt, S.558ff
- Minnigerode, Lud.: Bemerkungen über den Stand der Gesetzgebung und Jurisprudenz in Deutschland, S.85
- Pfister, Erwin. J. J.: Geschichtliche Entwicklung des Staatsrechts des Großherzogtums Baden und der verschiedenen darauf bezüglichen öffentlichen Rechte. Nach Quellen bearbeitet und mit Urkunden belegt, S.87f
- Riesser, Gabriel: Betrachtungen über die Verhältnisse der jüdischen Untertanen der preußischen Monarchie; sowie der Jude. Ein Journal für Gewissensfreiheit, S.860ff

- Riesser, Gabriel: Untersuchung der Frage, ob die kurhessischen Kapitalschuldner durch die ihnen in Napoleon`s Auftrage erteilte Quittung von ihrer Schuld befreit worden sind. Mit besonderer Berücksichtigung der Schrift: Napoleon und die kurhessischen Kapitalschuldner von F.C. Schweikart, S.913f
- Röder, K. V.: Grundzüge der Politik des Rechts, S.509f
- Schriften über die suspendierten Gefälle in Ostfriesland, S.494ff
- Wrangell, Moritz Freiherr: Über eine Sammlung von Notizen, den Adel in Livland betreffend, S.512

31. Jahrgang, Heidelberg 1838:

- Albrecht, A. M.: Die Ausbildung des Eventualprinzip`s im gemeinen Civilprozeß, S.1009
- Bischoff: Merkwürdige Criminalrechtsfälle für Richter, Gerichtsärzte, Verteidiger und Psychologen, 3. Band, S.1063f
- Bussard, J. M.: Elemens de droit naturel privé, S.129ff
- Duncker, Ludwig: Die Lehre von den Reallasten, in ihren Grundzügen dargestellt, S.1161f
- Hazzi, Staatsrath: Beobachtungen und Bemerkungen auf einer Reise im Jahre 1836 nach Frankreich und England, S.1009f
- Hugo, Ludwig: Handbuch der gerichtlichen Untersuchungskunde, S.985ff
- Klüber, Johann Ludwig: Die eheliche Abstammung des Fürstlichen Hauses Löwenstein-Wertheim von dem Kurfürsten Friedrich dem Siegreichen von der Pfalz, und dessen Nachfolgerecht in den Stammländern des Hauses Wittelsbach, S.417ff
- Leonhardy, Freiherr von: Versuch einer Entwicklung der Kriegsverfassung des deutschen Bundes; und das Austrägalverfahren des Deutschen Bundes, S.988ff
- Löffler, Franz Adam: Über die Gesetzgebung der Presse, S.1061f
- Pfister, Erwin. J. J.: Geschichtliche Entwicklung des Staatsrechts des Großherzogtums Baden und der verschiedenen darauf bezüglichen öffentlichen Rechte, 2.Teil, S.1162f
- Schützenberger, G. F.: Etudes de droit public, S.132ff
- Vortrag der Spezialkommission für Reform des Finanz-, Armen- und Gemeindetellwesens an den Regierungsrat der Republik Bern, S.269ff
- ders.: Die wissenschaftliche Bearbeitung der Staatswirtschaftskunst nach dem literaturgeschichtlichen Entwickelungsgange der Staatswirtschaftssysteme und des Finanzwesens, S.392f

32. Jahrgang, Heidelberg 1839:

- Deutschmann, W.: Die Radikalreform des Staats- und Privatrechts, ob und wie weit dieselbe rechtlich, notwendig und zulässig sei, S.652
- Französische Übersetzung von Zachariaes Civilrecht, von Aubry, Rau und Beving, S.31f
- Maurenbrecher, Romeo: Die deutschen regierenden Fürsten und die Souveränität, S.571ff
- Muncke: Anmerkungen zu Zachariae`s französischem Civilrecht (4.Auflage), S.33

- Prittwitz, M. von: Andeutungen über die Grenzen der Civilisation, S.475ff
- Schlesier, Gustav: Schriften von Friedrich von Gentz, S.34ff
- Schmitthenner, Fr.: Zwölf Bücher vom Staate, oder systematische Encyklopädie der Staatswissenschaften, S.462ff
- Stöckhardt, Heinrich Rob.: Juristische Propädeutik oder Vorschule der Rechtswissenschaft, zum Behuf akademischer Vorlesungen, insbesondere für die kaiserliche Rechtsschule zu St. Petersburg, S.116ff
- Zachariae, Carl Salomo: Handbuch des französischen Zivilrechts, 4.Auflage, S.30f

33. Jahrgang, Heidelberg 1840:

- Dieck, Carl Friedrich: Die Gewissensehe, Legitimation durch nachfolgende Ehe und Missheirat, nach ihren Wirkungen auf die Folgefähigkeit der Kinder in Lehen und Fideikommissen, unter Berücksichtigung des reichsgräflich-Bentinckschen Rechtsstreites, S.1ff
- Gärtner, Gustav: Über die wissenschaftliche Behandlung des deutschen Staatsrechts, S.287
- Möhl, Arnold: Über das repräsentative System, S.286f
- Mohl, Robert: Das Staatsrecht des Königreiches Württemberg, S.915ff
- Schlesier, Gustav: Schriften von Friedrich von Gentz, 3. Teil, S.284ff
- Über den Entwurf eines Strafgesetzbuches für das Großherzogtum Baden, aus dem praktischen Gesichtspunkte, S.577ff
- Wasserschleben, F. G. A.: Reginonis Abbatis Prumiensis libri duo de synodalibus causis et disciplinis eccelesiastics jussu domini reverendissimi archiep, S.914f
- Zachariae, Carl Salomo: Vierzig Bücher vom Staate, Band I-III, Umarbeitung, S.287f

34. Jahrgang, Heidelberg 1841:

- Bernays, Carl Ludwig: Deutschland und seine fränkische Repräsentativverfassung, S.710ff
- Cramer, Johann: Die fünf französischen Gesetzbücher neu übersetzt, S.43f
- Jagemann, Ludwig Hugo Fr. v.: Zeitschrift für deutsches Strafverfahren, S.840ff
- Möhl, Arnold: Über das Naturrecht, S.704
- Prittwitz, M. von: Die Kunst reich zu werden, oder, gemeinfassliche Darstellung der Volkswirtschaft,S.236
- Schlesier, Gustav: Schriften von Friedrich Gentz, 4. und 5. Teil; sowie Briefwechsel zwischen Gentz und Johannes von Müller, S.38ff
- Stengel, Freiherr von: Bemerkungen über den Entwurf eines Strafgesetzbuches für das großherzogtum Baden, S.233ff
- Zachariae, Carl Salomo: Vierzig Bücher vom Staate, IV. Band, Umarbeitung, S.257
- Zachariae, Carl Salomo: Vierzig Bücher vom Staate, V. Band, Umarbeitung, S.839

35. Jahrgang, Heidelberg 1842:
- Buchka, Herman: Der unvordenkliche Besitz des gemeinen deutschen Zivilrechts, S.31f
- Möhl, Arnold: Über das Naturrecht, S.689f
- Recht, J. F. H.: Justinian`s Institutionen, 1. Buch, S.690

36. Jahrgang, Heidelberg 1843:
- Zachariae, Carl Salomo: Vierzig Bücher vom Staate, Umarbeitung, S.268

In der Jenaischen Allgemeinen Literaturzeitung:

1804, Nr.134, S.441:
- Hugo: Lehrbuch eines zivilistischen Kursus, 1. und 2. Band

1805, Nr.10, S.76:
- Zachariae, Carl Salomo: Gegen das ausschließende Sitz- und Stimmrecht des alten Adels auf den kursächsischen Landesversammlungen;

1805, Nr.118, S.330:
- Ein Patriot: Beurteilung der Steuerverfassung und insb. der ritterschaftl. Steuerfreiheit im kurfürstentum Sachsen nach den Landesgesetzen
- Ein Wort zu seiner Zeit über die Erfordernisse zur Zweckmäßigkeit der Landtage für unser Zeitalter überhaupt, mit besonderer Hinsicht auf den nächstbevorstehenden in Kursachsen
- Fischer, Gottlob Eusebius: Die sächsische Geistlichkeit vor den Schranken der Landesversammlung im Jahre 1805
- Gedanken eines sächsischen Patrioten. Vielleicht eine Schrift zum Landtage 1805
- Ist es in einem Lande das überflüssiges Getreide zu seiner Consumtion erbaut, ratsam, bei hohen Kornpreisen das Branntweinbrennen zu verbieten?
- Landtagspredigt, welche am 6. Januar 1805 nicht gehalten worden ist
- Reinhard, Franz Volkmar: Predigt bei Eröffnung des von Sr. kurfürstl. Durchl. zu Sachsen ausgeschriebenen allgemeinen Landtages
- Über die Aufrechterhaltung des Christentums und christlicher Sitten. Zur Beherzigung für Regierungen und Landstände bei Gelegenheit des kursächsischen Landtages im Jahre 1805

1806, Nr.79, S.17:
- Merkel, Karl Friedr. Gottl.: Theorie des allgemeinen Privatrechts. 1.Teil: Allgemeine Grundsätze des Rechts und des allgemeinen Personenrechts; 2.Teil: Das allgemeine dingliche, persönliche und Erbrecht enthaltend

1806, Nr.258, S.209:
- Gönner, Nic. Thadd.: Deutsches Staatsrecht
- Klüber, Joh. Lud.: Einleitung zu einem neuen Lehrbegriff des deutschen Staatsrechts
- Leist, Justus Christoph: Lehrbuch des deutschen Staatsrechts
- Schmalz, Theodor: Handbuch des deutschen Staatsrechts (Zum Gebrauch akademischer Vorlesungen)

- Schnaubert, Andr. Jos.: Lehrbuch des deutschen Staatsrechts

1813, Nr.24, S.185:

- Almendingen, Ludwig Harscher v.: Officiel- wissenschaftliche Vorträge über den Codex-Napoleon und seiner organischen Umgebung

II. Sekundärliteratur:

Ahrens, Heinrich: Naturrecht oder Philosophie des Rechts und des Staates, Band 2, 6.Auflage, Wien 1871
Angermann, Erich: Robert von Mohl. Leben und Werk eines altliberalen Staatsgelehrten, Neuwied 1962
Almendingen, Ludwig Harscher v.: Politische Ansichten über Deutschlands Vergangenheit, Gegenwart und Zukunft, Band 1, Wiesbaden 1814
Ancillon, Friedrich: Über den Geist der Staatsverfassungen und dessen Einfluß auf die Gesetzgebung, Berlin 1825
- Über Souveränität und Staatsverfassungen. Ein Versuch zur Berichtigung einiger politischer Grundbegriffe, Berlin 1816
Bahrdt, Karl Friedrich: Rechte und Obliegenheiten der Regenten und Unterthanen in Beziehung auf Staat und Religion, Eine Folge des Systems der Moralreligion, Riga 1792
Bentham, Jeremy: Papers relative to Codification, London 1817
- Théorie des peines et des recompenses. Redigeé en Francais d'après les manuscrits de l'auteur par Et. Dumont,Brüssel 1829
Bischoff, J. N.: Handbuch der teutschen Kanzleipraxis, Band 1, Helmstedt 1793
Blackstone, William: Commentaries on the law of England in four books, London 1811
Blumenbach, Johann Friedrich: Über die natürlichen Verschiedenheiten im Menschengeschlechte, 3.Auflage, Leipzig 1798
Bluntschli, Johann Kaspar: Geschichte der Wissenschaft in Deutschland, neuere Zeit, Band 1. Allgemeines Staatsrecht und Politik seit dem 16. Jahrhundert bis zur Gegenwart, 3.Auflage, München 1881
- Das moderne Völkerrecht der civilisierten Staaten als Rechtsbuch dargestellt, Nördlingen 1868
- Allgemeines Staatsrecht, geschichtlich begründet, München 1852
Bodin, Jean: Methodus ad facilem historiarum cognitionem, Paris 1566
- Les six livres de la republique, Paris 1583; dt. Übersetzung von Bernd Wimmer, 2 Bände, München 1981/86
Böckenförde, Ernst Wolfgang: Die deutsche verfassungsgeschichtliche Forschung im 19. Jahrhundert, Berlin 1961
Böhme, Heinz Jürgen: Politische Rechte des einzelnen in der Naturrechtslehre des 18. Jahrhunderts und in der Staatstheorie des Frühkonstitutionalismus, Berlin 1993
Böhmer, Georg Wilhelm: Über die Folter, Weimar 1819
Böttges, Walter: Die Laienbeteiligung an der Strafrechtspflege. Ihre Geschichte und heutige Bedeutung, Bonn, Diss. 1979
Boldt, Hans: Deutsche Staatslehre im Vormärz, Düsseldorf 1975
- Staat und Souveränität, in: Brunner, Otto/Conze, Werner/Koselleck, Reinhart: Geschichtliche Grundbegriffe. Historisches Lexikon zur politisch-sozialen Sprache in Deutschland, S.1ff, Band 6, Stuttgart 1990

Brandt, Hartwig: Landständische Repräsentation im deutschen Vormärz, Neuwied, Berlin 1968

Le Bret: Vorlesungen über die Statistik, Stuttgart 1783

Brocher, Charles: K. S. Zachariae. Sa vie et ses oeuvres, in: Revue historique de droit francais et etranger, Tome XIV, S.433ff, hrsg. von Laboulaye/Dareste/de Rozière/Ginoulhiac, Paris 1868

- K. S. Zachariae. Sa vie et ses oeuvres, in: Revue historique de droit francais et etranger, Tome XV, S.295ff, 430ff, hrsg. von Laboulaye/Dareste/de Rozière/Ginoulhiac, Paris 1869

Buttler, W.J.: On the colonial policy of the ancients, London 1840

Conze, Werner: Staat und Gesellschaft im deutschen Vormärz, Stuttgart 1962

Dahlmann, Friedrich Christoph: Die Politik, auf den Grund und das Maß der gesetzgebenden Zustände zurückgeführt, Band 1, Leipzig 1847

Drüll, Dagmar: Heidelberger Gelehrtenlexikon, 1803 - 1932, Berlin, Heidelberg, New York, Tokyo 1986

Enslin, Theodor Christian Friedrich: Bibliotheca juridica. Handbuch der gesamten juristischen und staatswissenschaftlichen Literatur. Eine Zusammenstellung aller auf dem Gebiete der Rechts- und Staatswissenschaft in den Jahren 1750-1876 in Deutschland und den benachbarten Staaten erschienenen Schriften, Ndr. Aalen 1968

Fenske, Hans: Gewaltenteilung, in: Brunner, Otto/Conze, Werner/Koselleck, Reinhart: Geschichtliche Grundbegriffe. Historisches Lexikon zur politisch-sozialen Sprache in Deutschland, S. 923ff, Band 2, Stuttgart 1975

Fichte Johann Gottlieb: Grundlage des Naturrechts nach Principien der Wissenschaftslehre, Band 4, Jena Leipzig 1796

Fichte, Immanuel Herrmann: Fichte, Johann Gottlieb: Sämtliche Werke, 8 Bände, Band 6, Berlin 1845 (Nachdruck 1924)

Fischer, William: Carl Salomo Zachariae, in: Allgemeine Deutsche Biographie, 44. Band, S. 646ff, Leipzig 1898

Fleischmann, Max: Christian Thomasius. Leben und Lebenswerk, Halle 1931

Gall, Lothar: Das Problem der parlamentarischen Opposition im deutschen Frühliberalismus, in Politische Ideologien und nationalstaatliche Ordnung. Festschrift für Theodor Schieder, hrsg. von K. Kluxen und W.J. Mommsen, München, Wien 1968, S. 158ff

Gebhardt, Bruno: Handbuch der deutschen Geschichte, Band 3, Von der franz. Revolution bis zum 1.Weltkrieg, 9.Auflage, Stuttgart 1970, hrsg von Herbert Grundmann

Gerau, Hofgerichtsrat in Darmstatt: Können in den deutschen constitutionellen Monarchien die Mitglieder ständischer Kammern wegen gesetzwidriger Äußerungen vor den Gerichten des Landes zur Verantwortung gezogen werden? in: Zeitschrift für Zivilrecht und Prozeß, Gießen 1845, S.1-46

Grätzer: Zur Geschichte der preußischen Einkommens- und Klassensteuer 1812 - 1851, Berlin, Diss. 1884

Grawert, Rolf: Gesetz, in: Brunner, Otto/Conze, Werner/Koselleck, Reinhart: Geschichtliche Grundbegriffe. Historisches Lexikon zur politisch-sozialen Sprache in Deutschland, S. 863ff, Band 2, Stuttgart 1975

Großfeld, Bernhard: Die Einkommensteuer. Geschichtliche Grundlagen und rechtsvergleichender Ansatz, Tübingen 1981

Gusy, Christoph: Richterliches Prüfungsrecht. Eine verfassungsgeschichtliche Untersuchung, Berlin 1985

Hahn, Wolfram: Die Entwicklung der Laiengerichtsbarkeit im Großherzogtum Baden während des 19. Jhdt. Unter Berücksichtigung des Laienrichtertums in Württemberg, Berlin 1974

Haller, Albrecht v.: Usong. Eine morgenländische Geschichte, neueste Auflage, Karlsruhe 1778

Haller, Carl Ludwig v.: Restauration der Staatswissenschaft, Band 1, 2.Auflage, Winterthur 1820

Heckel, Martin: Die religionsrechtliche Parität, in: Gesammelte Schriften. Staat-Kirche-Recht-Geschichte, Band 1, S.227ff, hrsg. von Klaus Schlaich, Tübingen 1989

- Zur Entwicklung des deutschen Staatskirchenrechts von der Reformation bis zur Schwelle der Weimarer Verfassung,, in: Gesammelte Schriften. Staat-Kirche-Recht-Geschichte, Band 1, S.366ff, hrsg. von Klaus Schlaich, Tübingen 1989

Herzog, Roman/Kunst, Hermann/ Schlaich, Klaus/ Schneemelcher, Wilhelm: Evangelisches Staatslexikon, Band 1, 3.Auflage, Stuttgart 1987

Hilgendorf, Eric: Die Entwicklungsgeschichte der parlamentarischen Redefreiheit in Deutschland, Frankfurt a. M., Bern, New York, Paris 1991

Hobbes, Thomas: De Cive, Amsterdam 1657

Hoffman, Ludwig: Censur und Preßfreiheit, Berlin 1818

Huber, Ernst Rudolf: Deutsche Verfassungsgeschichte seit 1789, Band 1: Reform und Restauration 1789 bis 1830, Stuttgart 1961

- Deutsche Verfassungsgeschichte seit 1789, Band 2: Der Kampf um Einheit und Freiheit 1830 bis 1850, 2.Auflage, Stuttgart 1975

- Deutsche Verfassungsgeschichte seit 1789, Band 3: Bismarck und das Reich, 2.Auflage, Stuttgart 1978

- Dokumente zur Deutschen Verfassungsgeschichte, Band 1: Deutsche Verfassungsdokumente 1803 bis 1850, 3.Auflage, Stuttgart, Berlin, Köln, Mainz 1978

Humboldt, Wilhelm v.: Ideen zu einem Versuch, die Grenzen der Wirksamkeit des Staates zu bestimmen, Leipzig 1920 (erstmals Breslau 1851, nach Humboldts Tode, von E. Cauer)

- Gesammelte Schriften, hrsg von der königlich preußischen Akademie der Wissenschaft, Band 1, Berlin 1903

Iselin, Isak: Versuch über die Gesetzgebung, Zürich 1760

Jellinek, Georg: Ausgewählte Schriften und Reden, Band 1, Berlin 1911

Jordan, Sylvester: Bemerkungen über den Gerichtsgebrauch, dabey auch über den Hang der Rechtsbildung und die Befugnisse der Gerichte, in AcP, Band 8, S.191ff, Heidelberg 1825

Justi, Johann Heinrich Gottlob v.: Abhandlung von der Anordnung und dem Gleichgewichte der Hauptzweige der obersten Gewalt. Gesellschaftspolitische- und Finanzschrift, Band 2, Koppenhagen, Leipzig 1761

- Grundsätze der Polizey-Wissenschaft in einen vernünftigen, auf den Endzweck der Polizey gegründeten, Zusammenhange und zum Gebrauch academischer Vorlesungen, Göttingen 1756

Kalinna, Hermann E.J.: Kirche und Staat, in: Evangelisches Staatslexikon, Band 1, S.1546ff, hrsg. von Kunst, Hermann/Grundmann, Siegfried, 3.Aufl, Stuttgart 1987

Kant, Immanuel: Metaphysische Anfangsgründe der Rechtslehre, 2.Auflage, Königsberg 1798

- Zum ewigen Frieden. Ein philosophischer Entwurf, Königsberg 1796, hrsg. von August Messer (Nachdruck der 2.Ausgabe 1796), Stuttgart 1924

Keller, Richard August: Geschichte der Universität Heidelberg im ersten Jahrzehnt nach der Reorganisation durch Karl Friedrich (1803-1813), Heidelberger Abhandlungen Heft 40, Heidelberg 1913

Kläy, Heinz: Zensuswahlrecht und Gleichheitsprinzip, Aarau 1956

Kleinheyer, Gerd: Grundrechte - zur Geschichte eines Begriffes, Graz 1977

Kleinheyer, Gerd/ Schröder, Jan: Deutsche Juristen aus fünf Jahrhunderten. Eine biographische Einführung in die Rechtswissenschaft, Heidelberg 1989

Klippel, Diethelm: Politische Freiheit und Freiheitsrechte im deutschen Naturrecht des 18. Jahrhunderts, Paderborn 1976

Klüber, Johann Ludwig: Öffentliches Recht des Teutschen Bundes, 1.Abteilung, 2.Auflage, Frankfurt a. M. 1822

- Öffentliches Recht des Teutschen Bundes, 2.Abteilung, 2.Auflage, Frankfurt a. M. 1822

- Europäisches Völkerrecht, Band 1, Stuttgart 1821

- Die Selbständigkeit des Richteramtes im Verhältnis zu der königlich-preußischen Verordnung vom 25. Februar 1823, Frankfurt 1832

Knemeyer, Franz-Ludwig: Polizei, in: Brunner, Otto/Conze, Werner/Koselleck, Reinhart: Geschichtliche Grundbegriffe. Historisches Lexikon zur politisch-sozialen Sprache in Deutschland, S.875ff, Band 4, Stuttgart 1978

Koszyk, Kurt: Deutsche Presse im 19. Jahrhundert. Geschichte der deutschen Presse, Teil II, Berlin 1966

Krug, Wilhelm Traugott: Entwurf zur Deutung und Darlegung der englischen Gesetzgebung über die Pressefreiheit, Leipzig 1818

- Entwurf zu einer allgemeinen Gesetzgebung über die Preßfreiheit in Deutschland, Leipzig 1816

Landsberg, Ernst: Geschichte der deutschen Rechtswissenschaft, 3.Abteilung, 2.Halbband, München und Berlin 1910

Linde, Justus Thimotheus Balthasar: In Monarchien mit landständischer Verfassung sind die Gerichte nicht befugt, die Gültigkeit der von den Monarchen ohne Mitwirkung der Landstände erlassenen Gesetze (Verordnungen) einer Prüfung und Entscheidung zu unterziehen, in: AcP 16 (1833) S. 305-382

Listl, Franz v.: Das Völkerrecht systematisch dargestellt, Berlin 1898

Locke, John: The second Treatise of Civil Government (1690), in der deutschen Übersetzung von Dorothee Tidow, Stuttgart 1980

Mackintosh, James: History of the revolution in England in 1688, Paris 1834

Maier, Hans: Die ältere deutsche Staats- und Verwaltungslehre (Polizeiwissenschaft), Neuwied Berlin 1966

Majer, Johann Christian: Teutsches wetliches Staatsrecht, Band 1, Leipzig 1775

Martin: Colonial policy of the Britisch Empire.- Responsible government for colonies, London 1840

Maunz, Theodor/ Zippelius, Reinhold: Deutsches Staatsrecht, 27. Aufl., München 1988

Metzger Ulrike/ Weingarten Joe: Die Einkommensteuer und Einkommensteuerverwaltung in Deutschland, Darmstadt 1989

Mittermaier, Carl Joseph Anton: Die Mündlichkeit, das Anklageprinzip, die Öffentlichkeit und das Geschworenengericht in ihrer Durchführung in den verschiedenen Gesetzgebungen, Tübingen 1845

- Über die Ergebnisse der legislativen Thätigkeit in Bezug auf Zivilprozeßgesetzgebung und Gerichtsorganisation seit 1830, in AcP: 17 (1834) S.279ff

Mohl, Robert von: Die Geschichte und Literatur der Staatswissenschaften, Band 1, Erlangen 1855

- Die Geschichte und Literatur der Staatswissenschaften, Band 2, Erlangen 1856
- Die Geschichte und Literatur der Staatswissenschaften, Band 3, Erlangen 1858
- Lebenserinnerungen, Band 1, Stuttgart und Leipzig 1902
- Die Verantwortlichkeit der Minister in Einherrschaften mit Volksvertretung, Tübingen 1837
- Über die verschiedene Auffassung des repräsentativen Systems in England, Frankreich und Deutschland, in: Tübinger Zeitschrift für die gesamte Staatswissenschaft, III, 1846, auch in: Robert v. Mohl: Politische Schriften, hrsg. von Klaus v. Beyme, Köln, Opladen 1966
- Das Repräsentativsystem, seine Mängel und Heilmittel. Politische Briefe eines Altliberalen, anonym erschienen in: Deutsche Vierteljahresschrift, 1852; auch in: Robert v. Mohl: Politische Schriften, hrsg. von Klaus v. Beyme, Köln, Opladen 1966

Montesquieu, Charles de: Oeuvres completes, T. 1: De l'Esprit des Lois (1748), publié de André Masson, Paris 1950, sowie die deutsche Übersetzung von Ernst Forsthoff, 2 Bände, Tübingen 1951

More, Sir Thomas: Utopia, Leipzig, Frankfurt 1753
Möser, Justus: Osnabrückische Geschichte, 1780
Neuer Nekrolog der Deutschen: Einundzwanzigster Jahrgang, 1843, erster Teil, Weimar 1845
Nipperdey, Thomas: Deutsche Geschichte 1800-1866, Bürgerwelt und starker Staat, 4.Auflage, München 1987
Ochs, Baron v.: Betrachtungen über die neuere Kriegskunst, über ihre Fortschritte und Veränderungen und über die wahrscheinlichen Folgen, welche für die Zukunft daraus entstehen werden, Frankfurt, Leipzig 1817
Ogorek, Regina: Richterliche Normenkontrolle im 19. Jahrhundert: Zur Rekonstruktion einer Streitfrage, in: Zeitschrift für Neuere Rechtsgeschichte, 11.Jahrgang 1989, S.12-38
Pardessus, Jean Marie: Collection des lois maritimes anterieures au 18me siècle, Paris 1830
Pfeiffer, Burkhard Wilhelm: Das Recht der Kriegseroberungen in Beziehung auf Staatskapitalien, Kassel 1823
Pfeiffer, Johann Friedrich v.: Der Antiphysiokrat oder umständliche Untersuchung des sogenannten Physiokratischen Systems, Frankfurt a. Main 1780
- Grundriß der wahren und falschen Staatskunst, 2. Band, Berlin 1779
Polley, Rainer: Anton Friedrich Justus Thibaut (AD 1772 - 1842) in seinen Selbstzeugnissen und Briefen, Teil 2, Frankfurt am Main 1982
Pölitz, Karl Heinrich Ludwig: Staatswissenschaftliche Vorlesungen für die gebildeten Stände in konstitutionellen Staaten, Band 1, Leipzig 1831
- Grundriß für encyklopädische Vorträge über die gesammten Staatswissenschaften, Leipzig 1825
Preuschen: Abhandlung über die Öffentlichkeit des gerichtlichen Verfahrens, 1774
Puchta, Georg Friedrich: Das Gewohnheitsrecht, 2 Teile, Erlangen 1828 - 1837
Pufendorf, Samuel: De jure naturae et gentium libri octo (1672), Frankfurt a.M. 1716
Pütter, Johann Stephan: Beyträge zum Teutschen Staats- und Fürstenrecht, Band 1, Göttingen 1777
- Historische Entwicklung der heutigen Staatsverfassung des Teutschen Reichs, 3 Teile, Göttingen 1786 - 1787
- Litteratur des Teutschen Staatsrechts, 3 Teile, Göttingen 1776 - 1783
- Erörterungen und Beyspiele des Teutschen Staats- und Fürstenrechts, 3 Teile, Göttingen 1793 - 1797
- Institutiones juris publici Germanici, Göttingen 1770, 6.Aufl. 1802
Rassow, Peter: Deutsche Geschichte im Überblick, 3.Auflage, Stuttgart 1973, hrsg. von Theodor Schieder
Reibstein, Ernst: Völkerrecht. Eine Geschichte seiner Ideen in Lehre und Praxis, Band 1, von der Antike bis zur Aufklärung, Freiburg München 1958

Richelieu, Cardinal de: Testament politique, Paris 1947 (erstmals Amsterdam 1689)
Riedel, Manfred: Bürgerliche Gesellschaft und Staat. Grundprobleme und Struktur der Hegelschen Rechtsphilosophie, Darmstadt 1970
- Bürger, Staatsbürger, Bürgertum, in: Brunner, Otto/Conze, Werner/Koselleck, Reinhart: Geschichtliche Grundbegriffe. Historisches Lexikon zur politisch-sozialen Sprache in Deutschland, S.672ff, Band 1, Stuttgart 1972
- Der Begriff der "Bürgerlichen Gesellschaft" und das Problem seines geschichtlichen Ursprungs, in ders.: Studien zu Hegels Rechtsphilosophie, Frankfurt a. M. 1969
Rohmer, Friedrich: Lehre von den politischen Parteien, Zürich, Frauenfeld 1844, hrsg. v. Th. Rohmer
Rosenkranz, Karl: Über den Begriff der politischen Partei, Königsberg 1843
Rotteck, Hermann v.: Karl von Rotteck. Nachgelassene Schriften in 5 Bänden, Band 4, Pforzheim 1841-8143
Rotteck, Karl v.: Lehrbuch des Vernunftrechts und der Staatswissenschaften, 2.Auflage, 2.Band, Stuttgart 1840
- Lehrbuch des Vernunftrechts und der Staatswissenschaften, Band 3, Stuttgart 1834
- Lehrbuch des Vernunftrechts und der Staatswissenschaften, Band 4, Stuttgart 1835
- Sammlung kleiner Schriften, meist historischen oder politischen Inhalts, Band 2, Stuttgart 1829
- Staatslexikon oder Enzyklopädie der Staatswissenschaften, Supplement zur 1.Aufl., hrsg von Rotteck und Welcker, Band 3, Altona 1847
- Staatslexikon oder Enzyklopädie der Staatswissenschaften, hrsg von Rotteck und Welcker, Band 8, Altona 1838
- Staatslexikon oder Enzyklopädie der Staatswissenschaften, hrsg von Rotteck und Welcker, Band 15, Altona 1843
- Über stehende Heere und Nationalmiliz, Freiburg 1814
- Staatsrecht der constitutionellen Monarchie; ein Handbuch für Geschäftsmänner, studierende Jünglinge und gebildete Bürger, Band 2, hrsg von Rotteck, K.v. und Aretin, Johann Christian Anton Maria Freiherr v., Altenburg 1827
Rousseau, Jean Jacques: Du contrat social (1762), hrsg von Francois Bouchardy, Paris 1946
Ruge, Arnold: Wer ist und wer ist nicht Partei? In den Deutschen Jahrbüchern, Februar 1842
Rüping, Hinrich: Die Naturrechtslehre des Christian Thomasius und ihre Fortbildung in der Thomasius-Schule, Bonn 1968
- Grundriß der Strafrechtsgeschichte, München 1980
Saalfeld, Friedrich: Handbuch des positiven Völkerrechts, Tübingen 1883
Schaumann, Johann Christian Gottlieb: Kritische Abhandlung zur philosophischen Rechtslehre, Halle 1795

Schieder, Theodor: Handbuch der europäischen Geschichte, Band 4, Stuttgart 1968
- Staat und Gesellschaft im Wandel unserer Zeit, München 1958

Schlözer, August Ludwig: Allgemeines Staatsrecht und Verfassungslehre, Göttingen 1793

Schmalz, Theodor Anton Heinrich v.: Das europäische Völkerrecht in 8 Büchern, Berlin 1817

Schmelzeisen, Gustav Klemens: Polizeiordnungen und Privatrecht, Münster Köln 1955

Schmelzing, Julius: Systematischer Grundriß des praktischen europäischen Völkerrechts, Band 1, Rudolstadt 1818

Schmitt, Carl: Verfassungslehre, München, Leipzig 1928

Schnabel, Franz: Deutsche Geschichte im 19. Jahrhundert, Band 2, Monarchie und Volkssouveränität, 2.Auflage, Freiburg 1949
- Deutsche Geschichte im 19. Jahrhundert, Band 3, Erfahrungswissenschaft und Technik, Freiburg 1950

Schneider, Franz: Geschichte der Universität Heidelberg im ersten Jahrzehnt nach der Reorganisation durch Karl Friedrich (1803-1813), Heidelberger Abhandlungen Heft 38, Heidelberg 1913

Schröder, Jan: Gesetzesauslegung und Gesetzesumgehung. Das Umgehungsgeschäft in der rechtswissenschaftlichen Doktrin von der Spätaufklärung bis zum Nationalsozialismus, Paderborn, München, Wien, Zürich 1985
- Zur Vorgeschichte der Volksgeistlehre. Gesetzgebungs- und Rechtsquellentheorie im 17. und 18. Jahrhundert, in: Zeitschrift der Savigny-Stiftung für Rechtsgeschichte (Germ. Abt.), Band 109 (1992), S.1-47

Schwarz: System einer unvernünftigen Polizei, Leipzig 1796

Schweitzer, L.W.: Ein Rechtsfall, hauptsächlich als Beitrag zur Bestimmung des Verhältnisses zwischen der richterlichen und der gesetzgebenden Gewalt, in den Jahrbüchern der Gesetzgebung und Rechtspflege in Sachsen, Jahrgang 1828, Heft 3, S.297ff

Schwinge, Erich: Der Kampf um die Schwurgerichte bis zur Frankfurter Nationalversammlung, in: Strafrechtliche Abhandlungen, Heft 213, Breslau 1926

Smith, Adam: The Wealth of Nations, Book V, deutsche Übersetzung: Der Wohlstand der Nation. Eine Untersuchung seiner Natur und Sache, von Horst Claus Recktenwald, München 1974

Sonnenfels, Joseph v.: Grundsätze der Polizey, Handlung und Finanz (1787), 3.Aufl., Tübingen 1820

Stahl, Friedrich Julius: Das monarchische Prinzip. Eine staatsrechtlich-politische Abhandlung, Heidelberg 1845
- Die Revolution und die konstitutionelle Monarchie. Eine Reihe ineinandergreifender Abhandlungen, Berlin 1848
- Die Philosophie des Rechts, Band 2: Rechts- und Staatslehre auf der Grundlage christlicher Weltanschauung, Heidelberg 1846

Stolleis, Michael: Geschichte des öffentlichen Rechts in Deutschland, Band 2, Staatsrechtslehre und Verwaltungswissenschaft, 1800-1914, München 1992
Story, Joseph: Commentaries on the constitution of the United States, Band 1, Boston 1833
Thiers, Louis Adolphe: Histoire de la revolution francaise, Paris 1834
Thomasius, Christian: Institutiones jurisprudentiae divinae, Halle 1730
- Fundamenta juris naturae et gentium, Halle 1705
Thompson, Eric: Popular Sovereignty and the French Constituant Assembly 1789-91, Manchester 1952
Treitschke, Heinrich von: Deutsche Geschichte im 19. Jahrhundert, 4. Teil, bis zum Tode König Friedrich Wilhelms III, Leipzig 1889
Ullman, Emanuel Ritter v.: Völkerrecht, Tübingen 1898
Unruh, Adalbert v.: Dogmenhistorische Untersuchungen über den Gegensatz von Staat und Gesellschaft vor Hegel, Leipzig 1928
Wächter, Carl Georg v.: Beiträge zur deutschen Rechtsgeschichte, insbesondere zur Geschichte des deutschen Strafrechts, Tübingen 1845
Weber, Georg: Heidelberger Erinnerungen, am Vorabend der fünften Säkularfeier der Universität, Stuttgart 1886
Weech, Friedrich v.: Badische Biographien, Band 2, Heidelberg 1875
- Geschichte der badischen Verfassung, Karlsruhe 1868
Weigle, Regina Barbara: Die Staatsrechtslehrer an der Heidelberger Universität im 19. Jahrhundert, Lebensbilder und Forschungsbeiträge, Frankfurt am Main, Bern, New York 1986
Weisert, Hermann: Die Verfassung der Universität Heidelberg. Überblick 1386 - 1952, Heidelberg 1974
Wieacker, Franz: Privatrechtsgeschichte der Neuzeit, Göttingen 1952
Wolff, Christian: Vernünftige Gedancken von dem gesellschafftlichen Leben der Menschen und insonderheit von dem gemeinen Wesen, Frankfurt und Leipzig 1740
Zachariae, Heinrich Albert: Die Gebrechen und die Reform des deutschen Strafverfahrens, Göttingen 1846
- Deutsches Staats- und Bundesrecht, 2.Abteilung, Göttingen 1842
Zeilinger: Kriegs- und Friedensgesetze der Muselmänner, Erlangen 1828
Zöpfl, Heinrich: Grundsätze des allgemeinen und des constitutionell monarchischen Staatsrechts, mit besonderer Rücksicht auf das gemeingültige Recht in Deutschland, nebst einem kurzen Abriß des deutschen Bundesrechts und den Grundrechten des Deutschen Bundes als Anhang, 2.Teil, 4.Ausgabe, Heidelberg und Leipzig 1856

RECHTSHISTORISCHE REIHE

Band 1 Studien zu den germanischen Volksrechten. Gedächtnisschrift für Wilhelm Ebel. Vorträge gehalten auf dem Fest-Symposion anläßlich des 70. Geburtstages von Wilhelm Ebel am 16. Juni 1978 in Göttingen. Götz Landwehr (Hrsg.) 1982.

Band 2 Hans Poeschel: Die Statuten der Banken, Sparkassen und Kreditgenossenschaften in Hamburg und Altona von 1710 bis 1889. 1978.

Band 3 Thomas Kolbeck: Juristenschwemmen, Untersuchungen über den juristischen Arbeitsmarkt im 19. und 20. Jahrhundert. 1978.

Band 4 Norbert Hempel: Richterleitbilder in der Weimarer Republik. 1978.

Band 5 Rolf Stratmann: Die Scheinbußen im mittelalterlichen Recht. 1978.

Band 6 Martin C. Lockert: Die niedersächsischen Stadtrechte zwischen Aller und Weser. Vorkommen und Verflechtungen. Eine Bestandsaufnahme. 1979.

Band 7 Joachim Rückert/Wolfgang Friedrich: Betriebliche Arbeiterausschüsse in Deutschland, Großbritannien und Frankreich im späten 19. und frühen 20. Jahrhundert. Eine vergleichende Studie zur Entwicklung des kollektiven Arbeitsrechts. 1979.

Band 8 Peter Bender: Die Rezeption des römischen Rechts im Urteil der deutschen Rechtswissenschaft. 1979.

Band 9 Friedrich Karl Alsdorf: Untersuchungen zur Rechtsgestalt und Teilung deutscher Ganerbenburgen. 1980.

Band 10 Dietmar Willoweit/Winfried Schich (Hrsg.): Studien zur Geschichte des sächsisch-magdeburgischen Rechts in Deutschland und Polen (Sammelband). 1980.

Band 11 Brigitte Hempel: Der Entwurf einer Polizeiordnung für das Herzogtum Sachsen-Lauenburg aus dem Jahre 1591. 1980.

Band 12 Klaus-Detlev Godau-Schüttke: Rechtsverwalter des Reiches. Staatssekretär Dr. Curt Joël. 1981.

Band 13 Rainer Polley: Anton Friedrich Justus Thibaut (AD 1772-1840) in seinen Selbstzeugnissen und Briefen. Teil 1: Abhandlung. Teil 2: Briefwechsel. Teil 3: Register zum Briefwechsel. 1982.

Band 14 Michael Wettengel: Der Streit um die Vogtei Kelkheim 1275-1276. Ein kanonischer Prozeß.1981.

Band 15 Otto Wilhelm Krause: Naturrechtler des sechzehnten Jahrhunderts. Ihre Bedeutung für die Entwicklung eines natürlichen Privatrechts. 1982.

Band 16 Helga Spindler: Von der Genossenschaft zur Betriebsgemeinschaft. Kritische Darstellung der Sozialrechtslehre Otto von Gierkes. 1982.

Band 17 Holger Otte: Gustav Radbruchs Kieler Jahre 1919 - 1926. 1982.

Band 18 Rüdiger Teuner: Die fuldische Ritterschaft 1510 - 1656. 1982.

Band 19 Gerhard Dilcher/Rudolf Hoke/Gian Savino Pene Vidari/Hans Winterberg (Hrsg.): Grundrechte im 19. Jahrhundert. 1982.

Band 20 Karl-Hans Schloßstein: Die westfälischen Fabrikengerichtsdeputationen - Vorbilder, Werdegang und Scheitern. 1982.

Band 21 Birger Schulz: Der Republikanische Richterbund (1921-1933). 1982.

Band 22 Engelbert Krause: Die gegenseitigen Unterhaltsansprüche zwischen Eltern und Kindern in der deutschen Privatrechtsgeschichte. 1982.

Band 23 Meent W. Francksen: Staatsrat und Gesetzgebung im Großherzogtum Berg (1806-1813). 1982.

Band 24 Gerd von Sonnleithner: Bearbeitung des Handelsrechts durch Ignaz von Sonnleithner in seinem "Leitfaden über das österreichische Handels- und Wechselrecht". 1982.

Band 25 Rudolf Palme: Rechts-, Wirtschafts- und Sozialgeschichte der inneralpinen Salzwerke bis zu deren Monopolisierung. 1983.

Band 26 Helen Bosshard: Pestalozzis Staats- und Rechtsverständnis und seine Stellung in der Aufklärung. 1983.

Band 27 Jens Jessen: Die Selbstzeugnisse der deutschen Juristen. Erinnerungen, Tagebücher und Briefe. Eine Bibliographie. 1983.

Band 28 Günter Martin Jensen: Das Domanium Waldeck. Die rechtliche Zuordnung eines Fürstenvermögens. 1984.

Band 29 Johann Heinrich Kumpf: Petitionsrecht und öffentliche Meinung im Entstehungsprozeß der Paulskirchenverfassung 1848/49. 1983.

Band 30 Sabine Frey: Rechtsschutz der Juden gegen Ausweisungen im 16. Jahrhundert. 1983.

Band 31 Dietrich Joswig: Die germanische Grundstücksübertragung. 1984.

Band 32 Andreas Baryli: Konzessionssystem contra Gewerbefreiheit. Zur Diskussion der österreichischen Gewerberechtsreform 1835 bis 1860. 1984.

Band 33 Gerhard Oberkofler: Studien zur Geschichte der österreichischen Rechtswissenschaft. 1984.

Band 34 Rudolf Lauda: Kaufmännische Gewohnheit und Burgrecht bei Notker dem Deutschen. Zum Verhältnis von literarischer Tradition und zeitgenössischer Realität in der frühmittelalterlichen Rhetorik. 1984.

Band 35 Jens Jensen: Die Ehescheidung des Bischofs Hans von Lübeck von Prinzessin Julia Felicitas von Württemberg-Weiltingen AD 1648-1653. Ein Beitrag zum protestantischen Ehescheidungsrecht im Zeitalter des beginnenden Absolutismus. 1984.

Band 36 Horst Schröder: Friedrich Karl von Savigny. Geschichte und Rechtsdenken beim Übergang vom Feudalismus zum Kapitalismus in Deutschland. 1984.

Band 37 Andreas Hatzung: Dogmengeschichtliche Grundlagen und Entstehung des zivilrechtlichen Notstands. 1984.

Band 38 Matthias Klasen: Das Billwerder Landrecht. Landrecht und Landgericht in den Hamburger Elbmarschen. 1985.

Band 39 Rainer Jamin: Aufbau, Tätigkeit und Verfahren der Auseinandersetzungsbehörden bei der Durchführung der preußischen Agrarreformen. 1985.

Band 40 Henry Winter: Teilschuld, Gesamtschuld und unechte Gesamtschuld. Zur Konzeption der §§ 420 ff. BGB - Ein Beitrag zur Entstehungsgeschichte des BGB. 1985.

Band 41 Hermann Eichler: Verfassungsbewegung in Amerika und Europa. 1985.

Band 42 Dagmar Bandemer: Heinrich Albert Zachariae. Rechtsdenken zwischen Restauration und Reformation. 1985.

Band 43 Eva-Christine Frentz: Das Hamburgische Admiralitätsgericht (1623-1811). Prozeß und Rechtsprechung. 1985.

Band 44 Karl Lillig: Rechtsetzung im Herzogtum Pfalz-Zweibrücken während des 18. Jahrhunderts. Ein Beitrag zur Geschichte der territorialen Rechtsbildung. 1985.

Band 45 Walter Weber: Die Entwicklung der Sparkassen zu selbständigen Anstalten des öffentlichen Rechts. Ein Beitrag zur Entwicklung des Anstaltsbegriffs im 19. Jahrhundert. 1985.

Band 46 Bärbel Baum: Der Stabreim im Recht. Vorkommen und Bedeutung des Stabreims in Antike und Mittelalter. 1986.

Band 47 Hans Popp: Die nationalsozialistische Sicht einiger Institute des Zivilprozeß- und Gerichtsverfassungsrechts. 1986.

Band 48 John Karl-Heinz Montag: Die Lehrdarstellung des Handelsrechts von Georg Friedrich von Martens bis Meno Pöhls. Die Wissenschaft des Handelsrechts im ersten Drittel des 19. Jahrhunderts. 1986.

Band 49 Volker D. Anhäusser: Das internationale Obligationenrecht in der höchstrichterlichen Rechtsprechung des 19. Jahrhunderts. 1986.

Band 50 Udo Beer: Die Juden, das Recht und die Republik. Verbandswesen und Rechtsschutz 1919-1933. 1986.

Band 51 Herbert Grziwotz: Der moderne Verfassungsbegriff und die "Römische Verfassung" in der deutschen Forschung des 19. und 20. Jahrhunderts. 1986.

Band 52 Ralf Conradi: Karl Friedrich Eichhorn als Staatsrechtslehrer. Seine Göttinger Vorlesung über "Das Staatsrecht der deutschen Bundesstaaten" nach einer Kollegmitschrift aus dem Wintersemester 1821/22. 1987.

Band 53 Dieter Dannreuther: Der Zivilprozeß als Gegenstand der Rechtspolitik im Deutschen Reich 1871 - 1945. Ein Beitrag zur Geschichte des Zivilprozeßrechts in Deutschland. 1987.

Band 54 Stephan Felix Pauly: Organisation, Geschichte und Praxis der Gesetzesauslegung des (Königlich) Preußischen Oberverwaltungsgerichtes 1875 - 1933. 1987.

Band 55 Rüdiger Schulz: Die Entstehung des Seerechts des Allgemeinen Deutschen Handelsgesetzbuches unter besonderer Berücksichtigung der Bestimmungen über die Reederei, den Schiffer und die Schiffsmannschaft. 1987.

Band 56 Reinhold Reis: Deutsches Privatrecht in den Weistümern der Zenten Schriesheim und Kirchheim. 1987.

Band 57 Jürgen Christoph: Die politischen Reichsamnestien 1918 - 1933. 1987.

Band 58 Gerhard Oberkofler/Eduard Rabofsky: Hans Kelsen im Kriegseinsatz der k.u.k.-Wehrmacht. Eine kritische Würdigung seiner militärtheoretischen Angebote. 1988.

Band 59 Arne Wulff: Staatssekretär Prof. Dr. Dr. h.c. Franz Schlegelberger. 1876-1970. 1991.

Band 60 Gerhard Köbler (Hrsg.): Wege europäischer Rechtsgeschichte. Karl Kroeschell zum 60. Geburtstag. 1987.

Band 61 Rüdiger Hütte: Der Gemeinschaftsgedanke in den Erbrechtsreformen des Dritten Reichs. 1988.

Band 62 Markus Göldner: Politische Symbole der europäischen Integration. Fahne, Hymne, Hauptstadt, Paß, Briefmarke, Auszeichnungen. 1988.

Band 63 Wolfgang Kröner: Freiheitsstrafe und Strafvollzug in den Herzogtümern Schleswig, Holstein und Lauenburg von 1700 bis 1864. 1988.

Band 64 Werner Gaile: Die Norder Theelacht. 1988.

Band 65 Karl v. Kempis: Andreas Gaill (1526 - 1587). Zum Leben und Werk eines Juristen der frühen Neuzeit. 1988.

Band 66 Wolf-Rüdiger Osburg: Die Verwaltung Hamburgs in der Franzosenzeit. 1811-1814. 1988.

Band 67 Christian Schudnagies: Hans Frank. Aufstieg und Fall des NS-Juristen und Generalgouverneurs. 1988.

Band 68 Otmar Jung: Senatspräsident Freymuth. Richter, Sozialdemokrat und Pazifist in der Weimarer Republik. Eine politische Biographie. 1989.

Band 69 Joachim Lohner: Das landeshauptmannschaftliche Gericht in Oberösterreich zu Beginn der Neuzeit. Eine Darstellung des oberösterreichischen Prozeßrechts am obersten Territorialgericht des Landes anhand der oberösterreichischen Landtafel.1989.

Band 70 Bernd Klemann: Rudolf von Jhering und die Historische Rechtsschule. 1989.

Band 71 Adalbert Langer: Männer um die österreichische Zivilprozeßordnung 1895. Zusammenspiel / Soziales Ziel. 1990.

Band 72 Robert-Dieter Klee: Die Landessuperintendentur Lauenburg. Ursprung und Entwicklung sowie Ende der Sonderstellung des Kirchenkreises Herzogtum Lauenburg durch die nordelbische Kirchenvereinigung. 1989.

Band 73 Heinrich Herrmann: Die Gehöferschaften im Bezirk Trier. 1989.

Band 74 Wilhelm Brauneder, Franz Baltzarek (Hrsg.): Modell einer neuen Wirtschaftsordnung. Wirtschaftsverwaltung in Österreich 1914 - 1918. 1991.

Band 75 Thomas Dreyer: Die "Assecuranz- und Haverey-Ordnung" der Freien und Hansestadt Hamburg von 1731. 1990.

Band 76 Bernhard Sendler: Die Rechtssprache in den süddeutschen Stadtrechtsreformationen. 1990.

Band 77 Brigitte Lehmann: Ehevereinbarungen im 19. und 20. Jahrhundert. 1990.

Band 78 Michael Sunnus: Der NS-Rechtswahrerbund (1928-1945). Zur Geschichte der nationalsozialistischen Juristenorganisation. 1990.

Band 79 Stefan Schulz: Die historische Entwicklung des Rechts an Bienen. (§§ 961 - 964 BGB). 1990.

Band 80 Gerhard Lingelbach, Heiner Lück (Hrsg.): Deutsches Recht zwischen Sachsenspiegel und Aufklärung. Rolf Lieberwirth zum 70. Geburtstag dargebracht von Schülern, Freunden und Kollegen, herausgegeben von Gerhard Lingelbach und Heiner Lück. 1991.

Band 81 Manfred Krohn: Die deutsche Justiz im Urteil der Nationalsozialisten 1920 - 1933. 1991.

Band 82 Angelika Kühn: Privilegierung nationaler Minderheiten im Wahlrecht der Bundesrepublik Deutschland und Schleswig-Holsteins. 1991.

Band 83 Georg Brun: Leben und Werk des Rechtshistorikers Heinrich Mitteis unter besonderer Berücksichtigung seines Verhältnisses zum Nationalsozialismus. 1991.

Band 84 Wolfgang Simon: Claudius Freiherr von Schwerin. Rechtshistoriker während dreier Epochen deutscher Geschichte. 1991.

Band 85 Friedrich-Carl Wachs: Das Verordnungswerk des Reichsdemobilmachungsamtes. Stabilisierender Faktor zu Beginn der Weimarer Republik. 1991.

Band 86 Jens-Uwe Petersen: Die Vorgeschichte und die Entstehung des Mieterschutzgesetzes von 1923 nebst der Anordnung für das Verfahren vor dem Mieteinigungsamt und der Beschwerdestelle. 1991.

Band 87 Ulrike Haibach: Familienrecht in der Rechtssprache. Die historische Entwicklung zentraler Ausdrücke des geltenden Familienrechts. 1991.

Band 88 Joern Christian Nissen: Die Beratungen des Seeversicherungsausschusses der Akademie für Deutsches Recht zu einem neuen Seeversicherungsgesetz (1934-1939). Ein Beitrag zur Entwicklung der allgemeinen Lehren des Seeversicherungsrechts unter besonderer Berücksichtigung des Handelsgesetzbuchs und der Allgemeinen Deutschen Seeversicherungs-Bedingungen 1919. 1991.

Band 89 Diethard Bühler: Die Entstehung der allgemeinen Vertragsschluß-Vorschriften im Allgemeinen Deutschen Handelsgesetzbuch (ADHGB) von 1861. Ein Beitrag zur Kodifikationsgeschichte des Privatrechts im 19. Jahrhundert. 1991.

Band 90 Gerhard Oberkofler: Die Vertreter des Römischen Rechts mit deutscher Unterrichtssprache an der Karls-Universität in Prag. Vom Vormärz bis 1945. 1991.

Band 91 Ulrich Andermann: Ritterliche Gewalt und bürgerliche Selbstbehauptung. Untersuchungen zur Kriminalisierung und Bekämpfung des spätmittelalterlichen Raubrittertums am Beispiel norddeutscher Hansestädte. 1991.

Band 92 Heinz Marcus Hanke: Luftkrieg und Zivilbevölkerung. Der kriegsvölkerrechtliche Schutz der Zivilbevölkerung gegen Luftbombardements von den Anfängen bis zum Ausbruch des Zweiten Weltkrieges. 1991.

Band 93 Kirsten Kraglund: Familien- und Erbrecht. Materielles Recht und Methoden der Rechtsanwendung in der Rechtsprechung des Oberappellationsgerichts der vier Freien Städte Deutschlands zu Lübeck. 1991.

Band 94 Reinhard Lorenz: Die politische und rechtliche Stellung des Proletariats in Preußen in der Zeit zwischen den Reformen und der Revolution 1848/49. 1991.

Band 95 Eric Hilgendorf: Die Entwicklungsgeschichte der parlamentarischen Redefreiheit in Deutschland. 1991.

Band 96 Hans J. Reiter: Die Handelsgesellschaft Villeroy & Boch von der Gründung 1836 bis zum Jahr 1878. 1992.

Band 97 Martin Johannes Heller: Reform der deutschen Rechtssprache im 18. Jahrhundert. 1992.

Band 98 Michael Kotulla: Die Tragweite der Grundrechte der revidierten preußischen Verfassung vom 31.01.1850. 1992.

Band 99 Michael Siefener: Hexerei im Spiegel der Rechtstheorie. Das crimen magiae in der Literatur von 1574 bis 1608. 1992.

Band 100 Andreas Ebert-Weidenfeller: Hamburgisches Kaufmannsrecht im 17. und 18. Jahrhundert. Die Rechtsprechung des Rates und des Reichskammergerichtes. 1992.

Band 101 Enno Bommel: Die Entstehung der Verwirkungslehre in der Krise des Positivismus. 1992.

Band 102 Ralph Steppacher: Die Berücksichtigung der bäuerlichen Postulate bei der Entstehung des ZGB und der Revision des OR. Ein Beitrag zur schweizerischen Kodifikationsgeschichte (1893 - 1912). 1992.

Band 103 Martin Fleckenstein: Die Todesstrafe im Werk Carl Joseph Anton Mittermaiers (1787 - 1867). Zur Entwicklungsgeschichte eines Werkbereichs und seiner Bedeutung für Theorie- und Methodenbildung. 1992.

Band 104 Jörn Eckert: Der Kampf um die Familienfideikommisse in Deutschland. Studien zum Absterben eines Rechtsinstitutes. 1992. (2 Teile)

Band 105 Jörg Grotkopp: Beamtentum und Staatsformwechsel. Die Auswirkungen der Staatsformwechsel von 1918, 1933 und 1945 auf das Beamtenrecht und die personelle Zusammensetzung der deutschen Beamtenschaft. 1992.

Band 106 Andreas Rohde: Die Garantiehaftung des Vermieters und ihr Verhältnis zum Unmöglichkeitsrecht in dogmengeschichtlicher und modernrechtlicher Sicht. 1992.

Band 107 Tjark Siefke Kunstreich: Gesamtvertretung. Eine historisch-systematische Darstellung. 1992.

Band 108 Jürgen Krüger: Blindheit und Königtum. Die Blindheit des Königs Georg V. von Hannover als verfassungsrechtliches Problem. 1992.

Band 109 Wolfgang Putschek: Ständische Verfassung und autoritäre Verfassungspraxis in Österreich 1933-1938 mit Dokumentenanhang. Verfassung und Verfassungswirklichkeit. Mit einem Anhang: Denkschriften von Rechtsanwalt Dr. Erich Führer 1936/37. 1993.

Band 110 Klaus Hofmann: Die Verdrängung der Juden aus öffentlichem Dienst und selbständigen Berufen in Regensburg 1933-1939. 1993.

Band 111 Franz Kilger: Die Entwicklung des Telegraphenrechts im 19. Jahrhundert mit besonderer Berücksichtigung der technischen Entwicklung. Telegraphenrecht im 19. Jahrhundert. 1993.

Band 112 Wilhelm Brauneder (Hrsg.): Heiliges Römisches Reich und moderne Staatlichkeit. 1993.

Band 113 Thomas Heinrich: Das preußische Nichtehelichenrecht: Von der Aufklärung zur Reaktion. 1993.

Band 114 Gerald Kohl: Jagd und Revolution. Das Jagdrecht in den Jahren 1848 und 1849. 1993.

Band 115 Christian Schudnagies: Der Kriegs- oder Belagerungszustand im Deutschen Reich während des Ersten Weltkrieges. Eine Studie zur Entwicklung und Handhabung des deutschen Ausnahmezustandsrechts bis 1918. 1994.

Band 116 Elisabeth Bellmann: Die Internationale Kriminalistische Vereinigung (1889-1933). 1994.

Band 117 Julia Pfannkuch: Volksrichterausbildung in Sachsen 1945-1950. 1993.

Band 118 Jörg Offen: Von der Verwaltungsgemeinschaft des BGB von 1896 zur Zugewinngemeinschaft des Gleichberechtigungsgesetzes von 1957. 1994.

Band 119 Dorothee Kohlhas-Müller: Untersuchungen zur Rechtsstellung Theoderichs des Großen. 1995.

Band 120 Monika Rose: Das Gerichtswesen des Herzogtums Pfalz-Zweibrücken im 18. Jahrhundert. Ein Beitrag zur territorialen Gerichtsbarkeit im Alten Reich. 1994.

Band 121 Jörn Eckert / Hans Hattenhauer (Hrsg.): Bibel und Recht. Rechtshistorisches Kolloquium 9. - 13. Juni 1992 an der Christian-Albrechts-Universität zu Kiel. 1994.

Band 122 Robert Martin Mizia: Der Rechtsbegriff der Autonomie und die Begründung des Privatfürstenrechts in der deutschen Rechtswissenschaft des 19. Jahrhunderts. 1995.

Band 123 Walther Graf von Plettenberg: Das Fortleben des Liber Iudiciorum in Asturien/León (8. - 13. Jh.). 1994.

Band 124 Wolfgang Schulz: Das deutsche Börsengesetz. Die Entstehungsgeschichte und wirtschaftlichen Auswirkungen des Börsengesetzes von 1896. 1994.

Band 125 Frank Hagemann: Der Untersuchungsausschuß Freiheitlicher Juristen. 1949 – 1969. 1994.

Band 126 Andreas Rethmeier: "Nürnberger Rassegesetze" und Entrechtung der Juden im Zivilrecht. 1995.

Band 127 Edith Grether: Die Poesie der Throne. Die Juristen in der Fruchtbringenden Gesellschaft. 1995.

Band 128 Anna Bartels-Ishikawa: Der Lippische Thronfolgestreit. Eine Studie zu verfassungsrechtlichen Problemen des Deutschen Kaiserreiches im Spiegel der zeitgenössischen Staats. 1995.

Band 129 Jörg Schmidt: Otto Koellreutter 1883-1972. Sein Leben, sein Werk, seine Zeit. 1995.

Band 130 Christian Hattenhauer: Wahl und Krönung Franz II. AD 1792. Das Heilige Reich krönt seinen letzten Kaiser - Das Tagebuch des Reichsquartiermeisters Hieronymus Gottfried von Müller und Anlagen. 1995.

Band 131 Jutta v. der Decken: Das Seearbeitsrecht im Hamburger Stadtrecht von 1301 bis 1603. 1995.

Band 132 Detlev Schmidt: Die Reform des Rechts der Handelsvertreter von 1953. 1995.

Band 133 Gabi Roßdeutscher: Privatautonomie im Scheidungsrecht. Scheidungsbezogene Vereinbarungen in den letzten 200 Jahren. 1995.

Band 134 Harald Kahlenberg: Leben und Werk des Rechtshistorikers Walther Merk. Ein Beispiel für das Verhältnis von Rechtsgeschichte und Nationalsozialismus. 1995.

Band 135 Michael Steitz: Adelbert Düringer am Reichsgericht (1902-1915). Seine aktienrechtlichen Entscheidungen und sein Einfluß auf das Aktienrecht in Deutschland. 1995.

Band 136 Christian Becker: Beata Justorum Translatio. Juristen in schleswig-holsteinischen Leichenpredigten. 1996.

Band 137 Christoph Seiler: Vom Allgemeinen Landrecht zum Bürgerlichen Gesetzbuch. Dargestellt am Beispiel der höchstrichterlichen Judikatur zum kaufrechtlichen Sachmängelgewährleistungsrecht. 1996.

Band 138 Bernd Mayer: Die Vertrauensmännerausschüsse auf den preußischen Steinkohlegruben an der Saar. Entstehung und Wirken. Eine rechtshistorische Untersuchung. 1996.

Band 139 Rochus Scholl: Juden und Judenrecht im Herzogtum Pfalz-Zweibrücken. Ein Beitrag zur Rechtsgeschichte eines deutschen Kleinstaates am Ende des alten Reiches. 1996.

Band 140 Meike Bursch: Judentaufe und frühneuzeitliches Strafrecht. Die Verfahren gegen Christian Treu aus Weener/Ostfriesland 1720-1728. 1996.

Band 141 Markus Hillenbrand: Fürstliche Eheverträge. Gottorfer Hausrecht 1544 - 1773. 1996.

Band 142 Ulf Häder: Das gemeinschaftliche Oberappellationsgericht thüringischer Staaten in Jena. Ein Beitrag zur Geschichte des Gerichtswesens im 19. Jahrhundert. 1996.

Band 143 Andreas Bauer: Das Gnadenbitten in der Strafrechtspflege des 15. und 16. Jahrhunderts. Dargestellt unter besonderer Berücksichtigung von Quellen der Vorarlberger Gerichtsbezirke Feldkirch und des Hinteren Bregenzerwaldes. 1996.

Band 144 Christian Wirth: Der Jurist Johann Andreas Georg Friedrich Rebmann zwischen Revolution und Restauration. 1996.

Band 145 Stefanie Müller: Die Rechtsprechung des Hanseatischen Oberlandesgerichts zum persönlichen Eherecht in Hamburgischen Gerichtsfällen von 1879 -1900. 1996.

Band 146 Jean-Nicolas Morisset: Der Frachtvertrag in der *Ordonnance de la marine* von 1681. 1996.

Band 147 Dirk Lentfer: Die Glogauer Landesprivilegien des Andreas Gryphius von 1653. 1996.

Band 148 Wencke Mull: Die Haftung für Einsturzschäden nach den §§ 836-838 BGB in der Rechtsprechung des Reichsgerichts. 1996.

Band 149 Renate Zelger: Teufelsverträge. Märchen, Sage, Schwank, Legende im Spiegel der Rechtsgeschichte. 1996.

Band 150 Guido Kraß: Das Arrestverfahren in Frankfurt am Main im Spätmittelalter. 1996.

Band 151 F. Benedict Heyn: Die Entwicklung des Eisenbahnfrachtrechts von den Anfängen bis zur Einführung des Allgemeinen Deutschen Handelsgesetzbuches (ADHGB). 1996.

Band 152 Thomas Lang: Die Staats- und Verfassungslehre Carl Salomo Zachariaes. 1996.

Band 153 Michael Hebeis: Karl Anton von Martini (1726-1800). Leben und Werk. 1996.